자기희생이란 무엇인가

| 손철우 저 |

학지사

우리는 왜 희생하려고 하는가
(목회상담자가 바라본 자기희생, 폭력 그리고 용서)

우리는 살아가면서 누군가를 사랑하고, 누군가의 필요를 채워 주고, 누군가를 위해서 자신의 일부를 희생한다. 자신만의 이익을 챙기고 자신만을 사랑하는 사람들의 모습을 보면 인상을 찌푸리게 된다. 뉴스에서 자신을 희생해서 다른 사람을 살리는 이들의 모습을 보면 우리는 그들을 우러러보고 아낌없는 박수를 보낸다. 우리는 자기희생이 살아가면서 반드시 필요한 행위이고, 이러한 자기희생으로 인해서 사회가 더 풍요로워진다고 굳게 믿는다. 특히 기독교인에게 자기희생은 너무나 당연시되는 덕목이다. 성경은 "하나님을 사랑하고 네 이웃을 네 몸과 같이 사랑하라."(마태복음 22장 37-40절)고 기독교인들에게 요구한다. 이렇게 중요한 개념임에도 불구하고, 이상하리만큼 자기희생은 그리 주목받지 못한 주제다. 앞으로 좀 더 자세히 살펴보겠지만, 기독교 역사 속에서 강조된 자기희생의 모습은 대부분 '일방적인' 사랑과 희생을 강조하는 경우가 많다. 사람들

과의 관계, 특히 가족관계 속에서 자기희생을 진지하게 다루지 않고
있다는 사실은 우리 모두를 놀라게 한다.

　우리가 희생을 하고 다른 사람을 사랑하는 것은 어떤 의미가 있는
가? Don Browning 박사는 '사랑하는 것'이 무슨 의미가 있는지에
대해서 여러 가지 모델을 제시한다.[1] 첫 번째 모델에서는 사랑이 다
른 사람을 위해서 무조건 희생하는 것을 의미한다. 남편, 아내, 자
녀, 이웃, 친구, 알고 지내는 사람 그리고 원수까지도 무조건 사랑해
야 한다는 것이다. 이 모델은 우리에게 잘 알려진 기독교 사랑의 헬
라어 단어인 '아가페'의 의미와 잘 연결된다. 하지만 이 모델은 사람
들로 하여금 사랑을 단지 의무나 헌신, 충성으로 받아들이게 만들
위험이 있다. 그리고 사랑이라는 개념 속에 담겨 있는 상호 간 섬김
이라는 의미를 간과하게 만들 가능성이 높다. 두 번째 모델에서 사
랑의 의미는 단지 개인적인 만족과 충족을 채우는 것이다. 스스로의
기분을 좋게 만드는 것, 자신의 만족과 기쁨이 중요한 의미를 가진
다. 이러한 사랑의 형태는 헬라어 단어인 '에로스'와 의미가 비슷하
다. 사랑을 에로스의 시각으로 보게 된다면, 희생이라는 개념은 개
인의 삶을 어둡고 불행하게 만든다고 볼 수 있다. 물론 이러한 에로
스의 사랑에도 자기희생의 의미가 전혀 없는 것은 아니겠지만, 그것
은 기껏해야 필요악(necessary evil)으로서 어쩔 수 없이 해야 하는 사
랑일 것이다. 마지막 모델로, 양극단의 '아가페'와 '에로스'의 중간
에 있는 '상호 간의' 사랑이 있다. 많은 학자는 이러한 사랑을 'equal

----

[1] D. S. Browing (2000), pp. 101-128.

regard(동등한 입장에서 서로를 돌보는 것)'라고 부른다. 'equal regard'
의 사랑은 자신의 만족을 채우는 '에로스'의 요소와 자기 자신을 내
어 주는 '아가페'의 모습을 모두 포함한다. 하지만 'equal regard'의
사랑에서 중요한 개념은 그것이 자기 자신을 위한 관심과 다른 사람
을 위한 관심의 두 가지 모두를 향해서 나아가도록 우리를 이끌어 준
다는 것이다. Browning과 동료들은 'equal regard'의 사랑이 바로
신약성경에서 보이는 아가페 사랑의 의미를 가장 잘 설명하고 있다
고 주장한다.[2]

부부관계와 가족관계 안에서 행해야 하는 사랑의 가장 적절한 모
습도 바로 'equal regard'의 사랑일 것이다. 부부 사이나 가족 안에
서 갈등이나 불만족이 있으면 쉽게 희생이라는 이름으로 숨어 버리
거나 피해 버리려는 경향이 있다. 희생이라는 이름으로 갈등을 덮
어 버리는 것이 관계적으로 그리고 심리적으로 훨씬 더 편하기 때
문이다.

특히 한국의 문화적 배경에서는 가족 구성원이 개인의 필요는 쉽
게 무시하고 가족의 필요를 우선시하는 것에 익숙하다. 한국인에게
는 가족 구성원과의 관계 속에서 가족에 대한 책임이 어떤 다른 것
보다 우선일 경우가 많다. 그래서 가족 구성원이나 타인을 위한 희
생이 요구될 뿐만 아니라 당연시된다. 더 나아가서 가족을 위한 일
방적인(one-sided) 희생은 사람들에게 칭찬받을 만한 행동으로 여겨
진다. 부모가 자녀를 위해서 모든 것을 포기하는 모습이 아주 자연

---

2) Ibid., p. 101.

스럽고 평범한 모습으로 비친다. 개인보다는 가족에게 더 높은 가치가 부여되기 때문에, 희생을 하지 않는 것처럼 보이는 부모는 사회적으로 비난의 대상이 되기도 한다. 개인의 행동 하나하나는 자기 자신뿐만 아니라 가족에게, 더 나아가 조상에게까지 영향을 미치게 된다고 믿기 때문에, 가족을 위해서 희생하는 것은 가족 구성원들에게 아주 중요한 것이다. 그리고 개인은 가족 안에서 분명한 역할과 위치를 가지게 된다. 가족 안에서 부모로서, 자녀로서 분명히 해야 할 역할이 있다. 특히 유교적 전통과 가르침은 자녀가 부모에게 효도하는 것이 중요한 원리라는 것을 강조한다. 한국인이 주로 하는 말 중에 '나라에 충성, 부모님께 순종'이라는 말이 있다. 나라의 왕에게 충성하고 존경을 보이는 것처럼, 아버지의 말씀에 순종해야 한다고 믿는다. 가족관계를 잘 들여다보면 아버지에 대한 절대적인 순종과 부모님에 대한 일방적인 희생이 하나의 규범이 되어 버린 것을 알 수 있다. 반대로 부모에게도 그들의 자녀를 돌볼 책임이 주어졌고, 그러한 책임이 다음 세대로 계속해서 전수되고 있다. 이와 같이 가족관계 안에서 자기희생은 상대를 향한 참다운 희생이라기보다는 오히려 서로서로를 이용하는 도구로 사용되기도 한다. 가족관계 안에서 소위 말하는 약자인 여성과 아이들에게 희생이 강조되고, 희생이 마치 그들의 의무인 것처럼 강요되곤 한다.

이러한 자기희생에 대한 오해와 올바르지 않은 동기는 가족관계에 오히려 해를 끼칠 수 있다. 사랑을 단지 타인을 위한 희생으로 생각한다면, 사랑을 전체적으로 이해하지 못하는 것이다. 사랑과 희생의 행위는 올바른 균형을 이루어야 하고, 공정해야 하고, 어느 한쪽이 일방적으로 착취를 당하면 안 되고, 서로가 서로를 돌보는 상호적인 모습이 있어야 한다. 자기희생을 왜곡해서 보게 되면, 그것이 자기 자신을 들볶아서 힘들어지고, 희생이라는 모습이 오히려 관계 속에서 자신의 정서적·심리적 문제를 회피하려는 중독적인 모습으로 나타날 가능성이 있다. 자기희생을 하는데, 내면적으로는 화가 나고, 우울하게 되고, 극단적으로는 폭력적인 모습이 나타나게 된다. 그러므로 한국인이 어떠한 모습으로 자기희생을 하고 있는가에 대해서 정직하게 질문해야 하고 그에 대해서 용기를 가지고 정직하게 대답해야 한다. 이러한 이유로, 한국인에게 무엇이 자기희생의 올바르고 건강한 동기인지를 규명하는 것은 아주 중요하고 시급한 과제다. 이러한 한국 문화 속에서, 가족관계에서의 일방적인 희생이 아닌 상호 간의 섬김과 존중이라는 문맥 속에서 사랑 혹은 희생의 개념을 강조하고 명확히 하며 발전시켜 나가는 것은 중요한 과제일 것이다.

저자가 자기희생이라는 주제로 연구를 해 보고 싶다는 마음이 들었을 때, 이에 대한 자료가 많이 있을 거라고 기대했다. 하지만 자기희생의 동기에 대한 자료를 찾기는 의외로 쉽지가 않았다. 특히 가족관계 안에서 보이는 자기희생의 주제에 대한 자료는 너무나도 빈약했다. 게다가 자기희생에 대한 임상적인 연구를 찾기가 쉽지 않았다. 저자가 찾았던 자료는 주로 문화적인 접근이나 순교자의 희생에 대한 자료나 여성의 희생에 대한 역사적인 고찰 정도였다. 자기희생을 가족관계 안에서의 상호적 섬김(equal regard)으로 접근한 연구는 거의 찾아보기 힘들었다. 상호적인 관계 안에서의 자기희생에 대해서 너무나도 관심이 적은 것에 놀랄 수밖에 없었다.

이 책을 통해 저자는 한국인의 자기희생이 가진 문화적·관계적·신학적 개념을 전체적으로 다루면서, 자기희생의 실제적인 동기를 임상적으로 살펴보았다. 자기희생과 관련해서 가족관계 안에서 보이는 중요한 이슈를 자세히 다루었다. 특별히 자기희생과 관련지어서 부부관계, 가정폭력, 용서에 대한 부분을 다루었다. 마지막으로, 자기희생과 섬김에 대해서 한국인이 가져야 하는 새롭고 건강한 모델을 제시했다.

저자가 이 책에서 제시하고 있는 자기희생의 개념, 동기, 태도, 신념에 대한 실제적인 모습과 새로운 통합적 대안은 이 책을 읽는 독자, 특히 목회자, 목회상담자, 신학생, 일반 독자 모두에게 문화적·가족·결혼 관계 속에서 새로운 시각으로 자기희생을 살펴볼 수 있도록 도와주리라 기대한다. 더 나아가서 목회자와 목회상담자가 실제적인 목회와 상담현장에서 내담자들과 그들 가족의 변화와 회복과 치유를 위해 이 책에서 제시하는 새로운 접근을 유용하게 사용하기를 바란다.

이 책의 출간까지 성심껏 도와주신 저자의 멘토 David Augsburger 박사님에게 감사한 마음을 전하고 싶다. Augsburger 박사님은 저자의 영적인 아버지와 같은 멘토로서, 그의 열정과 통찰력, 소중한 피드백과 지도를 통해서 저자는 박사학위를 마칠 수 있었고, 이 책을 완성할 수 있었다. 또한 부족한 사람을 위해서 귀중한 조언을 아끼지 않으셨던 분들, 미국 바이올라 대학교(Biola University)의 Sunny Song 교수님, 총신대학교 이관직 교수님, 워싱턴 중앙장로교회 담임목사로 섬기고 계신 류웅렬 목사님께 감사의 마음을 전하고 싶다. 부족한 사람에게 백석대학교에서 학생들을 가르칠 수 있도록 기회를 허락해 주신 장종현 목사님께도 깊은 감사의 마음을 전한다.

무엇보다 나의 사랑하는 아내 선영, 나의 두 자녀 승준, 유은에게 감사의 마음을 전하고 싶다. 그들의 희생과 후원 그리고 기도가 지금까지 저자를 붙잡아 주었다고 고백하지 않을 수 없다. 부족한 남편과 아빠를 끝까지 믿어 주고 기다려 주었던 가족들에게 다시 한 번 감사를 전하고 싶다. 또한 미국 캘리포니아에 거주하고 계시는, 저자를 위한 기도가 자신의 생명이라고 말씀하시는 어머니께 이 자리를 빌려서 감사의 마음을 전한다. 그리고 이 책의 많은 부분에서 필요한 번역 작업을 기쁨으로 함께해 준 구자혜 자매에게 감사의 마음을 전한다.

마지막으로, 이 책의 시작과 마지막까지 그리고 지금까지 저자의 모든 삶이 모두 다 하나님의 은혜라고 고백한다. 이 책을 위한 준비된 만남들조차도 모두 하나님의 은혜다. 부족한 책이 하나님의 영광을 위해 귀하게 사용되기를 간절히 기도한다.

2016년
방배동 연구실에서
손철우

제1장
자기희생과 문화적 가치
양보와 효도

문화가 삶에 미치는 영향은 매우 크다. 삶을 이루는 기본적인 요소들—가족, 시간, 옷, 음식, 돈과 성—에 관한 우리의 태도는 대부분 문화를 통해서 빚어진다고 볼 수 있다. 문화는 민족에 따라 다르고, 인종과 성별, 종교, 사회적 계층 그리고 가정환경에 따라 다양한 모습으로 나타난다. 오랜 역사에 걸쳐 만들어지고 다져진 하나의 문화는 개개인의 가치관과 세계관을 형성하는 데 중대한 역할을 한다.

한국인의 문화는 불교와 유교, 샤머니즘(무속)과 여러 가지 토속종교가 섞여 조합을 이루고 있는 문화다. 그중에서도 특히 조선시대(1392~1910)로부터 전해져 온 유교 문화는 현대 한국 문화에 매우 깊은 영향을 주었으며, 수백 년에 걸쳐 내려온 유교 사상은 한국인의 보편적 세계관과 사회윤리, 정치적 관념, 학계의 전통 그리고 살

아가는 방식을 결정하고 정의하는 가치관으로 자리 잡았다. 요즘에
는 유교적 의식 절차가 단순화되거나 유교적 관습이 아예 사라진 것
도 있지만, 모든 한국인에게는 유교의 피가 흐른다는 말이 있듯, 한
국 사회의 근본적인 사고방식은 공자의 가르침에 깊이 뿌리박혀 있
다고 볼 수 있다. 감리교신학대학교의 강남순 교수는 "유교가 한국
인들에게 끼친 영향은 아마도 다른 어떠한 전통적인 종교나 동양사
상보다 클 것"이라고 말했다.[1)]

　유교 사상이 한국 사람의 삶에 얼마나 밀접한 관련이 있는지에 대
해 사회종교학 최준식 교수는 다음과 같이 말한다.

　　보통 그 고리타분한 유교 혹은 유교적 가르침의 시대는 지나갔다고 하
지만 사실 조선조 이후에 우리나라 사람들은 물고기가 물을 떠나서는 살
지 못하듯 유교적 가르침을 떠나서 살았던 적이 없었다. 어항 속의 붕어
가 물과 너무 친숙한 나머지 물이 있다는 사실 자체를 잊어버리듯이, 우
리나라 사람들도 워낙 유교적 분위기에 젖어 살고 있기 때문에 자신이 유
교인이라는 사실을 잊어버린 것이다. …… 우리나라 사람들의 의식 구조
를 당의정과 같이 표면이 단 껍질로 싸여 있는 알약에 비교해 보자. 우리
나라 사람들이 갖고 있는 기독교나 불교 같은 종교는 단 껍질에 불과해
서, 그것이 살짝 벗겨지면 그 속은 온통 유교의 영향을 받은 생각이나 관
습, 인간관 등으로 가득 차 있음을 알 수 있다. …… 우리가 얼마나 또는
어떻게 유교의 영향권 안에서 살고 있는가를 파악하는 것은 스스로를 이
해하기 위해 대단히 중요한 일이다.[2)]

----

1) N. S. Kang (2004), p. 172.

　최준식 교수가 지적하고 있듯이 한국인의 결정적인 가치와 관습에 대한 의도를 의미 있고 바르게(혹은 실제적으로) 이해하기 위해서는 유교 사상의 영향을 이해하는 것이 필수다. 유교 사상은 한국 문화에서 이루어지는 자기희생과 같은 가치의 주된 이유와 동기를 제공하기 때문에, 유교의 가르침에 대한 이해 없이는 한국인의 전통 문화와 가족관계를 이해할 수 없고, 특히 타인을 위해 자기희생적으로 행동하려는 동기나 심리가 얼마나 자동적이며 깊고 넓게 스며들어 있는지를 이해하기란 불가능하다.[3]

　유교는 500년 이상 한국 사람의 인간관계 속에서 도덕적 기준을 세우는 데 주요 역할을 했기에, 한국 가정에서 보이는 행동과 관습은 대부분 유교적 원칙들이라고 할 수 있다. 유교에서는 인(仁)이라는 덕목을 강조하는데, 이 덕목은 다섯 가지의 대인관계에서 정신적 유대감을 설명해 주는 일반적 덕목이다. 다섯 가지의 관계(오륜, 五倫)는 아버지와 아들 간의 관계(부자, 父子), 주종관계(군신, 君臣), 부부관계(부부, 夫婦), 형제관계(장유, 長幼), 그리고 친구와의 관계(붕우, 朋友)다.[4]

　인(仁)은 그동안 여러 가지로 번역되어 왔는데, 그중에 가장 보편적으로 받아들여지고 있는 것은 '두 사람 간의 관계'다. 인(仁)이라는 문자를 살펴보면 사람 인(人)자와 두 이(二)자가 합쳐져서 만들어졌음을 알 수 있다.[5] 인(仁)은 인간적인 마음, 자비심, 사랑, 용서, 친

---

2) 최준식(2004), pp. 109-110.
3) P. G. Min (1981), pp. 174-198.
4) J. Ching (1977), p. 93.

절함, 유함 등으로 해석되기도 한다. 유교의 인은 어떤 면으로는 기독교에서 말하는 아가페 사랑이나 불교에서 말하는 자비(慈悲)와도 비슷하다. 유교는 그것이 오랜 기간 확립해 온 사회적 질서와 원칙들을 그대로 신성히 보존하는 것에 대해 강한 신념을 가지고 있으며, 자기 자신과의 화합, 자연과의 화합 그리고 다른 사람과의 조합을 중요하게 여긴다. 인은 언제나 두 사람 간의 관계의 질에 대해 말하고 있는데, 자기 자신의 마음과 양심에 대한 충성을 말하는 충(忠)과 다른 사람을 향한 존경과 배려, 용서 그리고 남을 나와 같이 여기는 용서할 서(恕)와 깊은 관련이 있다(논어 4:15).[6] 인은 일반적인 사랑으로도 해석되지만, 그 뿌리는 효심과 형제우애에 있다(논어 1:20).[7] 부모에 대한 효심은 유교의 덕목 중에서 으뜸 되는 덕목이며, 나라에 대한 충성이나 부부애보다 더 우선시되는 덕목이다.

인간관계에 초점을 두는 유교는, 인간 사회가 대인관계의 네트워크와 그에 따른 윤리적 책임으로 만들어져 있다고 본다.[8] 여러 인연 중에서도 특히 앞서 언급한 다섯 가지 관계가 개인과 가정의 가장 핵심적인 도덕적 관계로 존중되어야 한다고 가르친다. 그중에서도 특히 부부, 부자, 장유의 관계가 가족 안에서의 질서를 잡아 주는 관계라고 볼 수 있다. 또한 붕우관계(친구관계) 외의 모든 관계는 수직적인데, 높은 사람과 낮은 사람 중에서 낮은 사람이 무조건 높은 사

---

5) 최준식(2004), p. 132.
6) J. Ching (1997), p. 94.
7) Ibid., p. 95.
8) Ibid., p. 96.

람을 우대해야 한다는 원리가 적용된다.[9] 유교 사회에서는 이러한 가족관계의 원리가 정부를 포함한 모든 사회조직의 모형이 된다. 중국어와 한국어에는 서양 언어에서는 찾아볼 수 없는 가족관계를 지칭하는 단어들이 백 가지가 넘는다.[10]

지금까지 이야기한 것들을 종합적으로 살펴보면, 오륜관계는 유교적 원리에 따른 한 개인의 책임과 의무를 형성하고 강조하며, 가족관계 안에 틀을 만들고 역동을 형성한다. 그리고 이 다섯 가지 관계 중에서도 부자(효도), 군신(계층), 부부(역할)의 세 가지 관계를 가장 강조하여 가르친다.[11] 이 세 가지 관계는 모두 순종과 복종, 자기부정을 필요로 하는데, 이것들은 한국 가족 안에서 이루어지는 자기희생의 동기가 무엇인지에 대한 아주 중요한 실마리를 주고 있다. 이제 이 세 가지 관계 속의 역동을 살펴보기로 하자.

한국 문화에서 보이는 부모-자녀 관계에서의 자기희생

유교의 교리에서 가장 중요한 것 중의 하나는 자녀가 부모에게 순종해야 한다는 것이다. 전통적인 한국 가정 안에서 효도란, 부모와 자녀 사이에 가질 수 있는 가장 숭고한 도덕적 규칙이며 오늘날 한

---

9) K. K. Hwang (1999), p. 168.
10) N. S. Kang (2004), p. 173.
11) 최준식(2004), pp. 195-196.

국 가족체계를 이루는 데 가장 깊은 영향을 준 개념이라고 할 수 있다. 강남순 교수는 유교적 한국 가족체계를 이해하기 위해서는 '효'의 개념을 이해하는 것이 우선이라고 말한다.

> 효의 개념은 유교적 가정을 이해하는 데 아주 중요하다. 효라고 번역되는 Hsiao는 유교 사회의 가장 기본적인 사회적·종교적 개념이다. 유교는 인간의 도덕 발달에 있어서 효를 가장 중심되는 미덕으로 제시한다. 가정의 뿌리로서의 효는 유교의 오래된 문헌들에서 칭송을 받는 개념이고, 특히 Hsiao Ching(효에 관한 책)은 독점적으로 효에 대한 개념만을 다루고 있다. 효는 다음과 같이 묘사된다. "부모가 살아 계시는 동안 'li(propriety, 예의)'로 부모를 섬기고, 부모가 돌아가시면 li로 그분들을 섬기고, li를 가지고 부모들을 위해 희생하라. 효는 모든 미덕 중에 미덕으로 여겨지고, 모든 미덕을 위한 근원, 기준 그리고 형식으로 여겨진다. 효는 극락을 향해 다가가는 데 최고의 목표이며, 최고의 목적이며 방향이다. …… 결과적으로 효에 관한 가르침은 아버지와 아들의 관계에 주로 초점을 맞추고 있다.[12]

전통적 한국 가정에서는 부모에 대한 효도와 순종이 자기 자신의 필요보다 항상 앞선다. 효도라는 개념에서 나온 규칙은 가족 안에서 아버지의 도덕적 권위를 세워 줄 뿐 아니라, 자녀가 사회 안에서 어떻게 행동해야 하는지를 가르쳐 준다. 어른이 된 자녀는 부모를 평생 봉양함으로써 부모가 길러 준 빚을 갚아야 한다고 그들의 아이에

---

12) N. S. Kang (2004), p. 174.

게 가르친다. 어떻게 보면 효도란—유교적·전통적인 한국인의 관점에서—인간 존재의 의미이자 중심이라고 할 수 있다. 유명한 유교 학자인 이퇴계는 "효도는 모든 인간 행동 위에 있는 이유다."라고 말했다.[13] 또 다른 유교학자 이율곡도 "효는 안정된 가정의 근본이고 모든 행동의 중심을 제공한다."라고 말했다.[14] 두 학자 모두 효도의 본질적 의미에 대하여 동일한 진리를 외치고 있다. 일방적이고 권위적인 부자관계에서 자녀들의 흔들리지 않는 충성이야말로 모든 윤리적 행동의 기반이 되는 도덕적 책임과 의무인 것이다.

자(慈)는 부모가 자녀를 어떻게 대해야 하는지 가르쳐 주고 손위 형제가 동생을 어떻게 대해야 하는지 가르쳐 준다. 공자는 부모와 자녀가 상호적인 친절과 관용의 태도로 서로를 대해야 한다고 말했다. 하지만 무엇보다도 아랫사람이 윗사람을 어떻게 공경해야 하는지에 대한 가르침이 가장 많이 강조되어 왔고, 이러한 사고(부모와 윗사람을 향한 일방적 복종과 공경)는 가족관계뿐 아니라 사회생활에서의 관계들을 정립하는 기준이 되었다. 〈표 1-1〉은 유교적인 가정에서 아이들에게 요구되는 부모를 향한 절대적 순종과 공경을 잘 보여 주고 있다.[15]

자녀는 늙어 가는 부모를 부양할 책임이 있고, 특히 장남은 부모를 모시고 살 의무가 있다. 노년의 부모에게 물질적인 편안함과 심적인 보살핌을 제공해야 하며, 부모가 돌아가신 후에는 그들의 넋을

---

13) 채무송(1985), pp. 307-310.
14) Ibid.
15) U. C. Kim & S. H. Choi (2014), pp. 227-257.

표 1-1 부모에 대한 자녀의 의무

의 무	실 례
순종: 자녀는 부모의 권위와 주장을 항상 존중해야 한다. 이러한 존경과 공경심은 매일의 삶 속에서 행동으로 보이고 나타나야 한다.	• 어떠한 결정에 앞서 자녀는 항상 부모와 상의해야 하고 부모의 동의를 얻고 허락을 받아야만 한다. 만일 부모가 허락하지 않는다면 그에 대하여 더 이상 주장할 수 없다(국몽요글). • 부모가 부르시면 즉시 대답하고 달려가야 하고, 만일 입에 음식이 있으면 이를 뱉고 대답을 해야 한다(명심보감).
돌봄: 자녀는 반드시 부모의 모든 필요를 돌보아야 한다.	• 부모가 아프면 부모를 돌보는 것이 자녀에게는 최우선이다(국몽요글). • 자녀는 부모가 주무시기 전에 잠자리를 준비해야 하고, 기상 후에는 잠자리를 정리해야 한다(이기). • 자녀는 부모를 겨울에는 따뜻하게, 여름에는 시원하게 해드려야 하고, 밤에는 잠자리로 모시고, 아침에는 반드시 문안을 해야 한다(소학). • 자녀는 항상 부모의 필요가 무엇인지 살펴보아야 한다(소학).
후원: 돌보는 것과 관련해서 부모가 물질적으로, 신체적으로 편안하게 지내도록 해야 한다.	• 자녀는 부모가 집에서 편안히 계시고, 잘 드시고, 좋은 옷을 입도록 확인해야 한다(동몬선습).
편안하게 모심: 돌봄과 후원의 두 범주가 부모의 신체적인 편안함에 관한 것이라면, 이 범주는 부모가 걱정하지 않도록 하는 심리적인 평안에 관한 것이다.	• 자녀는 들어오고 나갈 때 부모한테 알려 드려야 한다. 그리고 자신이 어디 있는지 알려 드려야 한다(명심보감). • 자녀는 자신이 위험에 처하지 않도록 노력해야 한다(이기).
존경: 부모가 돌아가신 후에도 자녀는 부모의 성취에 대해서 존경을 표하고, 그들이 이루지 못한 것을 이루도록 노력하고, 부모의 사회적 관계를 계속해서 유지해야 한다.	• 부모가 돌아가신 후에도 자녀는 3년 동안 먹는 것과 성적인 욕망을 삼가야 한다(소학). • 극단적인 경우, 아버지가 돌아가신 후에도 자녀는 아버지의 첩들을 잘 돌보아야 한다(소학).

기리는 제사와 의식 절차에 대한 의무를 다해야 한다. 자식들이 서로 멀리 떨어져 살고 있다 해도, 구정이나 추석 같은 명절, 부모의 생신이나 제삿날에는 함께 모여 부모의 묘를 방문하고 제사를 드리는 것이 의례다. 본래 이 효도라는 개념에는 자녀에 대한 부모의 의무도 포함되어 있다. 하지만 요즘에는 거의 부모를 향한 자녀의 일방적인 의무와 책임으로 받아들여지고 있는 것이 사실이다. 효도라는 개념이 아름답고 존경받을 만한 가치이고 한국 가정에 긍정적인 영향을 주었다는 점은 인정해야 하지만, 부모를 향한 절대적 복종과 의무적 자기희생은 후에 가족관계 속에 부정적인 역기능을 초래할 여지가 많은 것도 사실이다.

이러한 수직적 구도에서 오는 압박감은 자녀로 하여금 진정으로 감사한 마음으로 자원해서 부모에게 헌신하고 희생하지 못하도록 하며, 오히려 역효과를 가져오기도 한다. 부모를 공경하고 순종하는 것이 부모에 대한 진정한 사랑에서 비롯된 것이 아니라 하나의 피할 수 없는 책임이 되어 버리고, 현실적으로 강요된 책임과 무조건적인 의무로 인해서 자녀들은 아예 자신들에게 부여된 모든 책임을 회피해 버리고 부모를 모시는 것을 포기해 버리기도 한다. 요즘 들어 원로한 부모님을 집에 모시지 않고 양로원이나 노인아파트로 보내는 기성세대가 많아진 것도 그러한 예라고 볼 수 있다.

본래 효도의 전통적인 의미는 부모와 자녀가 함께 살면서 같은 목적을 가지고 함께 일하며 시간과 공간 그리고 가치를 공유하는 것이었다.[16] 하지만 도시화된 현대사회에서는 예전처럼 자식이 부모와 함께 시간과 공간, 그리고 재정적인 면에서 함께 삶을 꾸려 갈 수 있는 여건이 어려워지게 된 것이 사실이다. 부모와 자식들이 공유할 수 있는 가치와 꿈이 사라져 버린 것도 사실이다. 그렇기에 부모와 자식세대 간에 '효'와 책임에 대해서 생각하는 것이 다르고, 그 사고의 차이로 인해서 서로 간에 갈등이 생길 수밖에 없는 상황이 되었다. 자식들은 부모가 자신들의 인생을 위해 헌신한 만큼 부모를 보살펴 줄 수 없다는 것에 직면하면서 괴로워하고, 자신들의 노년을 책임져 줄 것이라고 기대했던 부모세대는 자식들이 그렇게 해 주지 못하는 것으로 인해서 실망하게 된다.

자녀가 가정을 꾸리고 아이를 낳게 되면, 부모는 손자녀를 봐 주어야 할 것 같은 압박감과 책임감을 갖게 된다. 부모는 자신들이 자녀의 삶에 도움이 되어 주지 못하면 자녀가 혹시나 자신들을 방치할까 봐, 심지어는 자신들이 버려질까 봐 두려워하는 경우도 생기게 되었다. 100세 시대를 맞이한 현대사회를 살아가면서, 이러한 현실은 한국인이 깊이 생각해 봐야 할 심각한 문제가 아닐 수 없다. 한국사회가 효도라는 이름 아래 감추어진 갈등과 문제들을 그대로 덮어둔 채 회피해 버린다면, 계속해서 세대 간 갈등의 골이 깊어지게 될 것임을 인식해야 한다.

한편, 더 심각한 문제는 부모의 자식을 향한 무조건적인 자기희생에 있기도 하다. 한국 부모들은 지나칠 정도로 자식을 위해 모든 것을 헌신해야 한다는 사고방식을 가지고 있고, 자식을 위해서라면 자신이 원하는 것들을 포기할 수 있다는 신념을 가지고 있다. 물론 아

---

16) 김경일(1999), pp. 150-157.

이를 잘 양육하기 위해서는 부모의 크고 작은 희생이 요구된다. 좋은 부모가 된다는 것은 본질적으로 자식을 위해 희생해야 한다는 의미가 내재되어 있고, 부모 자신들의 사리사욕을 포기해야 하는 일이긴 하다.

　하지만 우리가 다시 짚고 넘어가야 할 점은 부모들이 왜 그렇게 지나칠 정도로 자식을 위해 희생하는가 하는 점이다. 부모들은 그 희생 가운데 혹시 어떠한 대가나 보상을 바라고 있는가? 부모들은 자신들의 삶에 충분한 만족감을 느끼며 살고 있는가? 많은 부모가 자식의 필요를 채워 주고 그들의 앞날을 위해 자신들의 꿈을 접지만, 이러한 희생은 그들의 의지에 따른 선택이 아닌 필요에 따른 불가피한 선택이었을 수도 있다.

　자식에 대한 부모의 희생의 정도는 실제로 매우 광범위하다. 즉, 시간, 물질적 자산뿐만 아니라 감정과 자유 그리고 다른 관계적인 희생까지도 포함된다. 하지만 어떤 부모들은 자녀들에게 자신들이 감내하는 희생과 노력을 노골적으로 드러내려고 하기도 한다. 예를 들어, 엄마가 자녀를 잘 키우기 위해서 자신의 직업을 포기하기로 선택했을 때, 그 희생은 자신의 지위, 돈, 자유에 대한 개인적 희생이라고 볼 수 있다. 하지만 그러한 선택을 함으로써 그녀는 마음의 평안, 사회적인 인정, 비판으로부터의 자유, 그리고 엄마와 함께 있을 수 있어 행복해하는 자녀와 더욱 평안한 가정을 얻었다고 볼 수도 있다. 그런데 엄마가 만일 계속해서 자신이 치러야 했던 희생을 강조하며 자녀들에게 자신의 희생의 값을 알린다면, 그녀의 희생은 아이에게뿐 아니라 배우자, 궁극적으로는 자신에게도 짐이 될 것이다. 이러한 희생은 자신이 원해서 자신을 온전히 내어 주는 것이 아닌, 원망과 씁쓸함, 불만과 후회의 마음으로 얼룩져 있는 희생인 것이다.

강요된 의무와 책임감에 따른 희생은 양쪽 모두에게 저항하는 마음을 불러일으키기 때문에, 그러한 희생이 관계 안에 있는 사람들에게 어떠한 영향을 줄지를 미리 잘 생각해 보고 희생하기로 결정해야 한다. 전통과 사회적 관습이라는 이름 아래 자기희생을 요구하는 것은 관계, 특히 가족관계에 부정적인 결과를 낳기 때문에, 이러한 자기희생적인 정신을 하나의 관습이나 덕으로 생각해서는 안 된다. 이런 의미에서 목회자와 목회상담자들이 숨겨진 문화적 관습을 이해하고 그 안에 자리 잡고 있는 철학과 신념을 이해하는 것은 아주 중요하다.

한국 가정의 가부장적인 가족체계

전통적으로 볼 때, 한국인이 생각하는 이상적인 가족체계는 부부관계가 아닌 부모와 자녀의 관계, 특히 아버지와 아들의 관계가 중심이 되는 가부장적인 체계라고 할 수 있다. 이것은 한국인의 가족관계가 평등하지 않고, 상호적인 관계를 바탕으로 하지 않으며, 계층적인 구도에 근본을 두고 있음을 보여 준다. 이러한 가부장적인 관계들은 권위와 순종이라는 틀 속에서 언제나 약자가 강자에게 일방적인 호의를 보여야 하는 건강하지 못한 패턴을 지니고 있다. 모든 권위는 한 가족의 가장인 남자에게 있고 나머지 가족관계도 늘

윗사람과 아랫사람으로 구분된다.[17]

유교적인 가부장적 가정에서는 가족의 정체성이 개개인의 정체성보다 더 중요하게 여겨지고, 가족은 사회집단을 이루는 또 하나의 독립체가 된다. 이러한 유교적 사회에는 두 가지의 핵심 원리가 있다. 하나는 남자가 여자보다 우월하다는 원리이고, 다른 하나는 나이가 많은 사람이 나이가 적은 사람보다 위에 있다는 원리다.[18] 가부장적이고 계층적인 가족체계 안에서는 자녀들이 무조건 웃어른에게 존경을 표하지 않으면 안 된다.

예를 들어, 서양인의 인사법과 한국인의 인사법의 차이를 살펴보면 흥미롭다. 서양인은 상호 간의 평등한 위치를 나타내는 악수를 하며 인사를 나누는 반면, 한국인은 사회적 위치가 낮은 사람이 높은 사람에게 머리를 숙여 인사를 한다. 나이 차이는 한국인의 관계를 정립하는 가장 중요한 요소 중의 하나이기 때문이다. 그래서 거의 모든 모임에서 남자들은 먼저 나이를 서로 묻고 연장자 순으로 서열과 호칭을 정한다. 이것은 한국 사회에서 아주 자연스러운 현상이다. 이렇듯 서열과 계급은 한국 사람의 사회에 언제나 내재해 있고, 그 서열에 따라 관계들은 수직적으로 정립된다. 그리고 이러한 수직적 사회체계와 공동체에 속하기 위해 한국인은 때로 자기 자신을 비하하고 그 위치와 서열에 따라서 자기희생이라는 대가를 치러야 한다.

---

17) I. H. Park & L. J. Cho (1995), pp. 117-134.
18) M. Kim (1993), p. 71.

한글에 나타난 계급 제도

한국 사회의 계급 문화는 한글에도 잘 나타나 있다. 한국인이 사용하는 언어에는 사회적 신분에 따라 경칭형 혹은 경멸형으로 '나' 자신을 나타내는 단어만 서른여섯 가지가 된다고 한다.[19] 말하는 사람과 듣는 사람의 나이차를 고려해서 적절한 표현을 골라야 하며, 어른들의 이름을 직접 부르는 것은 한국 사회에서는 용납할 수 없는 언행이다. 그래서 한국 사람에게는 미국인이 친근함의 표시로 연장자의 이름을 편하게 부르는 것이 매우 어색하고 적응하기 어렵게 느껴질 수도 있다. 한국 사람은 절대로 연장자를 이름으로 부르지 않고, 대신 '박 선생님' '손 부장님' 혹은 '김 목사님'과 같이 직함을 써서 부른다. 이러한 관습은 한국 사람이 얼마나 나이와 서열이 부여하는 계층에 엄격한 지배를 받고 있는지 잘 보여 준다. 아랫사람은 윗사람이 무언가를 건네줄 때 두 손으로 받아야 하고, 지위가 높은 사람에게 인사를 할 때는 '안녕'이라고 말하거나 손을 흔들어서는 안 되고 반드시 머리를 숙여야 한다. 이러한 모든 행위는 모두 나이 많은 사람에게 경의를 표시하는 방법이다. 이러한 패턴은 가족관계 안에서도 일어나는데, 자녀들은 나이에 따라 서열이 정립되고 손위 형제나 자매를 존중해야 한다. 자신보다 나이가 많은 형제나 자

---

19) 이규태(1997), p. 107. (예를 들면, 나, 저, 오, 아, 여, 짐, 신, 본인, 소인, 불초, 둔마, 졸자)

매의 경우, 이름으로 부르는 대신 형이나 누나, 오빠나 언니로 불러
야 한다.

저자도 이런 수직적이고 계층적인 문화 속에서 자랐다. 그래서 미국
풀러 신학대학원에서 박사과정을 시작할 때, 지도교수인 Augsburger
박사님이 저자를 학생이 아닌 자신의 동료라고 부르는 것에 매우 놀
랐던 적이 있다. 그리고 편안하게 자신의 이름을 부르라고 말했을
때는 거의 충격이었다. 다른 미국 학생이 교수님의 이름을 부를 때
도 무척이나 당황했다. 하지만 마음속으로는 그들이 자신들의 멘토
와 단지 수직적이고 계층적인 관계가 아닌 친구관계를 맺고 있다는
사실이 매우 부러웠다. 이러한 우호적이고 친근한 분위기가 스승과
제자 관계에 대한 존중을 잃지 않는 선에서 계속 유지되고 있었기
때문에, 지도교수와 제자 간의 대화는 훨씬 더 유익하고 풍요로웠
다. 학생이 수업시간에 지도교수의 것과 반대되는 생각과 의견을 언
제든지 질문하였고, 교수도 학생의 이야기를 경청했다. 하지만 저자
를 포함한 많은 한국 학생은 지도교수와의 평등하고 정겨운 교환을
무척이나 어색하고 어려워했다. 교수의 의견에 늘 동의해야 하는 부
담을 가지면서 한편으로는 교수의 의견에 반대 의견을 내도 되는지
몰라 눈치를 보게 되었다.

한국 학생이 이러한 행동을 보이는 것은 자신보다 높은 위치에 있
는 사람들과는 친구가 될 수 없는 문화에서 자랐기 때문이다. 한국
사람에게 친구란 같은 또래의 가까운 관계를 말한다. 미국 사람의
우정의 개념에 비해 매우 한정되고 좁은 의미가 있다. 나이가 어린
사람은 나이가 많은 사람에게 자신의 의견을 자유롭게 이야기하지

못함으로써 그들 간의 소통은 매우 경직될 수밖에 없다. 그러므로 서양 사회에서 살아가는 한국 사람이 이러한 평행적 친구의 개념을 갖지 못하면, 나이가 다른 서양 사람과 어떻게 교류해야 하는지, 어떻게 관계를 맺어야 하는지 몰라 당황하고 어려움을 겪게 될 가능성이 많다. 이런 문화에 따른 한계 때문에 한국 사람의 자기희생은 자유롭게 선택된 것이 아닌 사회적으로 강압된 것이 많다고 볼 수 있다. 그래서 아랫사람이 윗사람에게 혹은 자녀가 부모에게 솔직한 표현이나 자기주장을 하는 것은 버릇이 없는 것으로 또는 공격적인 것으로 받아들여지는 것이다.

한국 사회 속의 '우리' 문화

한국 사람은 공동체 안에서의 조화를 높은 가치로 평가하기 때문에, 개인이 어떠한 결정을 내릴 때 자신이 속한 가족이나 공동체의 영향을 많이 받는 경향이 있다. 그래서 한국 사회에서는 주위 사람들의 의견을 잘 고려하지 않고 자신이 선호하는 대로 결정을 내리는 사람에게 매우 이기적인 사람이라는 표찰을 붙이게 되는 것이다.

저자는 동양 사람과 서양 사람을 연구한 EBS 방송을 본 적이 있다. 그 연구에서는 동양인과 서양인에게 한 그림을 보여 주었다. 그 그림 속에는 중심에 한 사람이 있고 그 뒤로 친구들이 서 있다. 첫 번째 그림은 중심에 있는 사람이 인상을 쓰고 있고 주위 친구들은 다들 웃고 있었다. 두 번째 그림은 중심에 있는 사람이 웃고 있는데 주위의 친구들은 다 슬픈 표정이나 화난 표정을 짓고 있었다. 연구자가 동양인에게 물었다. "첫 번째 그림과 두 번째 그림 중 가운데 있는 사람이 행복해 보이는 그림은 어느 쪽인가요?" 동양인은 대부분 가운데 있는 사람이 인상을 쓰고 있는 첫 번째 그림이라고 말했고, 서양인은 대부분 가운데 있는 사람이 웃고 있는 두 번째 그림이라고 말했다. 그 이유는 무엇일까? 동양인은 가운데 있는 사람보다는 주위 사람들이 행복한지에 초점을 맞추었기에 대부분 주위의 사람이 행복해 보이는 그림을 선택했다. 반면, 서양인 대부분이 가운데 있는 사람이 행복해 보이는 그림을 선택한 것은 그들이 그만큼 주위의 사람에게 신경을 덜 쓰고 있다는 것이다. 이 연구는 동서양의 문화 차이를 아주 극명하게 보여 준다.

우리 모두는 다른 사람들에게 긍정적으로 자신을 표현하기를 원한다. 그런데 동양 문화에서 자신을 긍정적으로 나타낸다는 것은, "나는 법을 어기지 않아. 나는 사람들이 기대하는 대로 행동하고 주위의 친구들은 내가 다른 사람을 잘 돕는 좋은 사람이라고 여기고 있어. 나는 주위의 사람들에게 신뢰를 받는 사람이야."라는 뜻이다. 이게 바로 한국 사람이 다른 사람들에게 비춰지고 싶은 모습이다. 겸손하고, 법을 잘 따르고, 기대된 대로 행동하고, 호감 가는 사람으로 비추어지고 싶은 것이다. 이것이 자신을 긍정적으로 표현하는 것이다. 그러나 서양 사람에게 자기 자신을 긍정적으로 나타낸다는 말의 의미는 조금 다르다. 자신을 긍정적으로 표현한다는 것은 자기 자신의 개인적인 느낌과 감정을 기반으로 솔직하게 행동한다는 것이다. 하지만 동양 사람은 자기 자신을 사회로부터 따로 분리해서 생각하지 않기 때문에, 사회의 법과 기준이 개인의 행동을 지배하게 된다. 한 사람이 다른 사람을 어떻게 판단하느냐, 특히 나이가 많거나 높은 위치에 있는 사람이 자신을 어떻게 평가하느냐가 자기 자신을 판단하는 기준이 된다. 조금 더 구체적으로 말하자면, 한국 사람은 자신을 다른 사람들과 끊임없이 비교하고, 다른 사람들이 자신의 삶에 강력한 영향을 미치도록 한다. 이를 보았을 때, 일반적으로 동양 사람은 집단주의, 서양 사람은 개인주의라 할 수 있다.

이러한 개인주의와 집단주의의 미묘한 차이가 언어에도 반영되어 있다는 것이 참 흥미롭다. 단적으로, 미국 문화는 '나' 문화인 데반해, 한국 문화는 '우리' 문화다. 미국 사람은 '내 친구, 내 학교, 내차, 내 집, 내 나라'라고 말한다. 하지만 한국말에는 이러한 '나' 대신 '우리'라는 단어를 사용한다. 한국말로 소유를 나타낼 땐 언제나 '우리'라는 표현을 써서 '우리나라, 우리 집, 우리 학교, 우리 선생님'이라고 말한다. 심지어 자신의 아내를 가리킬 때마저 '우리 아내'라고 말한다. 이것이 바로 한국인이 가지고 있는 집단주의의 핵심적인 개념이다.

이러한 가치의 차이는 또한 한국 부모와 서양 부모가 자녀를 양육하는 방법에서도 다르게 나타난다. 저자는 미국에서 지낼 때 한국 부모와 미국 부모가 자녀를 혼낼 경우 완전히 다른 방법을 사용하는 것을 보고 놀란 적이 있다. 미국에서는 부모가 자녀에게 벌을 줄 때 아이 자신의 방으로 들어가서 나오지 말라고 한다. 학교에서도 처벌을 할 때, 쉬는 시간(recess time)에 자신의 책상에 가만히 앉아 있도록 한다. 미국인에게 처벌은 아이의 자유와 권리를 일시적으로 제한

시키는 것이다. 반면에, 한국 부모는 아이가 잘못을 저질렀을 때 집
밖으로 나가라고 명령한다. 학교에서도 뭔가 처벌을 할 때 교실 밖
으로 나가서 손을 들고 서 있으라고 한다. 그러한 처벌의 심각성은
정도에 따라 다를 수 있지만(대개는 심각하지 않다), 그 속에 담긴 근
본적인 처벌의 의미는 가족으로부터의 거절, 궁극적으로는 사회로
부터의 수치와 창피를 나타낸다.

대한민국, 은둔자의 왕국: 감춤의 미덕

나이와 서열, 화합을 강조하는 엄격한 원칙들 덕분에, 한국 사람
에게는 자신의 진정한 생각이나 감정을 숨기는 것이 하나의 미덕이
되어 버렸다. 자신을 희생하고, 자신의 주장이나 관점, 바람을 드러
내지 않으며, 그러한 것들을 남 모르게 숨길 수 있는 겸손함은 한국
사람에게 매우 가치 있는 덕목이다. 한국 사회에서는 이렇게 자신을
드러내지 않는 관습이 점점 더 당연하게 받아들여지고 있다. 가부장
적인 구조가 자기 자신의 진짜 속마음을 억제하는 사람을 가치 있게
생각하도록 만든 것이다. 그래서 존경과 겸손 그리고 순응이라는 이
름 아래 진정으로 친밀한 관계가 이루어질 수 있는 기회들을 잃어버
리고 말았다.

저자가 미국 생활을 오래 하고 한국으로 다시 돌아왔을 때 가장
힘들었던 것 중의 하나는 바로 '눈치 문화'였다. 자신의 의견을 정당
하게 주장하는 것은 무례한 행동으로 여겨졌고, 다른 사람의 눈치를

보는 것은 당연하게 여겨졌다. 자신의 진짜 모습을 잘 숨기고 다른
사람의 눈치 너머로 자신의 행동을 결정하는 사람이 사회생활을 잘
하고 지혜로운 사람으로 보였다. 저자는 학교생활을 하면서 눈치가
없다는 말을 참 많이 들으면서 살았다. 그게 순수한 사람이라는 말
로 들리기도 했지만 때로는 뭔가 나의 의견을 말하고 싶을 때 무거
운 부담으로 다가오기도 했다. 이와 같이 가부장적인 문화는 대중의
의견과 반대되는 의견을 갖고 있는 것에 대해 잘못된 죄책감을 안겨
주고 부담을 느끼게 한다. 개인의 사회적 위치에 따라 더욱 강화되
는 이 '은둔자의 왕국'은, 이러한 가부장적인 부자관계의 가르침으
로부터 유래되었다.

　이규태 저널리스트는 이러한 은둔 문화에 살고 있는 한국 사람의
정서를 한(恨)이란 단어로 설명하였다.[20] 한(恨)은 그칠 간(艮)과 마
음 심(心) 자가 합쳐져서 만들어진 글자다. 한국 사람은 마치 뿌리
깊은 나무가 자연으로부터 오는 모든 바람을 맞고 속으로 견디듯이
자신의 감정과 생각을 속으로 눌러 내면화시키고 드러내지 않는다.
한국 사람은 자신의 상처 난 감정을 배우자에게 밖으로 드러내거나
쏟아붓지 않고, 자신의 상한 감정을 안으로 삭이는 경향이 많다. 이
렇게 자신의 부정적 감정을 밖으로 드러내지 않고 내면으로 참고 견
디는 것이 바로 한이다.

　한은 한국인의 아주 독특한 정서다. 이러한 정서를 갖고 살면서
그들은 속으로 자신에게 상처를 준 사람을 혐오하고, 나아가 자신을

---

20) 이규태(1977), pp. 250-252.

위해서 조용히 슬퍼한다. 한국 문화는 자기 자신의 갈등이나 걱정 그리고 내면의 감정을 드러내는 것에 대해 매우 부정적인 시선을 갖고 있기 때문에 한국 사람은 주로 화나 슬픔을 속으로 삭이는 방법을 선택한다. 반대로 서양 문화는 상대방에게 반대되는 의견이나 자신의 불만을 표현하는 데 더 익숙하기 때문에 한국 사람처럼 내면에 많은 것을 쌓아 두지 않는 편이다.

한국 사람, 특히 한국 여성은 시댁 식구나 나이 많은 형제, 선생님에게 혼날 때, 한국 사회의 엄격한 계층 구도의 금지규범 때문에 자신들의 불만과 억울함을 토로할 곳이 없다. 이러한 현상은 직장이나 다른 집단적 배경에서도 마찬가지다. 자신의 의견이 분명히 옳다고 해도 집단의 단합을 위해서 자신의 의견을 묻어 두고 자기 자신을 오히려 낮추는 것은 집단주의의 불가피한 사고다. 공동체에서의 반발을 피하기 위해 자신의 속마음과 생각을 감추게 되는 것이다. 이처럼 한의 사고방식은 공동체 속의 개인에게 '수동적 양보'를 하도록 강요한다. 이러한 강요된 수동적 양보는 한국 사회에서 하나의 미덕으로 여겨짐으로써 한 개인의 성장을 막고 나아가 가족과 집단 전체의 성숙을 가로막는 큰 장애물이 된다.

집단 중심의 화합이라는 핵심 가치, 절제된 자기표현 그리고 감춤, 이 모든 것이 유교 문화에서 높이 평가되면서 한국 가족체계가 매우 보수적인 면을 갖게 되었고, 가족이 보여야 할 진정한 소통을 막는 부정적인 양상을 띠게 되었다. 오늘날까지도 한국인의 가부장적인 분위기는 아랫세대에게 윗세대의 구조를 따르라고 강요한다. 그 결과, 어린 세대들은 매우 수동적이 되어 버렸다. 열정과 창의성은 복종과 관습 아래 억압되었다. 대학교에서도 학생들은 교수들의 강의를 수동적인 자세로 듣기만 함으로써 적극적인 배움의 경험을 하지 못한다. 한 미국인 교수가 저자에게 이런 말을 해 준 적이 있다. 한국 학생들은 매우 똑똑하고 좋은 학생들이 분명하지만, 수업 시간에 강의를 수동적으로 잘 듣는 편이고, 교수들에게 질문을 잘 하지 못하기 때문에 박사과정을 수료하는 데 어려움을 겪는다는 것이다. 또한 김 사무엘 박사의 논문에 따르면, 아이비리그 대학에 다니는 한국 학생들이 중간에 학교를 그만두는 비율은 40% 이상이다.[21] 그는 유교적 영향을 받은 한국인의 교육은 보이는 것만큼 성공적이지 않다고 지적했다.

지금까지의 논의를 요약해 보면, 한국 가정의 엄격한 계급 제도와 역할에 대한 의무는 유교의 영향을 받은 결과다. 한국 가정은 개인보다 가족이라는 집단에 훨씬 더 큰 가치를 둔다. 이러한 사고방식은 집안의 남자들에게 더욱 강하게 나타난다. 그들은 자기 행동이 자신뿐 아니라 자신의 가족, 나아가 조상에게까지 연관된다는 생각을 갖고 있다. 개인은 나이와 성 그리고 사회계급에 따른 가족 내 서열과 구조에 따라서 자신에게 주어진 분명한 역할과 위치를 따라 움직여야 한다.

또한 유교의 중요한 가르침 중에서 중요한 것은 부모에 대한 자녀의 복종과 절대적인 신의다. 자녀를 어떻게 대해야 하는지 부모에게 주는 지침도 있긴 하지만, 유교에서는 부모를 향한 자녀의 충심에

---

21) ‘The Korea times’ (http://www.koreatimes.co.kr/www/news/nation/2008/10/117_32124.html)

더 강조를 두고 가르친다. 이러한 가르침이 가부장적인 가족관계를 형성하게 하고, 가족을 혈통과 신의 그리고 의무적인 순종으로 묶인 하나의 사회적 집단으로 만들어 버린다. 아버지에게 불순종하거나 무례를 범하는 것은 마치 왕에게 불충한 것이나 다름없다. 예부터 전해 내려오는 "나라에 충성하고 부모님께 복종하라."는 말이 이를 잘 표현해 준다.

이러한 아버지에 대한 절대적 복종과 가족 중심적인 사고는 한국인에게 자녀가 부모를 위해서 일방적으로 희생해야 한다는(딸이라면 더욱) 생각을 뿌리내렸고 이것을 하나의 미덕으로 여기게까지 만들었다. 한때 부모가 자녀를 책임졌기에, 부모가 나이 든 후에는 자녀가 부모를 책임져야 하는 것이 마땅하다는 것이다. 하지만 여기서 부모에게 자녀들을 위해 일방적으로 희생할 것을 강조하는 것은 건강하지 않다. 올바른 희생은 부모와 자녀 간의 사랑하는 마음에서 나오고 상호적인 존중 안에서 자연스럽게 자라는 결과물이어야 한다. 마찬가지로 부모를 향한 자녀의 효도 또한 절대적 권위에 대한 맹목적인 복종에서 나온 것이 아니라 사랑과 봉사 그리고 서로를 소중히 여기는 마음에서 우러나오는 진실한 것이어야 한다.

가정 안에서 한국 여성의 역할과 위치

어머니와 딸보다 아버지와 아들과의 관계를 우월한 위치에 올려놓는 유교의 권위적인 가부장 제도는 집안에서 여자들이 공평치 못한 대우를 받게 만드는 결과를 초래했다. 남편보다 하위에 있는 아내, 그리고 집안의 모든 남자보다 아래에 놓인 여자들은 유산을 상속받을 권리와 자격도 없었다. 이렇듯 유교의 가부장적 결혼 제도는 여자에게 아주 불리하다. 심지어 아버지가 자녀들을 셀 때, 딸은 무시하고 아들만 세는 경우도 있었다. 아들만이 가족의 대와 혈통을 이어 나갈 수 있는 공식적인 통로로 인식된다. 부모가 죽은 후에도 아들이 제사를 지낼 수 있는 유일한 사람이며 남겨진 부모의 생활을 책임져야 하는 사람으로 지명된다. 이처럼 아들만이 집안의 대를 이을 수 있는 유일한 통로이기 때문에, 여자는 결혼하는 날부터 건강한 아들을 낳아 혈통이 끊어지지 않도록 해야 한다는 압력을 받았고, 아들을 낳는 것이 여자에게 주어진 책임이며 의무였다. 만일 아들을 낳지 못하면 남편이 그것을 이혼 사유로 들 수 있으며 여자를 친정으로 되돌려 보낼 수도 있었다.[22]

그렇지만 오늘날 한국 사회는 아들의 중요성이나 아들을 선호하는 옛 사고방식이 예전보다 훨씬 많이 줄어든 것이 사실이다. 이는 주로 높아진 교육 수준과 다문화적 체험과 교류, 그리고 다른 가치들의 자각과 인식에 따른 결과라고 볼 수 있다. 그럼에도 불구하고 아직까지 한국 사람은 보편적으로 딸보다는 아들을 선호한다. 예를 들어, 한국 여성은 대다수가 아들을 낳았을 때 시댁에 대한 자신의 근본적인 의무를 다 했다는 왠지 모르는 안도감과 자랑스러움 그리고

---

22) N. S. Kang (2004), p. 173.(남편에 의해서 이혼을 당할 수 있는 칠거지악: 남편의 부모님에 대한 불순종, 아들을 낳지 못함, 부정한 행위, 질투, 극심한 질병에 걸림, 말을 너무 많이 함, 도둑질)

기쁨을 느끼게 된다. 반면, 딸을 낳았을 때는 대다수의 여성이 실망
스러운 감정을 느끼게 된다. 그래서 많은 여성이 아들을 낳기 위해
여러 번 출산을 시도하고 아들을 얻을 때까지 무리하게 출산을 하기
도 한다.

아마도 『내훈』이라는 책보다 한국 사회 속 여성의 위치를 잘 설명
하고 있는 책은 없을 것이다. 『내훈』은 1475년에 성종의 어머니가
엮은 것으로, 유교적 여성의 예의범절과 역할을 설명해 놓았으며 그
당시 가장 중요하고 영향력 있었던 여성을 위한 규범서라고 할 수
있다.[23] 이 책에서는 여성이 가져야 하는 네 가지의 기본적인 행동
을 강조한다. 첫째는 윤리적 행동이다. 여성은 많은 재능이 필요하
진 않지만 조용하고 고요해야 하며, 순결하고 교양이 있어야 한다.
둘째는 예의 바른 언어를 사용해야 한다. 여성은 화려한 말솜씨는
필요치 않으나, 나쁘고 공격적인 언어는 피해야 하며, 절제하며 말
해야 한다. 셋째는 바른 외모를 꾸밀 수 있어야 한다. 여성은 꼭 아름
다울 필요는 없으나, 옷차림이 깨끗하고 단정해야 한다. 넷째는 여성
의 의무를 다해야 한다. 여성은 똑똑할 필요는 없지만, 바느질이나
손님 접대의 의무에 주의해야 한다.[24] 이 책에서는 결혼한 여성의 역
할도 제시하고 있는데, 며느리의 자기희생, 아내의 순종과 아내로서
의 의무에 대한 충실함, 그리고 어머니로서의 현명함과 양육을 위한
보살핌에 대해서 설명하고 있다. 또한 이 책에는 소녀들이 미래에 가
정이라는 범위 안에서 가정의 도덕적 그리고 육체적 필요와 부양하

---

23) M. Deuchler & S. Mattielli (1977), pp. 5-6.
24) Ibid., p. 6.

는 자로서의 역할을 배울 수 있도록 가르치고 있다.[25]

전통적인 유교 사회에서 한국 여성은 남성보다 열등한 위치에 놓여 있었다. 부모가 딸을 잘 기르고 교육시키는 것은 딸이 커서 나중에 좋은 가문에 시집을 가고 좋은 아내가 될 수 있게 하기 위함이었다. 이러한 관습은 '여성은 남성에게 온전히 의지해야만 하는 존재'라는 사고를 부추겼다. 여자는 남자를 위해 자신의 성격과 감정, 성취 그리고 꿈들을 포기해야만 하는 존재였다. 김경일은 한국 사람에게 유교란 인간관계가 아닌 정치와 정부를 위한 윤리요, 여성이 아닌 남성, 어린 사람이 아닌 노인, 평범한 사람이 아닌 특정한 사람을 위한 종교라고 지적했다.[26] 결과적으로, 유교로 인해 성 역할에 대한 한국 사람의 사고는 더욱 굳어지게 되었고, 여성은 사회적으로 종속된 존재가 되어 버렸다. 남존여비(男尊女卑) 사상이 한국 사회에 높은 덕목으로 자리 잡게 된 것이다. 이러한 점에서 볼 때, 한국 사회 속 유교의 가장 심각한 피해자는 여성이라고 할 수 있다.

유교의 속담들을 살펴보면 이러한 남존여비 사상이 잘 나타나 있다. 예를 들어, "암탉이 울면 집안이 망한다."와 "여자와 소인은 길들이기 힘들다."라는 속담에는 여자란 무언가 불길한 운을 불러올 수도 있기 때문에 평소에 경계하고 멸시해야 할 존재이고 어린아이와 같이 미련한 존재라는 의미가 담겨 있다. 또한 한국 속담에 "여자가 말이 많으면 과부가 된다." "아침에 여자와 말다툼을 하면 재수

---

25) M. Kim (1993), p. 72.
26) 김경일(1999), p. 7.

가 없다."와 같이 한국 사회에서 여성의 위치를 알려 주는 것들이 많이 있다.[27] 이러한 면에 대해서 Deuchler와 Mattielli는 "한국의 많은 속담은 '남자는 귀하게 여기고 여자는 천하게 여기라'는 유교사상을 반영하고 있다."고 말했다.[28] 옛 속담과 가르침들은 한국 문화에 깊이 박혀 수많은 세대의 사고와 정신을 만들어 왔다. Deuchler와 Mattielli는 또한 여자가 결혼을 하면 여성으로서, 아내로서의 가치는 묵살당하고 단지 문제와 불운을 불러올 수 있는 악하고 못된 존재로 취급당하게 되는 갑절의 저주를 받게 되었다고 지적한다.[29] 다음에 열거된 열두 개의 속담은 여성을 싸고 천한 이미지로 표현하는 남성이 만든, 남성을 위한 속담의 예다.[30]

- 여자는 사흘을 안 때리면 여우가 된다.
- 여자의 웃음은 주머니의 눈물
- 여자가 셋이면 접시가 깨진다.
- 여자는 제 고을 장날을 몰라야 팔자가 좋다.
- 여자의 말을 잘 들어도 패가하고 안 들어도 망신한다.
- 여자가 울면 삼 년 재수가 없다.
- 계집 둘 가진 놈의 창자는 호랑이도 안 먹는다.
- 천 길 물속은 알아도 계집 마음속은 모른다.

---

27) Ibid., pp. 160-161.
28) M. Deuchler & S. Mattielli (1997), p. 49.
29) Ibid, p. 49.
30) Ibid., pp. 50-66.

- 계집은 상을 들고 문지방을 넘으며 열두 가지 생각을 한다.
- 계집 입 싼 것
- 계집의 곡한 마음 오뉴월에 서리 친다.
- 영에서 뺨 맞고 집에 와서 계집 친다.

이러한 속담들은 결국 여성이 남성에게 복종해야만 하는 존재라는 믿음을 갖게 했다. 여성들이 가족과 공동체를 위해서 희생하는 것이 그들의 책임이며 자기희생은 그들의 존재와 삶의 한 부분이라고 믿게 했다. 여성이 이러한 자기희생을 하지 않으면 그들 자신에게, 가족에게, 공동체에 매우 큰 수치가 되었고, 그로 인해 사회에서 거절당하고 그에 대한 벌을 받는 것은 마치 하늘에서 내린 운명인 양 받아들여야 했다. 여성은 가정 안에서도 자신의 필요는 늘 잊히고, 항상 남편이 어떤 생각을 하고 있는지 헤아려야 하며, 남편과의 관계가 나빠질까 하는 두려움을 갖고 자기희생적 삶을 살아야 했다. 그렇게 여성 자신의 성격과 감정을 누르면서 행동하는 것이 가족을 위해 하는 마땅한 자기희생이라고 믿었다. 물론 비슷한 사고를 가진 남성도 있을 수는 있지만, 한국 여성에 있어서 두려움과 걱정이 그들을 움직이게 하는 원동력이라는 것은 모든 여성에게 해당되는 부인할 수 없는 현실이다. 이것이 바로 가부장적인 한국 사회의 직접적인 결과라고 볼 수 있다.

두려움에 따른 자기희생은 진정한 사랑과 희생이 아니다. 저자는 상담학을 강의를 하면서 학생들에게 종종 묻는다. "사랑의 반대말은 무엇이라고 생각하나요?" 대부분의 학생은 사랑의 반대말이 무관심이라고 대답한다. 우리는 쉽게 사랑의 반대말은 미움이라고 생각하지만, 사실 미움은 그 안에 사랑하고 돌보는 마음이 조금이나마 존재한다는 반증이기도 하다. 반면에, 무관심은 아예 그런 미움조차도 없는 상태이기 때문에 사랑의 반대말로 적절하다는 것이다. 물론 이 말도 일리가 있다.

　저자는 성경에서 사랑의 반대말을 찾았다. 요한일서 4장 18-19절을 보면 온전한 사랑은 두려움을 내어 쫓는다고 말한다.[31] 사랑 안에는 두려움이 없다는 것이다. 그 두려움은 처벌이라는 것에서 오고, 그 두려움 때문에 온전히 사랑하지 못한다는 것이다. 하지만 그리스도가 우리에게 주신 사랑은 그 안에 두려움이 없기에 온전한 사랑이다. 그 사랑은 우리가 여전히 죄인되었을 때에도(로마서 5장 8절)[32] 우리를 먼저 사랑하신 것에서 기인하기 때문이다. 그 사랑 안에는 처벌에 대한 두려움이 없다. 예수 그리스도는 우리를 있는 모습 그대로 사랑하셨기 때문이다. 그래서 우리는 안전하고 마음껏 서로 사랑할 수 있다. 온전한 사랑은 반드시 두려움이 없는 상태, 안전함을 기본으로 해야 한다. 우리가 관계 속에서 안전함을 느끼지 못하고 두려움으로 서로 반응한다면, 우리는 우리의 진짜 모습을 숨기게 되고 거짓 자아의 가면을 쓰면서 살아가야 할 것이다. 진정한 자

---

31) "사랑 안에 두려움이 없고 온전한 사랑이 두려움을 내어 쫓나니 두려움에는 형벌이 있음이라. 두려워하는 자는 사랑 안에서 온전히 이루지 못하였느니라. 우리가 사랑함은 그가 먼저 우리를 사랑하셨음이라."(요한일서 4장 18-19절)
32) "우리가 아직 죄인되었을 때에 그리스도가 우리를 위해 죽으심으로……."(로마서 5장 8절)

기희생은 이런 두려움이 없는 사랑에서 출발해야 한다. 두려움과 걱정이 자기희생의 원동력이 된다면, 그것은 진정한 사랑이나 희생이 아니며 처벌을 피하기 위한 궁여지책일 수밖에 없다.

여기서 우리가 생각해 보아야 할 점은 비록 이러한 문화적 강박관념들—효도, 조상 숭배, 부계, 그리고 남성의 주도권과 여성의 복종—이 서로 복잡하게 얽히고설켜 여성의 종속성과 그러한 관행을 강요하긴 하지만 그에 맞서기 위해 '남녀 절대평등'과 같은 정치적인 개념에 빠지는 것 또한 조심해야 한다는 것이다.

Rosenlee는 이에 대해서 정확하게 지적했다. "완전한 평등은 중국 여성들이 당면하고 있는 특정한 문제에 대해서 오히려 민감하지 못한 반응을 하도록 만든다."[33] Rosenlee는 또한 유교에서 말하는 페미니즘은 "능력과 도덕적 권위에 근거한 불평등함 가운데 자격을 통과한 불평등"으로 보인다고 말했다.[34] 요약하면, 윤리적 자기를 만드는 것은 누가 바깥에 있고 누가 안쪽에 있다는 구분에서 시작되어서는 안 되고, 윤리적으로 자신이 가진 능력이 무엇인가에 근거해서 평가받아야 한다.

비록 남성과 여성의 절대적인 동등함은 불가능하더라도, 남녀가 서로를 윤리적으로 대할 수 있도록 태도와 관점에 있어서 변화가 필요하다. 사회적 윤리의 무결함과 개인의 책임을 유지하기 위한 시도를 높이 사고 권장해야 한다. 지금 우리에게 필요한 것은 무조건 한

---

33) L. L. Rosenlee (2006), p. 152.

34) Ibid., p. 158.

쪽을 거부하거나 혹은 덮어놓고 받아들이는 것이 아니라 상호적이며 평등한 관계에 대한 개념을 계속해서 보완해 나가는 것이다. 여성이 스스로를 남성에게 매이지 않는 자유로운 개인으로 받아들이고, 남성이 우월하며 여성은 열등한 존재라는 가부장적인 틀과 사고에서 벗어나기 위해서는 상호 의존적인 관계에 대한 바른 이해를 추구해야 한다.

유교적 인간관계를 맺는 관습 아래 여성이 어떻게 살아왔는지에 대한 심각한 반영 없이 인간관계를 맺는 것에 대한 유교적인 개념을 이상화시키는 것은 여성을 영구적으로 유교적 남성중심주의 사고 아래서 고통받게 만드는 일이 될 수 있다. 이런 이유로 가족 중심의 삶과 사회 안의 소속감 그리고 관계 속의 화합을 중요시하고 가치 있게 생각하는 유교에 근거한 문화적 배경을 아는 것은 자기희생이라는 개념과 함께 갈등하고 힘들어하는 한국 사회와 그 안에서 살아가고 있는 한국 사람을 이해하는 데 매우 큰 도움이 될 것이다. 목회자나 목회상담자에게도 이런 한국의 문화적 배경을 이해하는 것은 아주 중요하다. 특히 그들이 한국 여성을 상담하게 될 때, 여성의 개인적인 문제들을 다루기도 하겠지만, 여성이 한국의 유교적인 문화 속에서 겪는 수치감과 우울감 그리고 그들이 가진 탈진의 원인을 좀 더 넓게 이해하고 파악할 수 있게 되고, 여성을 좀 더 다양한 각도에서 도와줄 수 있을 것이다.

전통적인 유교에서 신유교 윤리로의 대전환

저자는 지금 젊은 세대들이 서구 문화의 영향을 많이 받으면서 자라 왔기 때문에 그들의 사고 속에는 유교적인 전통적 가치들이 많이 사라지고 있는 현실을 지적하고 싶다. 특히 미국에 살고 있는 이민자들은 이러한 문화 간의 갈등과 충돌을 누구보다 절실히 피부로 느낄 수 있을 것이다. 한국인으로서의 전통적 가치를 지키면서 동시에 미국 문화에 적응해야 하는 고충은 현실적으로 많은 부부관계와 가족관계에 어려움을 준다. 이민 가족에게는 한국에 살고 있는 사람들과는 또 다른 문화적 역동이 있다. 그들은 상호적 희생과 대인관계에서의 평등함과 같은 서양적 가치관에 영향을 받고 있기 때문이다. 하지만 기억해야 할 점은 모든 이민자가 그러한 서양적 가치관에 영향을 받는 것은 아니라는 것이다. 미국에 살고 있는 이민 가족 중에는 오히려 한국에 살고 있는 가족보다 전통적인 가치관을 더 깊이 고수하는 가족이 여전히 많다.

지난 20년간 대한민국은 현대화, 도시화, 산업화, IT 산업의 성장으로 인해 여러 가지 방면에서 급격한 변화를 이루었다. 사회·경제적인 혁명과 함께 시골에서 도시로의 빠르고도 광범위해진 교통수단의 발달은 가족이라는 공동체의 형태와 구도, 역할에 큰 영향을 주었다. 한국의 산업 민주화는 자식들로 하여금 부모를 시골에 남겨 놓고 도시로 이주하게 만들었고, 자식들이 그들만의 가정을 이룸으로써 직계가족—부계, 3세대 가정—의 비율이 급격히 줄어드는 현

상을 초래했다. 한국 사람들의 가족에 대한 의식에 엄청난 변화가
오게 된 것이다.[35] 이러한 현상은 전통적인 대가족을 감소시키고 핵
가족을 주 가족 형태로 부각시켰다.

표 1-2 세대구성별 가구조사　　　　　　　　　　　　　　(단위: 명, %)

구분＼연도	2000	2005	2010	2015	2020
모든 가족구성원	14,609,493 (100.0)	15,827,994 (100.0)	16,962,225 (100.0)	17,730,845 (100.0)	18,379,761 (100.0)
자녀가 없는 결혼한 커플	1,802,054 (12.3)	2,197,596 (13.9)	2,629,902 (15.5)	3,040,288 (17.1)	3,502,709 (19.1)
자녀가 있는 결혼한 커플	7,034,864 (48.2)	7,436,421 (47.0)	7,669,234 (45.2)	7,691,741 (43.4)	7,541,799 (41.0)
자녀가 있는 아버지	224,572 (1.5)	242,383 (1.5)	266,541 (1.6)	279,790 (1.6)	285,157 (1.6)
자녀가 있는 어머니	922,649 (6.3)	1,006,166 (6.4)	1,081,269 (6.4)	1,115,117 (6.3)	1,128,479 (6.1)
3세대 또는 2세대 이상이 함께 사는 가정	1,223,214 (8.4)	1,153,826 (7.3)	1,075,570 (6.3)	966,560 (5.5)	854,018 (4.6)
홀로 사는 세대	2,269,964 (15.5)	2,695,218 (17.0)	3,158,192 (18.6)	3,576,090 (20.2)	4,016,903 (21.9)
친척이 없는 세대	162,530 (1.1)	160,078 (1.0)	150,616 (0.9)	143,711 (0.8)	136,810 (0.7)
그 외	(6.6)	(5.9)	(5.5)	(5.2)	(5.0)

주 1: 알려지지 않은 것도 포함함. (916)
주 2: 괄호 안의 수치는 전체 가족구성원에서 각 범주가 얼마나 차지하는지에 대한 것을 보여 줌.
출처: Y. J. Park et al. (2002). Household Projections for the Republic of Korea, http://www.
　　　ancsdaap.org /cencon2002/papers/Korea/ Korea.pdf.

---

35) I. H. Park & L. J. Cho (1995), p. 123.

〈표 1-2〉를 좀 더 자세히 살펴보면, 핵가족의 수가 늘어남에 따라 가족을 이루는 구성원에 극적인 변화가 일어나는 것을 볼 수 있다. 또한 가족 구성에 관해서 확실하게 예상할 수 있는 것은 1인가구가 급속히 증가할 것이라는 것이다. 2000년에 226만 9,964(전체의 15.5%) 가구이던 1인가구(홀로 사는 세대)는 2005년에는 269만 5,218(17.0%), 2010년에는 315만 8,192(18.6%), 2015년에 357만 6,090(20.2%) 가구로 늘어났고, 2020년에는 401만 6,903(21.9%) 가구로 늘어날 전망이다. 이에 반해 3세대 이상으로 이루어진 가구와 친척이 없는 가구(친척이 없는 세대)는 아예 사라지거나 거의 없어질 전망이라는 점을 주의해야 한다. 또한 핵가족의 수가 늘어나고 있지만 전체 가구 수는 변함이 없을 것으로 예상된다는 것은 한국이 핵가족 형성의 과정을 거의 마쳤음을 암시한다고 볼 수 있다.

한편, 통계 자료를 구할 수 있는 가장 이른 연도인 1911년부터의 통계에 따르면, 한국에서는 한국전쟁 시기였던 1946년과 제2차 세계대전 이후 산업화 시대인 1966년을 빼고는 이혼율이 꾸준히 증가하였다. 1970년에 1,000명 중 0.67명꼴이던 이혼율이 1980년도에는 1.16명, 1999년에는 2.6명으로 증가했고, 1970년대부터는 10년마다 이혼율이 거의 두 배씩 증가하고 있음이 보고됐다.[36]

어느 연구자들은 한국에서 이혼율이 증가하는 이유가 미국에 살고 있는 아시안 아메리칸의 이혼율 증가를 이해하고 설명하는 데도

---

36) Contemporary Korea Families, Marriage and Family Encyclopedia, http://familiy.jrank.org/pages/1021/Korea-Contemporary-Korean-Korean-Families.html.

도움이 된다고 했다.[37] 첫 번째 이유로, 부와 커리어 성공에 대한 집
착을 들었는데, 아마도 일에 신경 쓰는 만큼 가족은 뒷전으로 물러
나게 되고, 직장에서 오는 스트레스가 집안에까지 영향을 미치게 되
기 때문인 것 같다. 두 번째 이유로, 예전과 달리 아시안 아메리칸
여성의 교육 수준이 높아지고 그들이 경제적으로 독립함에 따라서
가족관계나 부부관계가 건강하지 못한 경우 쉽게 그 관계를 떠날 자
유가 더 많이 주어졌다는 점을 든다. 예전에는 남편이 바람을 피거
나 시어머니가 못살게 해도 여성들이 경제적인 능력이 없기 때문에
그들에게 주어진 상황을 그대로 받아들일 수밖에 없었다. 하지만 현
대 여성들은 예전보다 더 많은 교육을 받고 직장생활을 하고 있기
때문에 스스로가 원하지 않는 부부 및 가족 생활을 떠날 가능성이
높아졌고 그에 따라 이혼율도 증가한다는 것이다. 세 번째 이유로,
과거에는 이민자들로 구성된 가깝고 긴밀한 공동체가 갈등하고 있
는 부부를 도와주고 이혼을 막아 주었지만, 개인주의 가치관을 가진
사람들이 점점 더 늘어남에 따라서 공동체와 같이 가까운 사람들과
의 관계가 많이 없어지고, 결과적으로 다른 부부들에게 줄 수 있는
영향력도 잃어버리고 있다는 점이 있다.

　전통적으로 한국 사람은 결혼을 두 개인의 연합이 아닌 두 가정의
연합으로 여겼다. 가족 간의 정(精), 명예(체면) 그리고 자녀들이 두
사람의 결혼을 유지시키는 데 중요한 역할을 했다. 이혼을 한다는
것은 금기였고, 주위에 혹은 공동체에 말하기 힘들고 더욱이 스스로

---

37) W. J. Huang (2005), pp. 161-173.

에게 견딜 수 없는 수치였다. 하지만 오늘날에는 결혼관이 많이 바뀌었다. 물론 독립성과 자기표현 그리고 개인의 관심사를 추구하는 미국 사람들보다는 한국 사람들이 아직도 대부분 순종과 절제 그리고 가족의 관심사를 돌아보는 가치관을 갖고 있다. 하지만 한국인들은 예전처럼 가족을 위해 자신의 꿈과 야망을 희생하려는 의지가 적어 졌고, 이러한 가치관의 변화는 부부를 서로에게 덜 헌신하게 하고 이혼이 가족에게 수치를 주는 것에 대해 예전만큼 신경을 쓰지 않게 할 가능성을 높였다.[38]

이러한 사고의 변화는 출산율의 저하를 나타내기도 했다. 한국은 현재 세계에서 낮은 출산율을 갖고 있는 나라 중의 하나로, OECD 국가 중에서는 가장 낮은 출산율을 기록하고 있다. 1960년도에 1명의 여성당 평균 6명이던 출산율이 1990년도엔 1.7%, 2003년도엔 1.19%로 떨어졌다.[39] 1990년도에 총 65만 8,552명의 아이가 태어난 반면, 2003년도에는 43만 9,471명으로, 거의 십 년 만에 평균 한 해 신생아 수가 16만 5,081명으로 줄은 것으로 나타났다. 많은 부부가 한 자녀 혹은 무자녀를 선호하고 있다. 이렇게 해마다 늘어나는 이혼율과 저하하는 출산율은 한국 사회가 더욱 자기중심적인 개인주의 사회가 되어 가고 있음을 보여 준다. 전통적 한국 가치관과는 다른 개인의 권리와 자기성취가 현대 한국인에게 중요해지고 있는 것이다.

---

38) K. A. Huisman (1996), pp. 260-283.
39) I. H. Park & L. J. Cho (1995), p. 123.

한편, 오늘날 한국에서는 공동체와 가족에 초점이 맞추어져 있던
전통적 사고와 매몰찬 개인주의 사고가 부딪치면서 조금은 이상하
고 애매한 문화를 만들어 내고 있다. 젊은 세대가 보기엔 가족관계
에 대한 유교적 가르침들이 매우 낯설고 먼 나라 이야기 같을 것이
다. 또한 〈표 1-3〉은 당시 자녀들의 부모를 향한 순종에 대한 인식의
차이를 보여 주고 있다.

표 1-3 부모에 대한 순종에 관한 자녀들의 주장   (단위: %)

주장	1959년	1990년
순종해야 한다.	43.2	18.7
상황에 따라 다르다.	50.7	62.4
부모는 자녀가 원하는 대로 해 주어야 한다.	5.4	18.9
다른 주장	0.7	0
합계	702	402

출처: I. H. Park & I. J. cho (1995), p. 125.

〈표 1-3〉에 의하면, 1959년과 1990년 사이의 가장 큰 생각의 차이
는 자녀가 부모에게 순종해야 할 의무가 없다는 것이다. 자녀들이
부모에게 순종해야 한다고 대답한 사람들이 1959년도에 45%였던
것에 반해, 1990년도에는 18%밖에 되지 않았다. 또한 부모는 자녀
가 원하는 대로 해 주어야 한다고 대답한 사람들의 비율은 5.4%에
서 18.9%로 늘어났다. 이같은 내용으로 추측했을때, 자비와 권위
그리고 절대적 복종으로 설명되었던 수직적 효도관이 한국의 젊은
세대에서는 사라지고 있다고 볼 수 있다. 한국 사회는 점점 더 평등

한 결혼, 공평하고 상호적인 사랑의 개념을 받아들이고 있으며, 일
방적인 복종과 희생을 외치던 전통적인 태도에 영향을 덜 받고 있
다.

하지만 이러한 사고의 변화가 완전히 보편화되었다고 말하기는
아직 이르다. 많은 변화가 일어났음에도 불구하고 한국 가정에서의
유교적 영향은 매우 강하기 때문에 남편의 위치와 역할에 대한 아내
의 존중과 아들을 선호하는 경향 그리고 가족 간의 강한 유대감[40]과
같은 전통적 이미지와 고정관념은 한국 사회 안에 여전히 깊이 뿌리
박혀 있다. 또한 가족의 가치와 관습에 관한 연구에서는 아직까지도
여성에 대한 사고의 변화가 사회적으로, 정치적으로, 법적으로 이루
어진 것은 아니라는 지적을 한다.[41] 비록 여성의 교육 수준이 높아
지고 여성이 남성처럼 경제적 능력을 갖추게 되었다 하더라도 남성
지향적인 사회의 성향은 그대로 남아 있다. 많은 한국 가정은 아직
도 전통적 대가족에 대한 이상을 그리고 바란다. 현실상 핵가족 형
태를 더 선호하면서도 부모에게 전화를 하고 방문을 하며 대가족의
전통과 가족 간의 유대감을 유지하기 위해 애를 쓴다. 전통적 유교
의 영향을 받은 도덕적 가치관들은 이렇듯 쉽게 바뀌지 않는다.

오늘날 한국에서는 유교적 문화유산에 근거한 전통적 가치관과
서양 문화에 영향을 받은 경제와 사회의 변화가 서로 갈등을 빚고
있다.[42] 전통적 가치관과 평등주의 사고의 갈등은 부모와 자녀 사이

---

40) Ibid., p. 132.
41) Ibid.
42) Ibid.

뿐 아니라 남녀 사이 그리고 직장에서의 관계 속에서 다양한 모습으로 나타나고 있는데,[43] 이러한 갈등은 사회와 가정에서 큰 긴장감을 불러일으키고 있다.

이러한 현상에 대해서 오병선은 교육과 개인, 가정의 관계를 강조한 새로운 유교적 윤리관을 제시하고 있다.[44] 이것은 개인의 영적·심리적인 자기개발과 훈련을 강조하며, 공동체나 조직에서의 조화로운 인간관계와 협조, 그리고 사회적 연대감의 중요성을 강조한다.[45] 이것은 조화보다는 경쟁을 강조하는 서양식 윤리관과는 완전히 다르다.

유교적인 전통 문화와 서구 문화가 충돌하고 있는 한국 사회는 유교적이고 전통적인 협동적 사고와 개인적이고 경쟁적인 사고의 가치관을 조화롭게 통합해야 하는 과제가 남아 있다. 여기서 필요한 것이 바로 현시대의 새로운 유교적 윤리관인 것이다. 서구 문화를 무비판적으로 받아들이지 않고 전통적인 유교적 윤리관을 포기하지 않은 채, 자기개발, 자기성취, 협조에 근거한 신문화(New culture)를 받아들이고 그것을 통합해 나가야 한국 사회에 미래가 있다. 부모와 자녀 관계, 부부관계, 가족관계 안에서 유교적인 가치를 따르는 일방적 자기희생을 강조하는 것이 아니라, 자기 자신의 필요를 완전히 무시하지 않고 서로가 서로의 필요를 채워 주는 상호성에 바탕을 둔 희생이 더욱 강조되어야 한다.

---

43) Ibid.
44) Ibid.
45) Oh, B. S. (1998).

　　유교적인 전통 문화와 서구 문화의 충돌에서 염려가 되는 부분은
그 속에서 한국 사회가 점점 더 자기중심적인 개인주의 사회로 변해
가고 있다는 것이다. 한국 사람은 전통적으로 가족관계 안에서 이기
적인 선택을 하는 것과 자기 자신에게 몰두하며 개인의 생각과 감정
을 표현하는 것을 거부해 왔다. 하지만 현재 한국 문화는 여전히 집
단주의를 추구하면서도 집단주의로부터의 자유를 외치는, 매우 혼
란스러운 상태에 있다고 볼 수 있다.

　　최준식은 한국의 전통적 문화를 '가부장적 집단주의'라고 부른
다.[46] 전통적인 가부장적 사회에서는 부자관계를 최우선시하고 부
모와 가족을 제일로 여겼기 때문에 때로는 다른 사람들에 대한 책임
이 무시되거나 아예 배제되기도 하였다. 현재 한국의 도덕체계는 연
장자를 우대할뿐 아니라 가까운 사람들에게 호의와 친절을 베푸는
체계다. 가족을 구성하는 개개인은 한 몸의 일부분으로 여겨지기 때
문에 한 지붕 아래 산다면 모든 것을 공유하고 나누어 쓸 책임이 있
다. 그들은 자기 자신보다는 가족의 필요를 먼저 채우기 위해 최선
을 다해야 한다. 하지만 친구들이나 그 외의 사람들과의 관계는 다
르게 여겨진다. 현재 한국 사회에서 점점 자기 자신과 자신의 가족
의 필요에만 집중하고, 가족 외에 다른 관계는 별로 신경 쓰지 않아
도 되는 것처럼 여겨지는 것이 염려된다.

---

46) Ibid.

결 론

이 장에서는 한국 문화와 가족관계 속에서 이루어지는 자기희생에 대해서 집중적으로 살펴보았다. 한국 사람에게 자기희생이란 가족과 공동체 그리고 사회 속의 조화와 상호 의존성을 강조하는 유교적 수직 문화의 자연스러운 부산물이라고 볼 수 있다. 그래서 자기희생은 대부분 책임감과 의무감에서 비롯된 것이지, 진정한 자유와 서로 간의 유익을 위한 자원이나 자신을 내어 주는 섬김에서 나온 것이 아니었다. 한국 사람에게는 공동체에 대한 개인의 책임을 거부하는 것이 그 사람이 속한 공동체에서 낙인찍히는 일이다. 모든 가족관계(부부, 부모, 형제)에서는 가족에 대한 책임이 무엇보다 우선시된다. 한국 사람에게 가족이나 다른 사람을 위한 희생은 당연하게 요구될 뿐 아니라 삶의 불가피한 부분으로 받아들이도록 되어 있다. 개인의 미래는 자신의 꿈이나 열정, 비전, 힘이나 재능이 아닌 가족의 필요나 가문의 명성을 고려해서 결정되는 것이다.

하지만 한국 사람의 가족관계는 전통적인 유교적 영향에서 벗어나 '신유교 관계'로 중대한 전환을 이루고 있는 중이다. 이렇게 빠르게 변화하는 사회 속에서 모든 사람에게 전통적 가치와 믿음을 고수하라고 강요할 수 있다고 생각하는 것은 너무 시대에 뒤떨어진 생각이다. 공동체와 가족 단합의 힘을 강조하는 것은 중요하지만, 대인관계와 공동체에서의 동등함과 상호성의 중요성도 간과해서는 안 된다. 한 개인으로서 자신의 꿈을 실현하기 위해 나아갈 수 있도록 자유로운 선택의 권리를 주되, 지역사회를 유지하고 보호하기 위해 자발적으로 섬기고 희생할 수 있도록 돕는 공동체와 개인 사이의 균형 잡힌 새로운 윤리가 필요하다. 공동체를 위한 희생과 개인의 발전을 위한 희생은 상반되는 개념이 아니다. 우리는 우리의 개인적인 자유나 개성을 잃지 않으면서 다른 사람들과 화합할 수 있고 또 다른 사람들도 그렇게 하도록 도울 수 있다.

현재 한국 사람들은 어느 때보다 수직적인 권위에서 요구되는 희생이 더 이상 지금의 문화와 맞지 않는다는 것을 알고 있다. 이제 한국 사람들은 자기희생의 개념에 대해 다른 시각을 가지기 시작했으며, 점점 더 서양의 개인주의 문화와 가치관을 받아들이고 있다. 젊은 사람들은 유교적 전통에 따른 이유가 아닌 다른 동기와 이유를 가지고 희생을 한다. 부모는 더 이상 자녀에게 권위를 내세워 자신들이 보기에 합당한 행동을 요구할 수 없게 되었고, 자녀들도 더 이상 자신들을 위해서 부모가 계속적으로 희생을 해야 한다고 기대하거나 생각지 않는다. 따라서 수직적인 관계에서 오는 사회적으로 정의된 의무나 구조적인 책임이 아닌, 좀 더 유연하고 다정하며 자신을 기꺼이 내어 주는 은혜의 관계, 상호 간의 섬김을 환영하는 가족관계와 친구관계를 이루기 위해 나아가야 한다.

여성 혹은 부모로서의 의무감에서 비롯된 자기희생이나 장남으로서 치르게 되는 희생은 진정한 자기희생이 아니다. 이러한 일방적 자기희생은 인간관계, 특히 가족관계에 매우 해롭다. 상호 간의 돌봄과 존중 없이 책임감에서 비롯된 자기희생은 개인과 가족관계를 무너뜨릴 것이다. 우리는 더 이상 가부장적인 사회가 강요하는 자기희생이라는 이름하에 희생양이 생기지 않도록 해야 한다. 한국의 전통 문화에서 볼 수 있는 책임감에 따른 자기희생이 더 이상 유교라는 이름하에 하나의 덕목으로 칭송되어서는 안 된다. 우리는 자기희생을 가장 중요한 덕목이 아닌 많은 덕목 중의 하나로 보아야 하며, 그것이 올바른 맥락과 동기에서 비롯되어야 함을 이해해야 한다.

예수님은 "이제부터는 너희를 종이라 하지 아니하리니 종은 주인이 하는 것을 알지 못함이라. 너희를 친구라 하였노니 내가 내 아버지께 들은 것을 다 너희에게 알게 하였음이라."라고 하신다(요한 15:15). 사회적 질서를 파괴하고 우리를 동등히 여기시며 우리를 친구라고 부르신 그분의 급진적인 반전은 그의 제자들에게 진정한 자기희생이 무엇인지를 잘 보여 주었다. 예수님은 우리 각 개인에게 자신의 본을 따르라고 하신다. 자기희생이 동등함과 공평함에서 비롯될 때, 그것은 자신의 노력으로 무언가 조화와 평화를 이루려는 일방적 순종보다 더 큰 가치가 있을 것이다. 진정한 대인관계에 필요한 존엄성과 진실성, 평등함에 대한 이해 없이 자기희생은 불가능하다.

다음 장에서는 국제결혼을 한 한인 교포의 사례연구를 통해 미국인과 한국인의 결혼관계에서 권위와 복종의 패턴에 대해 깊이 생각해 보고자 한다. 이문화 간의 경험들을 통해 한국인들의 결혼이 얼마나 불균형적인지 드러내고, 새로운 시각의 변화가 절실히 필요함을 논할 것이다. 사례연구를 통해 서로 대립되는 문화적 차이, 혼돈스러운 언어의 장벽 그리고 반대되는 가족 배경으로 인해 불공평과 상처를 겪고 있는 국제 커플의 예를 확실히 보게 될 것이다. 더불어 실제 삶 속에서의 자기희생을 볼 수 있다.

제2장
결혼관계 속에서 보이는 자기희생
지배와 복종

요즘 한국의 거리를 걸어 보면 심심찮게 외국인의 모습을 보게 된다. 국제화와 세계화에 따라 많은 외국인이 한국에서 생활하고 있다. 더욱이 외국에서 K-POP과 한류 문화의 열풍으로 많은 외국인이 한국으로 들어오고 싶어 한다. 그러다 보니까 자연스럽게 외국인과 결혼하는 것이 한국 사회에서 하나의 이슈로 떠오르고 있다. 통계청 보고에 따르면 국제결혼은 2000년 1만 1,605건에서 2012년 2만 8,325건으로 크게 증가했고, 국제결혼의 증가와 함께 국제결혼이 전체 결혼 건수에서 차지하는 비율도 크게 높아졌다.[1] 한국 사회뿐만 아니라, 미국에서 살고 있는 이민자들에게도 국제결혼은 한인

---

1) 2000년 전체 결혼 건수의 3.5%에 불과하던 국제결혼이 2012년에는 8.7%에 이르고 있다.

공동체가 다루어야 할 중요한 이슈가 되었다. 한국인과 미국인 커플이 결혼을 결정하는 순간부터 그들은 두 사람의 문제뿐만 아니라 그들의 가족관계에서 일어나는 수많은 문제를 풀며 살아가야 한다.

특히 한국 부모는 자식이 국제결혼을 하는 것에 대한 거부감이 크다. 그래서 국제결혼을 결정하는 한국인은 결혼한 후에 자신의 부모, 가족과 거리를 두거나 아니면 아예 관계를 끊어야 할 지 모른다는 걱정을 하게 된다. 한국인은 가족과의 일치감과 소속감에 상당히 높은 가치를 둔다. 그런데 만약 국제결혼이 가족 간의 불화를 조성하거나 갈등 요소가 된다면 그것은 한국인이 생각하는 중요한 가치와 대립하는 것이 된다. 그러므로 국제결혼에서 가족과의 갈등은 개인이 쉽게 다루기 힘든 문제다. 게다가 국제결혼을 결정한 한국인은 가족과의 갈등문제뿐만 아니라 앞으로의 결혼생활에서 경험하게 되는 많은 문화적인 차이와 불평등의 문제도 다루어야 하기 때문에 더욱 힘들기 마련이다. 예를 들면, 재정문제, 언어 장벽, 공동체 안에서의 다양한 활동 등 많은 문제를 다루어야 한다. 특히 한국 여성의 경우는 더욱 그렇다. 꿈과 같은 결혼생활을 기다리기보다, 그들은 국제결혼이 주는 혹독한 현실의 문제를 다루고 또 문화적인 가치와 규범의 차이에 적응해야 하는 어려운 시간을 갖게 된다.

한국 사람들 사이의 결혼은 어쩌면 본질적으로 불평등해 보인다. 유교적인 전통에 따라서 남성에게는 지배자로서의 위치가 주어지고 여성에게는 복종해야 할 의무가 주어지기 때문이다. 그렇다면 국제결혼은 다른 양상을 보일까? 그렇지 않다. 아내가 한국인인 국제결혼의 경우도 마찬가지로 이러한 불평등한 양상이 나타날 수 있다.

이 장을 본격적으로 시작하기 전에 이 장의 내용을 개관하고자 한다. 첫째, 실제적인 국제결혼의 임상적인 사례를 가지고 그 관계 속에서 보이는 자기희생의 모습을 한국인과 미국인의 국제결혼에 적용해 보겠다. 이 사례는 개인주의적인 문화에 익숙하지 않는 한국인 아내가 자기희생의 문화에 익숙하지 않는 미국인 남편을 만났을 때 어떤 내적인 역동이 일어나는가를 잘 보여줄 것이다. 이 사례는 두 문화가 충돌하면 어떤 심각한 도전이 발생하는지 보여 줄 것이다. 저자는 지난 20여 년 동안 미국에서 지내면서 많은 국제결혼 부부와 함께 사역을 해 왔다. 이 장에 언급되는 저자가 직접 경험한 내용들은, 미국에서 살아가는 한국인-미국인 부부를 이해하는 데 도움을 줄 것이라고 믿는다. 한국 여성은 집단적이고 희생적인 문화에서 자라 왔다. 이 문화는 그들에게 너무나 당연하고 익숙하다. 반면에, 미국인의 경우 개인주의적이고 자기중심적인 문화에 익숙하다. 두 문화의 충돌은 처음에는 작아 보이지만 결혼생활이 지속되면 될수록 더욱 커지게 된다. 둘째, 한국 문화와 미국 문화의 차이에 대해서 제시하고, 특히 가족 배경의 차이에 대해서 자세히 설명할 것이다. 셋째, 한국인-미국인의 결혼생활을 이해하는 데 도움이 되는 하나의 이론적인 틀을 제시하려고 한다. 저자는 여러 이론을 검토한 결과, Bowen의 가족체계 이론을 선택했다. Bowen의 이론은 가족관계의 역동을 잘 설명해 주고 특히 문화적인 부분을 반영한 아주 잘 조직된 이론이다.

이 장은 전반적으로 25년간 결혼생활을 해 오고 있는 한국인-미국인 부부의 이야기를 중심으로 진행된다. 이 부부의 이야기는 국제결혼을 한 부부들이 겪는 전형적인 문제를 보여 주고 있다고 할 수 있다. 이 부부가 가진 문제의 중심에는 문화적인 차이, 언어의 장벽 그리고 서로 다른 가족 배경이 놓여 있다.

더 나아가 앞에서 간단하게 언급한 것처럼 한국인-미국인 부부의 사례를 Bowen의 가족체계 이론에 적용해서 분석하려고 한다. 또한 Bowen의 이론이 국제결혼 부부의 문제 해결에 공헌하는 점뿐만 아니라 국제결혼에 적용하는 데 있어 단점도 지적하려고 한다. 하지만 이 장의 주된 초점은 한국 여성을 어떻게 이해하고 돕는가에 있다는 것을 미리 밝히는 바다. 마지막으로, 국제결혼의 문제를 다루면서 신학적 이슈와 문화적인 이슈를 살펴보고 목회자와 목회상담자가 어떻게 국제결혼 부부를 도울 것인가에 대한 실질적인 제안을 하려고 한다.

국제결혼의 현실

국제결혼도 다른 일반적인 결혼처럼 두 개인이 결혼을 통해서 만나서 함께 살아가는 법을 배우는 계속적인 과정이다. 두 사람이 만나서 서로를 이해하고 서로에게 적용해 나가는 것이 성공적인 결혼생활일 것이다. 그런데 두 사람의 인종이 다르고 문화가 다르다면, 그들의 결혼생활은 굳이 긴 설명을 달지 않아도 일반 결혼생활보다 더 많은 복잡한 문제와 상황을 만나게 될 것이다.

이제 국제결혼의 사례를 만나 보자. 이 부부의 사례는 한국 가정의 전통적인 특징과 한국 가정의 모습이 어떻게 미국 가정의 그것과 다른지를 보여 줄 것이다. 그리고 문화적으로 다른 두 사람의 배경 때문에 이 부부가 겪는 어려움도 보여 줄 것이다.

빈센트와 복자의 이야기

한국 여성인 복자는 미국 남성인 빈센트와 25년 동안 결혼생활을 하고 있다.[2] 두 사람 모두 40대 후반이고 두 아들이 있다. 그들의 아들들도 모두 결혼을 했고 각각 아들 한 명을 두고 있다. 빈센트는 트럭 운전수로 일하고 있고, 복자는 한국 식료품 가게에서 일하고 있다.

복자와 그녀의 가족은 과거에 아버지의 더 나은 직장을 위해서 미국으로 이민 왔다. 빈센트는 그의 한국인 친구로부터 복자를 소개받았다. 그는 한국 문화를 좋아했고 한국에 대해서 더 많이 알기를 원했다. 더욱이 빈센트는 복자의 매력에 끌리기 시작했는데, 그녀의 얼굴이 아름다워서가 아니라 그녀의 좋은 성격과 그녀가 그에게 순종하려는 마음 때문이었다. 복자는 굉장히 보수적인 한국 가정에서 자랐다. 그녀는 집에서는 한국어를 사용했고, 그녀 가족들의 삶은 대부분 한인 공동체에서 이루어졌다. 그녀는 집에서 조용하고, 자기희생적이고, 상대방을 기쁘게 하도록 양육되었다. 그녀는 빈센트가 원하는 대로 따르기를 원하고, 그의 이야기를 잘 들어 주었다. 빈센트는 미국 여성들에게는 그런 종류의 희생을 본 적이 없었다. 복자와 꽤 오랜 시간 데이트를 한 후에 빈센트는 그녀에게 청혼을 했다. 그러나 복자는 그녀의 가족, 특히 그녀의 아버지와 오빠에게 빈센트를 소개하는 것에 대해서 걱정을 많이 했다. 그녀의 아버지는 아주

---

2) 두 사람의 동의를 얻어서 이 사례를 소개하게 되었지만 두 사람의 이름은 의도적으로 바꾸었음을 밝힌다.

보수적이고 권위적인 한국 남자였다. 그는 자신의 딸이 미국인 남편과 결혼하는 것을 절대로 허락하지 않으려 했다. 하지만 이 어려움은 복자와 빈센트에게는 단지 시작에 불과했다. 복자와 빈센트의 결혼식 날에 복자의 가족들은 결혼식에 참석하기를 거부했다. 특히 그녀의 어머니가 결혼식에 참석하지 않았다는 사실은 복자에게 큰 슬픔을 안겨 주었다. 복자는 말했다. "가족들이 제 결혼식에 참석하지 않았다는 것은 큰 충격이었습니다. 정말 화가 많이 났고 너무나 창피했습니다. 그날 저는 죽고 싶었습니다." 그러나 복자는 그녀가 미국인과 결혼한다는 사실이 그녀의 가족들과 한인 공동체에 수치감을 안겨 줄 수 있다는 것을 직감적으로 이해할 수 있었다. 결혼식을 한 이후로, 그녀는 가족들로부터 멀어지기 시작했고, 결국은 가족들과의 끈을 끊어 버렸다. 이러한 큰 상실에도 불구하고, 그녀는 미국인 남편과의 결혼생활이 즐거웠다. 그의 가족들은 그녀를 한 가족으로 환영했고, 그녀도 미국생활에 점점 적응해 갔다.

첫아들 톰이 태어난 후에, 복자와 빈센트는 결혼생활에 갈등을 경험하기 시작했다. 빈센트는 복자가 하루 종일 아들을 키우는 데 모든 시간을 보내는 것에 대해서 불평했다. 그는 하루 종일 일을 하고 집으로 돌아왔을 때 복자와 개인적인 시간을 갖기를 원했다. 그러나 그녀는 그의 요구를 거절했다. 그는 왜 복자가 그녀의 모든 에너지와 시간을 아들을 키우는 데 쓰는지 이해를 하지 못했다. 하루는 복자가 빈센트에게 그가 아들에게 관심이 없다고 크게 실망하고 불평했다.

게다가 빈센트는 복자가 그에게 성적으로 반응을 하지 않는 것에 대해서 스트레스를 받게 되었다. 그는 복자에게 불평했다. "당신은 내가 사랑을 나누고 싶을 때 늘 나를 거절해요. 나는 사람들 앞에서 당신을 안거나 키스할 때 당신이 거절하는 것을 이해할 수가 없어요." 이에 대해 복자가 설명했다. "나는 당신이 나에게 행동으로뿐만 아니라 말로도 사랑을 표현해 주기를 원해요. 나는 내가 당신을 향해서, 우리의 관계에 대해서 좋은 감정을 느낄 수 없을 때 사랑을 표현할 수가 없어요. 특히 다른 사람 앞에서 사랑을 표현하는 것이 아주 불편해요." 복자는 사람들 앞에서 자유롭게 사랑을 표현하는 미국식 방법이 과도하게 육체적이고 심지어 불결하다고 여겼다. 그녀는 빈센트가 친구들 앞에서 그녀의 등을 톡톡 치고 그녀의 어깨를 감싸고 안마를 하는 것이 부끄럽다고 말했다. 복자는 말했다. "한국 사람은 그렇게 하지 않잖아요. 그리고 저는 한국 문화에 대해서 미국 친구들에게 영어로 잘 표현하지 못하는 것도 속상해요. 저는 제 남편을 화나게 하고 싶지 않아요. 하지만 그가 원하는 대로 못하겠어요."

두 사람은 소통하는 데에도 어려움이 있었다. 복자는 미국에서 24년 정도 살았지만 여전히 영어 사용에 어려움이 있었다. 빈센트도 가끔 복자와 이야기를 나누면서, 자신의 깊은 속마음을 그녀가 이해하고 있는지 헷갈릴 때가 있다고 했다. 복자도 빈센트에 대한 그녀의 마음을 마음껏 표현하고 싶은데, 영어로는 그것을 표현하지 못해서 속상하다고 했다. 그녀의 감정을 표현하고 싶을 때, 복자는 마음껏 한국어를 구사할 수 있는 한국 친구와 그의 아들과 주로 이야기를 나누었다. 복자는 또한 그녀의 가족들이 빈센트와 대화가 통하지 않는다는 것에 대해서도 속상해했다. 하지만 언어 소통이 잘 되지 않는 것은 빈센트에게는 아무 문제가 되지 않아 보였다.

복자와 빈센트 사이에 또 다른 문제는 재정문제였다. 빈센트는 때때로 복자가 돈을 쓰는 데 너무 보수적이라는 것에 울화통이 터진다고 했다. 복자도 빈센트가 돈을 너무나 쉽게 쓴다고 불평했다. 빈센트는 그녀가 돈을 쓰는 방법을 모른다고 불평했고, 복자는 그가 가족의 미래를 생각하지 않고 마구 돈을 쓴다고 불평했다. 이 문제로 빈센트는 복자와 조금씩 멀어졌고, 이로 인해 복자는 결혼생활에서 외로움을 느끼고 우울해져 갔다. 그녀는 때때로 어머니와 언니에게 전화를 해서 이야기를 나누었지만, 아버지와의 어색해진 관계 때문에 친정에 직접 방문하지 못했다. 그녀는 때때로 자신이 미국인 남성과 결혼한 것에 대해서 후회하기도 했다.

복자는 첫째 며느리 마리아와도 갈등을 겪었다. 복자는 마리아가 너무 게으르고 가족들을 위해서 희생하지 않는다고 불평했다. 그래서 그녀는 첫아들 톰과 이 문제에 대해서 자주 이야기를 나누었다. 하지만 톰은 그녀의 이야기를 듣지 않으려고 했고, 오히려 복자가 그의 결혼생활에 간섭한다고 화를 냈다. 복자가 톰에게 전화를 걸어서 그녀의 마음을 표현하려고 했을 때, 톰은 그녀의 전화를 끊어 버렸다. 톰의 행동에 복자는 너무 놀라고 화가 났다. 그녀가 말했다. "톰이 그냥 전화를 끊어 버린 것은 말도 안 되는 행동이에요. 그는 정말 착한 아들이었는데 며느리가 그 애를 망쳐 버렸어요. 마리아 때문에 톰이 나에게 불순종하는 거예요. 나는 톰과 마리아와 더 이상 말하고 싶지 않아요." 톰과 마리아는 복자의 집에 더 이상 찾아가지 않았고, 그들은 오랫동안 전화조차 하지 않았다.

한국인–미국인의 결혼에서 보이는 문화적 차이: 일반적인 문화적 배경과 그 차이점

Joel Crohn은 인종, 종교, 성별, 계급의 차이는 사람들이 세상을 바라보는 방식과 그들이 '정상(normal)'과 '비정상(abnormal)'이라고 생각하는 것의 모든 부분에 영향을 준다고 지적한다.[3] 문화적 규범(norm)은 사람들이 어떻게 분노와 애정을 표현하는지, 자녀들에게

---

3) J. Crohn (1998), p. 295.

어떻게 처벌과 보상을 주는지, 외부인들과 친구들에게 어떻게 인사를 건네는지, 그리고 사회에서 남자와 여자는 어떤 역할을 감당하는지에 영향을 준다. 예를 들면, 다른 문화에서 온 두 사람이 데이트를 할 때, 문화적 규범의 차이는 똑같은 행동이라도 어떤 행동은 친밀한(friendly) 행동으로 여기는 반면, 어떤 행동은 유혹적인(seductive) 행동으로 여기게 만든다. 한 사람은 다른 의견을 서로 말하는 것이 너무 당연한데, 다른 한 사람은 다른 의견을 말하면 그것을 위협으로 느낀다. 한 사람은 부모를 일 년에 한 번 찾아보면서 너무 자주 찾아뵙는다고 말하지만, 다른 한 사람은 일주일에 두 번 찾아보면서 자주 찾아뵙지 못한다고 말한다.

　또 한 가지 예로, 한국 드라마 장면에 대한 것이 있다. 요즘 외국인도 한국 드라마를 많이 본다고 한다. 한국 드라마에서 나오는 장면 중에 외국인들, 특히 여자들의 눈살을 찌푸리게 하는 장면이 있는데, 그것은 주인공 남자가 여자의 손목을 잡아채거나 벽으로 밀어붙이는 장면이라고 한다. 한국 사람은 그 장면을 보면서 낭만적이라고 생각하거나 아니면 뭔가 새로운 일이 펼쳐질 것이라며 설렘을 느낀다고 한다. 하지만 이 장면을 보는 외국인은 남성이 여성의 인권을 무시한다며 거부감을 갖게 된다고 한다.[4]

　이와 마찬가지로 국제결혼을 한 부부들의 가장 큰 문제는 바로 각자가 가진 문화적인 가치의 차이에서 기인한다. 각 배우자는 스스로가 속한 문화의 가치가 옳다고 여긴다. 그래서 Man Keung Ho가 말

---

4) 동아일보(2014. 7. 10.).

한 것처럼 "개인의 가치체계가 특히 배우자로부터 도전을 받을 때, 개인은 혼란스럽게 느끼고 주로 방어적으로 반응한다."[5] 자신이 중요하다고 생각한 가치가 중요하지 않은 것처럼 여겨질 때, 개인은 쉽게 화를 내고 방어벽을 쌓아 버릴 수 있다.

미국인과 한국인이 만남을 시작하고 결혼을 결정할 때, 처음에는 서로의 차이점이 매력적으로 보인다. 차이점이 서로 신기해 보이고, 재미있어 보이고, 서로를 따라 하면서 좋아한다. 하지만 시간이 지나면서 서로 다른 문화적인 가치는 갈등의 요인이 된다. Crohn은 독립적이고 자율적인 자아를 강조하는 백인 미국 개신교의 문화는 개인과 공동체의 정체성이 단단하게 묶여 있는 아시아의 문화적 가치와 첨예한 대립을 이루고 있다고 말한다.[6]

많은 아시아 국가는 가족이 사회의 가장 기초적이고 가장 중요한 단위다. 미국에서 살고 있는 많은 아시아인, 예를 들어 한국인, 중국인, 일본인은 개인의 필요와 자아의 개발보다는 공동체의 필요와 공동체에 대한 헌신에 더 많은 가치를 둔다. 아시아의 문화는 순종, 자아통제, 희생 그리고 가족의 이익에 더 가치를 둔다. 반면에, 전형적인 미국의 문화는 독립, 자기표현, 개인의 이익에 더 많은 가치를 둔다. 미국에서 태어난 한국인 2세 혹은 3세들은 한국에서 태어나고 자란 1세대보다는 당연히 개인주의적인 미국 문화에 훨씬 더 익숙해 있다. 하지만 그들조차도 전통적인 한국의 가족 문화에 더 강한

---

5) M. K. Ho (1990), p. 24.
6) J. Crohn (1997), p. 429.

유대를 유지하려고 하는 경향이 있다. 예를 들면, 미국에서 살고 있는 한국 여성은 남편을 향한 강한 충성심을 가지고 있고, 가족을 위해서 희생하는 것을 당연하게 생각한다. 유교적인 배경의 영향으로, 한국인 아내들은 가족이 하나 되는 것에 가치를 두고 전체 가족을 돌보는 것에 대한 책임을 크게 느낀다. 가족관계 안에서 남자와 여자의 역할이 분명하게 구별되고, 결혼생활은 직계가족을 넘어서 친척들과의 관계 속에서 지속된다. 그러다 보니까 한국인은 수많은 친척 모임에 불려 가고, 친척들을 위해서 희생하는 것이 당연하다고 여긴다.

반면에, 미국 문화에서는 가족 구성원 사이에 자율성과 독립성이 강조된다. 가족의 존재 이유는 개인의 발달과 보호에 있다. 예를 들면, 미국인 남편은 친척들의 문제에 개입하는 것을 꺼린다. 한국인 아내의 가족이 가진 문제를 돌보는 경우도 마찬가지다. 미국인 남편은 자신의 사업과 자녀교육이 친척의 일보다 훨씬 더 중요하다. 따라서 친척의 일을 돌보느라 자신의 일을 못하는 것을 이해하지 못한다. 그는 자녀들에게 스스로가 원하는 목표와 비전을 추구하라고 가르친다. 전형적인 미국인 가정은 핵가족의 문제를 다룬다. 그들은 자신의 일과 친척의 일을 쉽게 구분한다. 물론 친척이 도움이 필요할 때 도와주기는 하지만 그 일이 자신의 일보다 더 중요하지는 않다. 심지어 직계가족 때문에 희생하는 것조차도 자신의 성공과 행복을 이루는 데 방해가 된다면 제쳐 둘 수 있다고 여긴다. 지금까지 살펴본 한국 문화와 미국 문화의 차이는 국제결혼에서 갈등으로 이어질 수밖에 없다.

빈센트와 복자의 사례에서, 복자는 항상 자녀들에게 공부를 열심히 해야 한다고 강요한다. 복자에게는 자녀들이 좋은 학교에 입학하고 좋은 직장을 얻는 것이 아주 중요하다. 왜냐하면 그것이 그녀의 가족에게 영광이 되기 때문이다. 만약 자녀들이 실패하면, 그녀는 공동체로부터 수치를 경험하게 된다. 하지만 빈센트의 생각은 다르다. 자녀의 교육은 중요하지만, 그는 복자만큼 자녀의 교육에 목숨을 걸지 않는다. 대신에 그는 자녀들이 직접 알아서 공부를 하고, 나중에 어느 정도 좋은 직장을 얻어서 행복하게 살아갈 수 있다면 충분하다고 생각한다.

두 사람은 자녀양육에 대한 생각과 가치의 차이 때문에 늘 다툼이 있다. 이 차이는 어디에서 왔는가? 이 다툼은 어디에서 왔는가? 복자는 자라면서 한 가족의 구성원은 절대로 사회와 공동체로부터 분리될 수 없다고 배웠고 그렇게 믿어 왔다. 그녀에게는 다른 사람이 자신과 자신의 가족을 어떻게 생각하는지가 아주 중요하다. 그녀는 자신의 명예를 유지하는 것이 아주 중요하다. 그녀는 늘 말한다. "저는 아이들에게 매일 공부하라고 강요합니다. 만약 그들이 성공하지 못한다면 다른 사람들이 저를 좋은 시선으로 바라보지 않을 것입니다." 그녀의 말은 한국 사회에서 공동체가 정해 놓은 기준과 규범, 즉 공동체 안에서 무엇을 해야 하고 무엇을 하지 말아야 하는 것이 얼마나 중요한지를 적나라하게 보여 준다. 빈센트에게도 자녀교육은 중요하다. 하지만 자신의 명예와 사회적인 기준에서 출발하지 않았다. 그것은 개인의 필요와 목표를 이룰 수 있는가에서 나왔다. 이 부부가 가진 문제는 분명히 문화적인 차이에서 비롯된 것이다. 그런데 상담자들이 알아야 하는 것은 이 문화적인 차이가 대부분 말로 표현되지 않고 내재된다는 것이다. 이러한 갈등을 해결하기 위해서는 두 사람의 문화적 차이가 무엇인지에 대한 분명한 인식이 필요하다.

한국 문화는 상대방을 섬기고 상대방을 위해 희생하고, 또 서로가 서로에게 연결되는 이유와 동기에 높은 가치를 둔다. 이것은 개인의 목표 성취에 높은 가치를 두는 미국 문화와 첨예한 대립을 이룬다. 한 연구에 따르면, 미국에 살고 있는 아시아인들은 관계를 좋게 하기 위해서 혹은 관계 속에서 조화를 이루기 위해서 미국인보다 개인적인 희생을 훨씬 더 많이 하는 경향이 있다.[7] 이러한 한국인의 가치와 행동이 아마도 한국인-미국인의 국제결혼 관계를 좀 더 안정적으로 만드는 것일지도 모르겠다.

전통적으로 한국인들의 결혼은 두 개인의 결합을 넘어서 두 개인의 가족들 모두의 결합을 의미한다. 결혼이 두 가족의 만남이기 때문에, 그 의미 속에는 남편과 아내가 서로에게 헌신하고 어떤 상황에서든지 결혼관계 안에서 평화를 유지해야만 한다는 믿음이 들어가 있다. 그래서 한국 어른들이 주로 하는 말 중에 "결혼하면 죽을 때까지 그 집 귀신이 되어야 한다."라는 말이 있다. 이런 믿음을 가진 한국인들, 특히 여성들에게 이혼이라는 것은 가당치도 않았다. 여자가 한번 결혼하면 남편이 죽든, 자녀가 있든 말든, 그 집 귀신이 되어야 떠날 수가 있었다. 이혼이라는 것은 가족의 명예에 큰 오점

---

7) W. J. Huang (2005), p. 161.

을 남기게 되고 그래서 그들은 힘들고 어려워도 함께 사는 것을 택했다. 이러한 믿음이 한국인-미국인들의 결혼관계를 유지하는 데 분명 지대한 영향을 미쳤을 것이다.

또 다른 큰 문화적 차이를 꼽자면, 전통적으로 한국 문화는 갈등을 피하는 것을 선호한다. 국제결혼에서 한국인 아내는 미국인의 문화적인 규범과는 다른 방식으로 의사소통을 한다. 대부분의 미국인은 부부간의 갈등이나 불일치에 대해서 열린 마음으로 대화하기를 원하고, 그것이 부부간의 만족도를 보여 주는 중요한 요소라고 생각한다. 미국인 가족관계에서 열린 소통은 가족의 일반적이고 정상적인 방법이자 역동이다.[8] 이와는 대조적으로, 한국인에게는 부부관계에서 열린 소통이 그렇게 중요하게 여겨지지는 않는다. 한국 가족의 구성원은 갈등을 다룰 때 주로 혼자서 해결하거나 간접적으로 우회해서 말을 하거나 그 문제에 대해서 무관심하게 대한다.[9] 가족관계에 분명한 계급 구조가 있기 때문에, 그 안에서 누가 말을 할 수 있고, 누가 하고 싶은 말을 참아야 하는가가 정해져 있다. 이러한 경향은 갈등을 피하기 위해서, 가족 안의 평화를 유지하기 위해서 복종해야 하는 위치에 있는 사람에게 어쩔 수 없이 일방적으로 자기 자신을 희생하도록 짐을 지어 준다. 그래서 많은 경우 한국 여성들은 부부관계에서 갈등을 다룰 때 그 문제를 다시는 꺼내지 않고 마음에 담아 두는 방법을 택한다. 한국인의 소통방식은 자신의 감정을

---

8) E. Lee (1997), p. 11.
9) Ibid., p. 10.

직접적으로 표현하지 않는 경향이 있다. 표현하고자 하는 감정이 분노, 좌절과 같은 부정적인 감정이라면 더욱더 그렇다. 한국인은 어떤 사람을 사랑하고 지지하는 마음을 표현할 때, 말로 표현하기보다는 주로 그 사람을 위해서 뭔가 해 준다거나 자기 자신의 것을 희생하는 모습을 보여 준다.

복자와 빈센트의 사례에서 보면, 복자는 빈센트가 결혼생활에서의 문제를 꺼내면 그에게 대꾸하지 않고 아무 말도 하지 않은 채 그 문제를 피하려고 한다. 빈센트는 문제에 대해서 자신의 의견을 말하지 않는 복자가 너무 답답해 보인다. 그는 솔직하게 열린 마음으로 복자와 대화하기를 원하지만 복자는 그의 마음을 좀처럼 보여 주지 않고 마음에 담아 둔다. 빈센트가 문제를 해결하려면, 그것을 복자 개인의 문제로만 보지 않고, 자신의 의견을 말하지 않는 것을 격려하는 한국 문화를 전체적으로 이해할 필요가 있다.

〈표 2-1〉에는 전통적으로 아시아인들이 중요하게 여기는 것과 서양인들이 중요하게 여기는 문화적 가치가 요약되어 있다. 지면관계상 여기서 이 두 문화의 차이를 자세하게 서술할 수는 없지만, 〈표 2-1〉을 통해서 일반적인 차이는 충분히 이해할 수 있으리라 믿는다.

이와 같이 다른 문화적 가치들로 인해서 많은 한국인-미국인 국제결혼 부부가 문화, 전통, 가족 배경, 언어에 따른 차이들에 적응하느라 어려움을 겪는다. 불행하게도, 이러한 어려움이 있음에도 많은 국제결혼 커플이 그것을 다룰 준비를 하지 않고 결혼생활을 시작한다는 것이다. 그래서 국제결혼의 경우 높은 이혼율을 보여 준다.

하지만 미국에서 자란 대다수의 한인 1.5세나 2세의 경우 한국의

표 2-1 아시아인과 서양인의 문화적 가치의 차이 비교

동양인의 농경시스템/ 전통적 사회 가치	서양인의 산업 시스템/ 근대적 사회 가치
• 가족/공동체 중심	• 개인 중심
• 확대가족	• 핵가족/혼합가족
• 여러 사람이 함께 아이를 돌봄	• 부부가 아이를 양육함
• 가장 중요한 관계: 부모-자녀 관계	• 가장 중요한 관계: 부부관계
• 상호적인 관계를 중시함	• 자신의 성취와 자기발달을 중시함
• 나이와 가족에서의 역할에 따라서 사회적인 직위와 관계의 유형이 정해짐	• 개인의 노력에 의해서 신분이 결정됨
• 가족 안에서 자신의 위치가 분명함	• 가족 안에서의 역할이 유동적임
• 남아 선호	• 여성에게 많은 기회가 주어짐
• 권위 중심	• 민주적임
• 감정을 억누름	• 감정 표현이 자유로움
• 운명주의	• 개인이 환경을 통제함
• 자연과 조화를 이루면서 살아감	• 자연을 지배한다
• 협동 중심	• 경쟁 중심
• 과거, 현재, 미래 중심	• 현재, 미래 중심

출처: S. T. Mortenson (2002). Sex, Communication Values, and Cultural Values, p. 9.

전통적인 문화보다는 미국의 개인 중심적인 문화에 훨씬 더 익숙해
있다는 사실을 간과해서는 안 된다. 그들은 가족을 위해서 자신의
이익과 꿈을 희생하는 것, 부모에게 무조건 순종하는 것, 그리고 공
동체 안에서 가족의 명예를 지키는 것이 중요하다는 것에 대해서 그
리 동의하지 않는다. 그래서 미국 남자가 미국에서 자란 한국 여자
를 아내로 맞이할 때 그녀를 순종적이고 가족을 위해 희생하는 사람

으로 기대한다면, 이러한 기대가 앞으로의 결혼생활에서 갈등의 주요 요인이 될 수 있을 것이다.

가족 배경의 차이

Crohn에 따르면, "국제결혼 부부는 서로 다른 문화에서 형성된 행동적인 규범의 차이와 싸워야 할 뿐만 아니라 혼합된 가족의 문화와 종교적인 정체성의 본질에서 비롯된 문제들과도 씨름해야 한다."[10] 그런데 많은 국제결혼 부부는 그들의 차이를 다룰 때 문화적 가족 배경을 무시하거나 아예 잊어버리고 만다. 어떤 국제결혼 부부는 함께 살아가기 위해서 '종교적·문화적 마취' 상태로 살아간다. 그래야만 서로 사랑하고 함께 살아가는 데 불편함을 조금이나마 줄일 수 있다고 생각하는 것이다.

복자의 경우도 미국인 남편과 만나서 결혼하고 나서는 자신의 한국 문화를 잊으려고 노력했다. 심지어 그녀는 가족들과도 최대한 연락을 하지 않으려고 노력했다. 하지만 시간이 지나면 지날수록 가족들을 그리워했고, 심지어 이혼을 감수해서라도 가족에게 돌아가고 싶은 마음이 커졌다고 고백했다. 국제결혼 부부는 자신의 문화적 정체성의 의미에 대해서 서로가 충분히 이야기를 나누지 못하면, 나중에 그들의 관계 속에서 큰 어려움에 봉착하게 될 가능성이 크다.

---

10) J. Crohn (1997), p. 300.

한국인-미국인 국제결혼 부부들이 경험하는 최초의 문제는 가족 문제다. 왜냐하면 한국인 부모는 자녀가 국제결혼을 한다는 사실을 받아들이기 어려워하기 때문이다. 그렇기 때문에 한국인의 경우, 미국 사람과 결혼을 결정하면 가장 먼저 걱정하게 되는 것이 부모를 어떻게 설득할까와 혹시나 부모나 친척들이 자신의 결혼과 그것을 결정한 자신을 받아들이지 않을까다. 많은 연구에 따르면, 미국에서 살고 있는 소수민족, 특히 아시아인은 백인보다는 친척들과의 관계가 아주 밀접하고 광범위하다.[11] 한국인의 경우, 가족과 친척들로부터 받는 후원은 자신이 어느 곳에 속해 있다는 소속감과 안정감 형성에 아주 중요하다.

그리고 한국 여성의 경우, 국제결혼에 반대하는 부모를 거역하는 것도 큰 문제다. 한국 전통에 따르면, 결혼에 있어서 가장 중요한 것 중의 하나는 부모의 동의이기 때문이다. 한국 부모가 자녀의 국제결혼을 반대하는 주요 이유 중의 하나는 단일민족에 대한 강한 신념 때문이다. 한국 사람들은 자신들이 단일민족이라는 사실에 대해서 강한 자긍심을 가지고 있다. 한국인들은 같은 언어로 말하고 한글을 사용한다. 이것은 강한 민족적 정체성을 형성한다. 그들은 '순수한 혈통'을 유지하기를 원한다. 만약 누군가가 국제결혼을 하게 되면 그들의 순수한 혈통이 유지될 수 없기에 심각한 문제가 된다. 한국 부모는 국제결혼이 한국 공동체를 유지하는 데 해로운 요소로 작용하게 될 것을 분명히 알고 있다.

----

11) M. K. Ho (1990), pp. 9-10.

많은 한국 부모가 자녀의 국제결혼을 반대하는 또 하나의 이유는 자녀가 국제결혼을 선택하는 것을 아마도 부모의 마음을 아프게 하고 부모를 거역하는 행위로 보기 때문이다.[12] 만약 자녀 중 한 명이 미국인과 결혼하겠다고 말하면, 한국 부모는 스스로 자녀를 잘못 교육했다고 자괴감에 빠진다. 그들의 잘못된 교육이 한 자녀를 잃게 만들었다고 생각한다. 그리고 그들은 그 자녀가 결국 부모를 떠나고 한국 문화를 떠나게 될 것이라는 두려움을 가지고 있다. 그래서 한국 부모는 자녀의 국제결혼에 대해 쉽게 화를 내고 마음이 차가워지고 비이성적이 된다. 그들은 자녀에게 국제결혼을 포기하라고 위협을 가하기도 한다. 사실 한국 부모는 어느 나라의 부모와 비교해서 자녀를 교육하는 일에 최선을 다한다. 그만큼 자녀에 대한 기대도 높다. 자녀의 결혼에 대한 기대 그리고 사위나 며느리에 대한 기대가 높다. 그런데 만약 자녀가 미국인과 결혼하게 되면, 그들이 사위나 며느리와 편안하게 소통할 수 있을지, 또한 손자와 소통할 수 있을지 걱정하게 되는 것이다.

이러한 이유 때문에, 한국인은 미국인과 데이트를 할 때 비밀로 하는 경우가 많다. 두 사람이 결혼을 분명하게 결정한 후에야 가족들에게 그들의 관계를 밝힌다. 하지만 Wehrly 등은 흑인-백인 결혼을 연구하면서 아주 중요한 사실을 밝히고 있다. 그들에 따르면, "가족, 친구, 이웃으로부터 소외되어 있는 흑인과 백인 사이의 결혼 생활은 극심한 스트레스의 원인이 된다."[13] 이것은 한국인-미국인

---

12) M. P. P. Root (2001), p. 18.

결혼에도 분명히 적용될 것이다. 미국인이나 다른 인종의 사람과 데이트를 할 때 가족들에게 비밀로 하면, 혹은 가족들에게 알렸을 때 가족들이 데이트 상대를 받아 주지 않아서 가족과 관계를 끊거나 멀어지면, 두 사람의 관계 속에 더 큰 문제를 키우게 되는 것이 될 것이다.

한국인-미국인 결혼을 위한 이론적 틀

대부분의 서양의 가족치료적 접근은 주로 미국인의 이슈에 집중하기 때문에, 국제결혼 부부에게 적용하는 데 제한점이 많다. 한국인-미국인 부부의 문제를 다루는 경우, 가족치료 모델의 틀(framework)은 가족 역사, 전통, 문화적 배경을 반드시 다루어야 한다. 또한 그것은 개인적·사회적 변혁을 만들어 내는 행동으로 인도할 목적을 가지고 기독교적인 해석뿐만 아니라 공동체 전체의 경험과 이야기를 나눌 수 있어야 한다. 저자는 많은 가족·부부치료 접근 중에 Don Browning의 생태적 접근(ecosystem approach)과 Murray Bowen의 가족체계 치료모델이 한국인-미국인 부부를 위한 이론적 틀로 가장 적합하다고 본다.

특히 많은 가족 이론 가운데 Bowen의 가족체계 이론을 선택한 이유는 그의 이론이 두 문화 가운데 이론과 실제를 오가며 임상적으

---

13) B. Wehrly et al. (1999), p. 35.

로 철학적인 근거를 제공하기 때문이다. Bowen의 이론이 초문화적으로 작업하는 데 유용한 이유는 그것이 가지고 있는 확고한 생물학적인 기반(base)과 분명한 대인관계적인 입장(interpersonal stance)과 사회적/문화적인 지향(orientation)에서 나온다.

Bowen의 모델에서 가족은 공동체의 하위시스템이고, 공동체는 사회의 하위시스템이고, 사회는 국가적 문화의 하위시스템이고, 궁극적으로 인류가 공유하는 문화의 하위시스템이다. 그리고 이 모든 것은 서로 영향을 준다. 각각은 서로서로 정서적·이성적·관계적·도덕적인 톤을 세팅해 준다. 왜냐하면 모든 부분이 상호 의존적이고 어떤 한 부분의 변화는 전체에 영향을 끼치기 때문이다.[14]

이런 맥락에서 Bowen의 이론을 통해 국제결혼 부부가 직계가족을 넘어 확대가족의 맥락 속에서 스스로의 문제를 보게 도와줄 수 있고, 그들을 건강하지 못한 연계(bond)로부터 분화하도록 도와줄 수 있다. 더욱이 Bowen의 모델을 통해 우리는 더 넓은 맥락 속에서 국제결혼 관계를 이해할 수 있고, 문화적·종교적인 경험과 개인적인 경험, 교회의 역사, 조직 신학, 공동체의 역사와 전통과 함께 대화를 나누면서 국제결혼의 문제를 다룰 수 있는 능력을 가지게 된다. 다음 절부터는 한국인-미국인의 결혼생활에서의 구체적인 이슈들을 다루면서 앞서 언급한 생태학적 접근과 Bowen의 이론을 가지고 그들의 문제를 평가해 보겠다.

---

14) D. W. Augsburger (1986), pp. 179-180.

생태학적 접근과 Bowen의 모델

한국인-미국인 부부를 돕기 위해서 가족치료는 구조화되어 있어야 하며 문화적으로 민감한 이론적 틀을 사용해야 한다는 사실은 자명하다. 국제결혼 부부의 문제들은 생태학적 접근 안에서 이해될 때 그들의 문화적 차이, 언어 장벽, 원가족의 구조, 도움을 요청하는 패턴을 함께 고려할 수 있다.

생태학적 접근 모델은 Urie Bronfenbrenner(1977)가 개발하였다. 이 모델은 인간의 발달과 상호작용에 영향을 주는 네 가지 요소인 개인, 가족, 문화 그리고 환경을 활용하고 있다([그림 2-1] 참조).[15] 만약 목회자나 목회상담자가 이 네 가지 요소 중에 한 가지라도 빠뜨린다면 국제결혼, 특히 한국인-미국인 부부를 돕는 데 있어서 별로 유익하지 않을 것이 분명하다.

Ho는 부부치료에서 상호적인 관계가 주요한 관심이기는 하지만 문제를 해결하는 방법이나 부부관계를 강화하는 방법을 찾는 데 있어서 생태학적인 네 가지 요소에 대한 명확한 분석이 반드시 필요하다고 주장한다.[16] 생태학적 접근에 따르면, 국제결혼 부부의 문제들을 더 잘 이해하기 위해서는 다음 네 가지 수준에 초점을 맞추어야 한다. ① 개인적인 수준[개인의 장점, 소통과 언어의 기술, 정서적 온도(emotional temperature), 개인의 습관 형성], ② 가족 수준(가족생활 스타

---

15) M. K. Ho (1990), p. 36.
16) Ibid., p. 36.

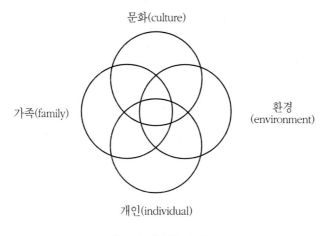

[그림 2-1] 생태학적 접근

일, 문화, 전통, 의식, 관계), ③ 문화 수준(가치 시스템과 사회적 규범), ④ 환경적인 수준(경제적·사회적 구조).[17] 목회자나 목회상담자가 생태학적 접근을 잘 이해하면 이 네 가지 수준이 어떻게 각각 기능하며, 또 국제결혼이라는 맥락 속에서 복잡한 형태로 어떻게 상호작용하는지를 이해할 수 있다. 그리고 이러한 이해를 바탕으로 국제결혼 부부가 각자의 독특한 문화적 배경과 삶의 방식들을 받아들이도록 도울 수 있다.

　더 넓은 맥락에서 국제결혼 부부들의 경험을 이해하기 위해서 Don Browning의 모델을 살펴보려고 한다. Browning의 모델은 그가 '실천적 이성(practical reason)'이라고 부른 것으로부터 발달된 아주 매력적이고 대단히 중요한 모델이다.[18] Browning에 따르면 실천

---

17) Ibid., pp. 36-37.
18) R. S. Anderson (2001), p. 26.

적 이성 개념은 사회적 맥락의 가운데 신학적인 활동을 위치하게 한다. 그곳은 신학자들이 가장 중심에서 예수 그리스도의 복음을 묵상한 교회와 나란히 서 있는 장소다.[19] Browning은 실천적 이성이 전반적으로 아주 역동적인 외부 싸개(outer envelop)와 내부 핵심(inner core)을 가지고 있다고 주장한다. [그림 2-2]는 실천적 이성의 전반적인 요소들을 보여 준다.

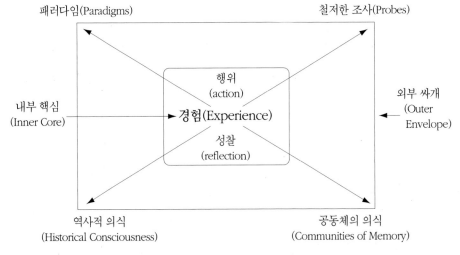

해석적인 틀(Interpretive)　　　　　　　실험에 의한 틀(Experimental)

패러다임(Paradigms)　　　　　　　철저한 조사(Probes)

행위
(action)

내부 핵심　　　　경험(Experience)　　　　외부 싸개
(Inner Core)　　　　　　　　　　　　　　　　(Outer Envelope)

성찰
(reflection)

역사적 의식　　　　　　　　　　공동체의 의식
(Historical Consciousness)　　　(Communities of Memory)

[그림 2-2] 실천적 이성의 요소들(Components of practical reason)

Browning에 따르면 실천적 이성의 외부 싸개는 전통이 우리에게 전해 준 우리 안에 있는 고유의 내러티브이며 관행이다. 그리고 그

19) Ibid., p. 26.

것들은 언제나 우리의 실천적 사고(practical thinking)를 둘러싸고 있다.[20] 그는 계속해서 내부 핵심이 하나님의 창조, 역사, 구속에 대한 내러티브 안에서 작용한다고 설명한다. 내부 핵심은 어떻게 예수 그리스도의 삶과 죽음이 세상을 향한 하나님의 계획을 보여 주는지를 말해 준다. 이러한 내러티브가 실천적 이성의 외부 싸개다. 실천적 이성을 이해함으로써, 실천신학자들은 '우리가 무엇을 해야 하는가?'와 '우리는 어떻게 살아야 하는가?'라는 두 가지 중요한 질문을 할 필요성을 느끼게 된다.

　이러한 전략적인 실천신학의 접근은 우리가 실제적 · 신학적인 접근을 통해 국제결혼의 이슈를 해석할 수 있도록 도와준다. 이러한 접근은 국제결혼의 실제적인 삶에서 시작해서 신학적인 이슈를 다루게 하고, 신학적인 이슈를 가지고 실제적인 삶을 다룰 수 있도록 도와준다. 뿐만 아니라 역사적인 배경, 교회의 전통, 공동체의 이야기, 개인적인 관심이라는 더 넓은 맥락 속에서 국제결혼 부부가 부딪히는 어려운 문제들을 보고 그에 반응할 수 있도록 도와준다.

국제결혼과 Bowen의 가족체계 이론

　국제결혼 부부가 그들의 스트레스와 수많은 문제에 어떻게 반응하느냐에 영향을 주는 중요한 요소 중의 하나는 바로 각 배우자를

---

20) D. S. Browning (1991), p. 10.

가족들이 갈등에 대처하는 구조다.[21] 국제결혼 부부는 결혼관계에 두 가지 다른 가족 시스템과 대화 패턴을 가지고 온다. 그들은 각자의 가족에게서 갈등을 어떻게 다루는지를 오래전부터 배워 왔고 그에 익숙해진 패턴들을 가지고 결혼관계에 대한 문제를 다룬다. 그래서 다른 두 가족 시스템은 원래의 문화적 가족 맥락(original cultural and familial context)을 통해서만 이해될 수 있다.

이러한 의미로, Bowen의 가족체계 이론은 국제결혼 부부가 각자 자신의 문화적 맥락과 가족과 다른 가족 배경 속에서 결혼관계의 대한 문제를 더 잘 이해하도록 도와줄 수 있다. 특히 Bowen의 이론은 한국인-미국인 부부가 결혼관계에서 자기희생의 문제를 이해하도록 도와줄 것이다. 개인적인 경험으로, 많은 한국인 아내는 주로 버려질 것에 대한 두려움을 가지고 결혼생활을 한다. 그들은 미국인 남편과 가까운 관계를 유지하려고 무지 노력한다. 왜냐하면 남편과 아내는 어떠한 희생을 치르더라도 조화롭게 살아야 한다고 강하게 믿고 있기 때문이다. 하지만 이러한 노력은 미국인 남편과 완전히 융합하거나(merging) 혹은 완전히 거리를 두는(distancing) 것으로 나타난다. Bowen의 이론은 국제결혼 부부가 연합(union)과 분리(separation)의 양극단 사이에서 어떤 방식으로 갈등을 해결하고 있는지, 갈등을 피하려고 하는지 아니면 갈등이 존재하지 않는 것처럼 위장하려고 하는지 그들의 실제적인 모습을 평가할 수 있도록 도와준다. 갈등을 피하기 위해서 완전히 거리를 두는 것은 그만큼 둘 사

---

21) R. S. Anderson (2001), p. 26.

이에 융합이 심하다는 사실을 말해 준다.

　Bowen의 가족체계 이론은 두 가지 다른 문화 속에서 문화적 경계를 넘어서 가족문제를 볼 수 있는 새로운 안목을 제공한다. 자기희생은 전통적인 한국 가정이라는 맥락에서 효라는 의미와 가부장적인 사회의 원리 아래 수직적이고 권위적인 한국 사회의 시스템 속에서만 이해될 수 있기 때문에 Bowen의 이론은 아주 유용하다. 한국인-미국인의 결혼관계는 여전히 수직적인 자비(vertical benevolence)가 미덕이라는 믿음에서 작동하고 있기 때문에(개인적인 미국 문화의 영향을 받고 있기는 하지만) 그 속에 불평등의 요소가 많다.

　Bowen의 이론은 또한 남편과 아내의 원가족과 관련된 여러 가지 이슈에 초점을 두고, 어떻게 그것이 그들의 결혼생활에 영향을 미치는지를 탐색하도록 도와준다. 부부가 자라온 가족 배경의 여러 가지 이슈를 살펴보는 것은 가치 있는 일이다. 하지만 부부의 현재 관계를 살펴보는 것 또한 아주 중요하다.

　Bowen의 가족체계 이론은 여덟 가지 중요한 개념을 가지고 있다. 각각의 개념들은 서로 연결되어 있기 때문에 하나의 개념만을 따로 설명할 수가 없다. 여기에서는 Bowen의 여덟 가지 개념을 전부 다 설명하지 않고 국제결혼을 이해하는 데 필요한 것만을 선별해서 설명하려고 한다. 선별된 요소들이 어떻게 국제결혼이라는 맥락에 적용될 수 있는지, 어떤 부분이 유용하고 어떤 부분이 제한적인지를 살펴볼 것이다.

　Bowen에 따르면, "가족체계 이론에서 가장 중심적인 요소는 우리 모두가 얼마만큼 자기분화가 잘 되어 있지 않거나 전혀 분화가 되어 있지 않는가 하는 것이다. 또는 우리 안에 원가족으로부터 해결되지 않은 정서적 애착이 어느 정도 있는가 하는 것이다."[22] 자아의 분화가 잘 이루어지지 않았을 때, 우리는 주로 정서적으로 반응하거나 반동적인 행동을 하게 되고, 감정과 염려에 의해서 통제가 일어난다.[23] 반면에, 자아가 잘 분화되었을 때, 행동은 목표 중심적이 되고 사고와 감정 사이의 분명한 차이를 가지고 움직인다.[24]

가족체계 이론 치료의 가장 중요한 목표는 가족 구성원들이 대인관계 안에서 더 나은 수준의 자기분화를 이룰 수 있도록 돕는 데 있다. Bowen은 자기분화에 대해 "가족 구성원들이 자기 자신의 삶의 목표와 가치를 '함께함'의 압력(togetherness pressure)으로부터 분리해 낼 수 있는 능력이다. 즉, '너' 혹은 '우리'라고 말하라는 압력을 받을 때 '나'라고 말할 수 있는 능력이다."라고 규정했다.[25] 하지만 자기분화의 개념은 자율성이나 독립성, 혹은 자기만 사랑하는 나르시시즘(narcissism)으로 오해하면 안 된다. 대신에 이 개념은 개인이 가족들과의 관계를 유지하면서 그 안에서 자기 자신이 되는 능력을 말한다. Bowen의 이론에서 가장 중요한 것은 자기분화는 단절(cut-off)을 통해서 일어나는 것이 아니라 분리(separation)와 연결(connection) 사이의 균형을 통해서 일어난다는 것이다. 단절은 자기

---

22) Bowen, M. (1978), p. 529.
23) C. M. Hall (1981), p. 17.
24) Ibid., p. 23.
25) E. H. Friedman (1985), p. 27.

분화와는 정반대되는 개념이다. 왜냐하면 단절은 부정적인 반동 (reaction)이나 융합(fusion)에서 일어나는 현상이기 때문이다.

Bowen의 자기분화 척도에 따르면, 복자의 경우 여전히 '가족들과 밀착되어 있는(stuck together)' 상태이고, 그녀 자신을 과거의 아픈 경험으로부터 분리하는 데 어려움을 갖고 있다. 복자는 그녀의 가족들과 가족에게서 전수된 한국 문화에 강하게 연결되어 있다. 그러므로 복자는 그녀의 가족으로부터의 정서적 단절을 시도함으로써 가족을 떠나려고 해 왔다. 그것이 자기분화를 이루는 것이고 자기 자신을 찾는 것이라고 생각했던 것이다. 하지만 그녀의 바람과는 반대로 복자는 여전히 깊이 뿌리박혀 있는 분노, 슬픔, 해결되지 않는 개인적인 갈등에서 벗어나지 못하고 있다. 이 문제들이 부부관계를 더 악화시키고 있다. 이러한 해결되지 못한 이슈들은 복자에게 남편과 그녀의 문제에 대해 열린 마음으로 대화하기를 회피하게 만드는 원인을 제공했다. 이는 복자가 그녀의 가족들과 전혀 이야기하지 않음으로써 가족들로부터 분리하려고 시도한 것과 마찬가지다. 이러한 단절은 복자에게 정서적인 자유를 준 것이 아니라 오히려 가족으로부터 버림받았다는 느낌을 갖게 했고, 상황은 더 악화되었다. 그러한 느낌은 그녀로 하여금 남편과 남편의 미국 문화로부터 더 소외되게 하고, 혼자 고립된 삶을 살게 만들었다.

Bowen은 부부관계에서 자기분화의 개념을 사용했지만 더 나아가 더 넓은 의미의 가족, 친척들에게도 확장하여 사용했다. 그에 따르면, 사람들의 감정적인 힘이 지적인 활동을 지배하게 되면 파트너 한 명 혹은 둘 다 불안감이 증대된다.[26] 결혼생활을 하면서 남편이

나 아내가 자신의 원가족으로부터 배운 관계의 패턴에 의지하여 상
호작용을 하게 되면 그들의 결혼생활은 분명 많은 갈등으로 인해 힘
들어질 것이다. 자신의 원가족으로부터의 자기분화 수준이 낮은 사
람은 결혼을 하더라도 그 수준을 그대로 유지한다. 다른 말로 하면,
한 사람이 여전히 강력하게 정서적으로 자기 원가족의 영향을 받고
있다면, 그 사람은 가족에서 해결되지 않는 문제들을 결혼생활에 그
대로 가지고 올 것이다. 가족으로부터의 자기분화 수준이 낮은 사람
은 부모로부터 정서적으로 단절하려고 할 것이고, 이러한 단절은 더
나아가 자신의 배우자로부터의 단절을 가져오는 악순환으로 이어
진다. 사실 많은 국제결혼 부부가 가족 안에서 해결되지 않는 문제
들로 말미암아 가족을 완전히 떠나거나 가족에게 완전히 의지하는
모습을 보임으로써 더 큰 갈등을 일으키기도 한다. 만약 이러한 패
턴이 계속된다면, 그 관계는 계속 유지되기가 힘들 것이 분명하다.

　복자의 경우 가부장적인 한국 가정에서 배운 대로 그녀의 불안을
언제나 도망가거나 완전히 자신을 희생하면서 해결했다. 그녀는 문
제를 가지고 남편과 직면하는 것이 두려웠기 때문이다. 그녀에게는
불안을 줄이기 위해서 문제의 초점을 다른 것으로 바꾸거나, 덜 개
인적이고 덜 위협적으로 만드는 것이 최고의 방법이었다. 복자는 그
녀의 원가족에서 자신의 필요를 희생하는 것이 갈등을 피하고 화목
을 유지하는 좋은 방법이라는 것을 배웠다. 그녀가 결혼한 후에 새
로운 가정에서 이러한 패턴을 반복하지 않기 위해서 복자는 끊을 수

---

26) M. Bowen (1978), p. 305.

없는 가족과의 연결 고리가 무엇인지 살펴볼 필요가 있다. 또한 미국인 남편 빈센트가 복자의 원가족을 이해하려는 노력을 적극적으로 하지 않을 경우, 빈센트 역시 복자의 해결되지 않는 문제들로 인해서 그녀와 계속해서 싸움을 해야 할 것이다.

국제결혼 부부를 돕는 데 유용한 또 하나의 중요한 Bowen 이론에서의 개념은 부부의 문제를 그들의 자녀들에게 전달하는 것이다 (transmission of the problem to offspring). Bowen은 이것을 가족투사과정(family projection process)이라고 불렀다.[27] 이 과정은 부모의 미분화된 미성숙이 자녀에게 그대로 전달되는 것이다. 하지만 한 가지 지적하고 싶은 것은 많은 부모가 무의식적으로 이 투사를 마치 자녀를 사랑하고 아끼는 행동과 같이 생각한다는 것이다. 하지만 투사는 자녀를 사랑하고 돌보는 방법이 아니며, 자녀를 정서적으로 죽이는 행동이다. 자녀가 숨을 쉬지 못하도록 자녀의 목을 쥐고 흔드는 방법인 것이다.

부모의 투사 대상이 되는 자녀는 분명히 부모에게 가장 사랑을 받는 아이일 것이다. 이 아이는 가족에서 가장 분화가 적게 일어나는 아이가 될 것이다. 이 아이가 커서 결혼을 하거나 직장에서 대인관계를 맺는다고 생각해 보라. 끔찍하지 않은가? 그래서 가족투사 과정은 때때로 희생양 과정(scapegoat process)이라고 부른다. 여기서 희생양이란 사실 성경에서 나오는 개념이다. 이스라엘 백성들이 자신이 죄를 사하기 위해서 제사장에게 양을 가지고 가면, 제사장은 양

---

27) Ibid., p. 308.

에게 그 사람의 죄를 덮어씌우고는 광야로 보낸다. 그 사람의 죄를 덮어쓴 양이 광야로 떠나는 모습을 보면서 그 양을 희생양이라고 불렀다. 마찬가지로, 가족 안에서 희생양의 역할을 하는 사람은 가족의 문제를 자신의 문제로 여기게 된다. 그 사람이 어려움을 겪는 것은 어쩌면 그 자신의 문제가 아닌 가족 전체의 문제 때문일 수 있다.

삼각관계(triangle relationship) 또한 원가족에서 시작된 갈등을 가지고 있는 국제결혼 부부를 이해하고 돕는 데 중요한 개념이다. Celia Jaes Falicov는 가족 스트레스에 따른 대부분의 증상은 바로 가족 내 삼각관계에서 기인한 것이라고 말했다.[28] 삼각관계는 언제 일어나는가? 두 사람 사이에 갈등이나 긴장이 일어나면 그 수준을 낮추기 위해서 제삼자를 끌어들이게 된다. 이것이 삼각관계다. 삼각관계는 모든 가족관계에서 보이고, 더 나아가 사람들의 모든 모임에서도 종종 보인다. 특히 가족의 경우, 부부 사이에 문제가 생기면 쉽게 자녀들이나 부모들을 개입시킴으로써 삼각관계를 형성한다. 많은 부부치료 전문가는 삼각관계로 인해서 부부관계의 갈등이 더 심화되고 삼각관계가 부부의 연대를 약화시키는 주범이라는 것을 지적한다.

Bowen의 가족체계 이론의 임상적인 적용

국제결혼 부부에게 Bowen의 가족체계 이론을 적용시키는 것이

---

28) C. J. Falicov (1998), p. 37.

적합한 이유는 이 이론이 원가족에서의 해결되지 않은 정서적 갈등의 영향을 볼 수 있도록 도와주기 때문이다. 다른 말로 하면, Bowen의 이론은 각 가족 구성원이 얼마만큼 융합되어 있으며, 아무리 가족에서의 온 융합을 부인하고 자기 자신이 가족들로부터 건강하게 분리되어 있다고 주장하더라도, 이러한 융합(stuck-together)이 지금 현재 어떻게 작용하고 있는지를 보여 주고, 그것이 원가족과 어떤 연관이 있는지를 보여 준다.

이러한 점에서 Bowen의 자기분화 개념은 한국인-미국인 결혼관계를 긍정적으로 강화시키는 데 도움을 준다. 자신의 원가족으로부터 분명하게 건강한 분화가 이루어진 사람은 불안정에 따른 의존을 통해서가 아니라 자유롭고 건강한 모습으로 자신의 배우자와 연결될 수 있다.[29] 그러므로 건강한 자기분화는 개인에게뿐만 아니라 부부관계를 강화시키는 데 아주 중요한 역할을 한다.

저자는 미국에서 사역하며 100쌍이 넘는 예비부부를 상담하면서, 곧 새로운 가정을 꾸릴 부부들에게 이렇게 조언해 주었다. "혼자 있을 때 행복한 사람이 함께 있어도 행복한 사람이다." 이 말은 자기 자신 안에서 건강한 분화가 일어난 사람은 대인관계에서도 건강한 분화를 만드는 사람이라는 것을 의미한다. 이러한 사람은 다른 사람에게 통제되지 않고, 다른 사람이 자신을 미워하고 싫어하고 거절할까 봐 다른 사람의 눈치를 보지 않고, 일방적으로 자신을 희생하지 않고, 자유롭게 다른 사람에게 자신을 줄 수 있고, 서로서로가 섬기

---

29) D. D. Waanders (1987), p. 100.

고 사랑할 수 있다. 이러한 사람은 다른 사람과 건강하게 연결되어 있는 동시에 그가 속해 있는 공동체, 더 나아가 문화 속에서 자신을 분리할 수 있는 능력이 있다. 혼자 있어도 행복해야 함께 있을 때 행복하다.

　Bowen의 이론을 통해서 우리는 한국인-미국인 결혼관계 속에서 어떻게 자기희생이 일어나는지에 대해서 분명하게 이해할 수 있었다. 자기분화가 잘 이루어진 사람들은 분명한 생각을 갖고 깊은 감정을 느낄 수 있다. 그들은 다른 사람을 통제하려고 하거나 다른 사람에게 통제를 받지 않는다. 다른 사람에게 버림받을까 두려워서 그 사람에게 흡수되지도 않는다. 그들은 다른 사람과 가까운 관계를 유지하면서도 다른 사람의 걱정을 자신의 걱정으로 흡수하지 않고 스트레스 상황을 피하려고 관계를 피하지도 않는다. David Augsburger는 자기분화 수준을 이해하게 되면 하나됨(union)과 분리(separation) 사이에 균형을 이룰 수 있다고 주장한다.[30] 자기분화는 철저한 독립이 아니고 의존을 유지하면서도 자신이 중심이 될 수 있는 상태다.

　앞서 언급한 삼각관계를 좀 더 자세히 설명하면, 삼각관계는 문화적 맥락과 별개로 생각해서는 안 된다. 그리고 이 삼각관계를 모든 문화에서 역기능적이고 문제가 있는 것으로 받아들여서도 안 된다. 예를 들면, 서양 문화에서는 삼각관계를 부정적으로 본다. 삼각관계는 신뢰가 없고 관계가 파괴되었다는 신호로 본다. 서양 문화에서 건강한 관계는 개인과 개인이 서로 터놓고 이야기하는 관계다. 갈등

---

30) D.W. Augsburger (1986), p. 181.

이 있으면 두 사람 사이에서 해결해야 한다. 자신의 생각과 느낌을 상대방에게 직접 이야기할 수 있고 서로 대화를 할 수 있어야 한다. 하지만 한국 문화에서는 갈등이 존재하면 즉시 제삼자가 개입한다. 제삼자는 주로 가족들, 특히 부모, 친구, 그리고 공동체의 믿을 수 있는 사람이다. 삼각관계는 서로가 자신의 명예와 자존심을 지킬 수 있도록 도와준다. 그리고 공동체 안에서 느끼는 수치심을 줄여 준다.[31] 이러한 의미에서 삼각관계가 무조건 나쁘다고 말하는 것은 옳지 않다. 하지만 삼각관계가 일어나는 역동을 알지 못하고, 갈등이 일어날 때마다 삼각관계에 빠진다면 그것은 절대로 건강한 관계는 아닐 것이다. 그래서 한국인-미국인 결혼생활이 좀 더 건강해지도록 돕는 방법은 남편과 아내가 그들의 문제를 해결하기 위해 제삼자에게 의존하지 않고, 필요하면 제삼자의 조언을 듣겠지만 서로가 그 문제를 받아들이고 서로 대화로 풀어 나가는 것이다. 중요한 문제는 삼각관계가 존재하느냐 그렇지 않느냐가 아니다. 이것이 관계가 건강한지 여부를 결정하는 것이 아니다. 삼각관계는 언제나 존재하게 되어 있다. 문제는 삼각관계를 통해서 부부가 더 건강한 방법으로 문제를 해결할 수 있느냐 아니냐에 달려 있다.

복자의 사례에서, 그녀는 지나칠 정도로 첫아들 톰에게 그녀의 정서적인 에너지를 다 쏟아부었다. 복자는 그녀 자신의 문화적 정체성을 첫아들을 통해서 얻으려고 시도했는지도 모른다. 복자는 그녀의 원가족과 멀리 떨어져서 살고 있고, 남편 빈센트는 직장 일 때문에

---

31) Ibid., p. 183.

출장이 잦기 때문에, 사실 첫아들 톰은 그녀가 한국인이라는 정체성을 갖게 해 주는 유일한 대상이다. 하지만 그녀가 톰에게 집중하면 할수록 남편 빈센트는 그녀로부터 더욱더 멀어져 갔다. 대신에 빈센트는 친구들과 더 많은 시간을 보냈다. 빈센트가 친구를 만나기 위해서 집을 나서면, 그녀는 자녀들에게 더욱더 집중하게 되었다. 결과적으로 그녀는 점점 더 톰에게 의존하게 되었고, 빈센트는 점점 더 그녀에게서 멀어지게 되었다. 그녀에게 아들은 남편이자, 연인의 역할을 하고 있었다. 빈센트와 갈등이 생기면 그녀는 늘 아들에게로 달려가서 정서적 안정을 얻었다. 복자와 자녀의 끈끈한 관계는 따뜻하고 의존적이고 가까운 관계로 보이지만, 그러한 정서적인 융합은 또 다른 갈등을 만들어 내고 있었다. 복자와 빈센트가 이러한 부정적인 삼각관계를 인식하지 못한다면, 그들은 앞으로 더 많은 문제로 심각하게 갈등할 것이 분명하다.

Friedman이 지적한 대로, 한쪽으로 치우친 삼각관계는 건강하지 못한 관계로 발전할 가능성이 많다.[32] 복자는 주로 이렇게 이야기한다. "나는 톰이 내 말을 듣지 않고 아빠의 말을 들을 때 자주 화가 치밀고 질투가 나서 견딜 수가 없어요." 복자는 아들을 끌어들여서 삼각관계를 만들었고 아들을 통해서 가족 안에서 균형을 맞추려고 했다. 한국의 많은 부모가 이렇게 한다. 부부의 문제에 자녀들을 끌어들여서 둘 사이의 긴장 상태를 낮추려고 시도한다. 물론 이는 단기간에 도움이 되겠지만 장기적으로 보면 전혀 그렇지 않다.

----

32) E. H. Friedman (1985), p. 38.

Bowen의 이론에서 보면, 정서적인 융합은 복자의 주의를 그녀 자신의 걱정에서 딴 데로 돌리게 해 주는 역할을 하지만, 절대로 그 걱정을 해결해 주지는 못한다. 오히려 그녀는 그녀의 걱정과 부부문제를 톰에게 전가하게 된다. 왜냐하면 그녀가 자신의 문제를 직접 다루지 않기 때문이다. 그녀는 과거의 고통스럽고 트라우마적인 경험을 직접 대면하기를 원하지 않는다. 그녀는 아들인 톰에게 화를 쏟아내고 남편의 문제를 말함으로써 그녀의 문제를 다루려고 한다. 이러한 정서적인 융합은 복자로 하여금 건강한 자기분화를 이루지 못하게 하고, 톰 역시 자기분화를 이루는 데 어려움을 겪게 한다.

Bowen도 삼각관계를 이야기하면서 불균형의 삼각관계를 걱정했다. 한쪽이 제삼자와 너무 밀접하고 다른 한쪽은 밀어내는 그런 관계 말이다. 그는 고정되고 얼어 버린 삼각관계로 인해서 분명하고 건강하고 개인과 개인의 만남과 대화를 할 수 없게 만드는 그런 삼각관계를 피하라고 했다.

복자의 가족을 어떻게 도와줄 수 있을까? 우리는 아마도 엄마와 아들, 그리고 그녀의 가족 사이에서의 정서적인 융합의 문제를 다루어야 할 것이다. 다른 말로 하면, 치료자는 먼저 복자가 그녀의 원가족으로부터, 그녀의 자녀들로부터 분화될 수 있도록 도와야 한다. 그녀가 어떻게 그녀의 원가족으로부터 단절되었는지, 그리고 그녀의 가족과 새로운 수준에서 새로운 관계를 회복할 수 있는지를 탐색해야 한다. 그녀가 자신의 부부문제를 단지 자신과 남편의 문제가 아닌 그녀의 원가족으로부터의 분화문제로 볼 수 있다면, 그녀는 그녀의 문제와 부부문제를 완전히 새로운 관점으로 볼 수 있을 것이다. 그리고 목회자나 목회상담자는 그녀로 하여금 가족관계 안에 있는 삼각관계를 보게 하고, 거기서 벗어나서 그녀의 문제를 직접 다루게 도와주어야 한다. 그리고 이 삼각관계가 어떻게 갈등을 심화시키는지 깨닫게 해 주어야 한다.

지금까지 우리는 삼각관계가 부부관계나 일반적인 관계에서 어떤 해로운 역할을 하는지를 살펴보았다. 하지만 삼각관계가 무조건 해로운 것인가? 우리는 삼각관계를 무조건 경계해야 하는가? 이렇게 한번 생각해 보자. 남편과 아내가 함께 즐기는 취미활동이 있다고 가정해 보자. 여기서 두 사람이 함께 하는 취미는 삼각관계의 역할을 할 수 있다. 하지만 그것이 건강하고 건설적인 방향으로 서로 간의 긴장을 줄여 주고 잠재적인 문제들을 해결해 줄 수도 있다. 다시 말해, 두 사람은 그들의 관계 속에 제삼자를 끌어들이고 서로 나누고 즐김으로써 서로 안에 있는 사랑과 우정을 더욱더 크게 할 수 있다. 제삼자는 그들의 문제를 왜곡시키고 숨기고, 제삼자를 통해서 서로를 비난하는 것이 아니라 잠재적인 긴장을 낮출 수도 있다는 것이다. 우리가 서로를 밀어내고 한쪽만 가까워지는 삼각관계가 아닌 서로가 더욱더 가까워지는 삼각관계를 얼마든지 만들 수 있고 또 만들어야 한다고 생각한다.

복자의 사례에서, 그녀는 아마도 그녀의 친구와 의미 있는 관계를 세울 수 있다. 친구들과의 관계를 통해서 그녀는 남편에게서 그리고 아이들을 키우면서 오는 스트레스를 해소할 수 있다. 그녀는 그녀의 결혼생활 문제를 왜곡하지 않고도, 친구들로부터 정서적인 위로와 도움을 받을 수 있다. 저자의 경우, 아내가 친구를 만나러 가는 것이

참 좋다. 아내가 친구를 만나고 오면 그녀의 얼굴은 늘 행복하기 때
문이다. 아내는 친구들과 수다를 떨면서 스트레스를 해소한다. 남편
을 통해서 채울 수 없는 정서적인 부분을 친구를 통해서 채우기 때
문이다. 이러한 채움은 우리의 부부관계에도 긍정적인 영향을 미친
다. 그래서 아내가 친구를 만나러 간다고 하면 괜히 좋은 것이다. 이
렇듯 한국인은 서양인보다 아마도 좀 더 긍정적인 삼각관계를 형성
할 수 있다는 생각을 하기 때문에 앞으로 이 삼각관계에 대한 연구
가 활발히 이루어지기를 바란다.

　이런 맥락에서 목회상담자는 문화적인 가치의 차이에 대해서 절
대로 무지해서는 안 된다. 자기분화 개념은 미국인과 한국인 사이
에 다른 의미와 방법을 가진다. 서양 문화는 사람들이 자신의 원가
족으로부터 분화된 정도에 따라서 그들이 얼마나 최적의 분화를 이
루었는지를 알 수 있다.[33] 서양 문화에서는 동양 문화에서 당연하
게 여기는 일생 동안의 연결과 서로 간의 연결을 병리적인 것으로
간주한다. 하지만 한국을 포함한 동양의 문화에서 부모와 자녀의
관계는 부부관계보다 더 안정적이고 더 오래가는 관계이기도 하다.
이것은 서양 문화에서는 이상하게 보인다. 예를 들면, 한국인-미국
인 결혼생활에서 한국인 아내는 그녀의 정체성을 자녀에게서 찾는
것을 가지고 비난을 받는다. 하지만 한국인 아내는 한국의 문화 속
에서 그렇게 자라 왔다. 그녀는 그녀의 원가족과 융화되는 것이 당
연하다. 그녀의 결혼관계에서도 여전히 성과 문화의 차별이 존재하

---

33) C. T. Falicov (1998), p. 39.

기 때문에, 더욱이 그녀는 자신의 정체성을 가족 안에서 찾으려고
한다. 목회상담자가 이러한 문화적인 차이에 민감하지 않고 무조건
자기분화를 이루지 못한 사실을 지적하고, 가족으로부터의 분화를
이루라고만 격려한다면 국제결혼 커플을 효과적으로 도와주지 못
할 것이다.

복자는 그녀의 참자기(true self)를 자녀들과 연결함으로써 발견하
였다. 그녀와 남편 사이에 좀 더 가까운 애착을 형성하면 좋겠지만,
그녀가 자녀들에게 시간과 에너지를 쏟고, 가족을 위해서 자신을 희
생하는 것은 어쩌면 더 자연스러운 일이다. 그녀는 부모와 자녀의
관계가 더욱 중요한 문화에서 자라 왔기 때문이다. 이러한 문화적
차이를 무시하고 무조건 자기분화를 이루라고 말하는 것은 억지다.

이러한 면에서 Bowen의 가족체계 이론에서 자기분화 개념과 삼
각관계 개념을 한국인과 아시아인에게 직접적으로 적용하는 것은
여러모로 한계가 있다. 하지만 Bowen에게도 자기분화의 개념은 다
른 사람으로부터의 분화가 아닌(not from), 다른 사람과 더불어 살아
가면서의 분화(with)다. 그의 관심은 분리와 연결 사이에 균형을 유
지하는 것이었다.

복자의 사례를 본다면, Bowen은 아마도 이렇게 이야기할 것이
다. 복자의 자기분화는 스스로의 원가족으로부터 단절하면서 더 힘
들어졌고, 그녀가 원가족으로부터 거리를 두기 위해서 다른 차선책
을 찾았기 때문에 더욱더 어려워졌다. 복자는 결혼생활에서 부족한
부분을 아들이라는 대체자를 사용해서 채우려고 하지 않고 어떻게
그의 아들과 가까워질 수 있는가를 찾아야 했다. Bowen이 한국인

어머니들에게 조언을 한다면, 자녀의 삶에서 중요한 부분에 계속해서 개입을 하면서 효과적으로 부부 사이의 친밀감을 유지해야 한다고 말할 것이다. Bowen이라면 톰이 아빠를 대신해서 그 자리를 차지하는 것을 절대로 용납하지 않을 것이다. 이렇듯 Bowen의 이론은 한 문화에서 엄마와 자녀 간 정서적인 친밀감은 인정받을 수 있다는 것을 받아들인다. Bowen의 이론을 가지고 목회자 혹은 목회상담자는 복자가 그녀 자신을 완전히 버리고 가족이나 자녀에게 몰두하지 않도록 도와주고, 자신의 문제를 직접적으로 다룰 수 있도록 격려해야 한다. 하지만 복자가 자기분화와 가족들과의 연결 사이에서 균형을 맞추는 것을 무시하도록 내버려 두면, 복자는 오히려 더 혼란스러워할 것이고 더 우울해질 것이다.

한국의 가부장적이고 수직적인 문화에서는 아버지가 자신의 직장 일로 인해서 가족으로부터, 아내로부터, 자녀로부터 거리를 두고, 어머니는 자녀의 일에 전적으로 헌신하는 것을 당연하게 여긴다. 어머니와 자녀의 관계는 아주 강조되고, 아버지는 어느 정도 밖에서 일하는 사람으로 여겨지기 때문에, 부부 사이에 어느 정도의 삼각관계(light triangle)는 여성들에게 해롭지 않을 수 있다. 한국 여성은 권위적인 남편에게 직접적으로 말하는 것을 어려워하기 때문에 스스로가 좀 더 편하게 생각하는 제삼자와의 관계를 통해서 그들의 걱정과 근심을 덜 수 있다. 그래서 이러한 삼각관계는 오히려 한국 여성이 결혼생활에서 좀 더 안정감을 느끼고 친밀감을 더 높이는 결과로 나타날 수도 있다.

Falicov는 우리에게 좋은 예를 보여 주고 있다. 그는 필리핀 1세대가 삼각관계를 통해서 어떻게 서로 자라는지를 보여 준다. 그는 다음과 같이 말한다.

> 삼각관계는 하나의 과정이다. 많은 서양인은 삼각관계를 역기능이라고 말하지만, 1세대 필리핀 자녀에게는 삼각관계가 부모와의 관계에서 성공적으로 사용될 수 있다. 어떤 사람에 대한 불평이나 걱정은 관계를 깨뜨리지 않고 갈등을 심화시키지 않고도 그 사람에게 연결되도록 할 수 있기 때문이다.[34]

　필리핀 1세대처럼 한국 여성도 제삼자가 중간에 서서 남편이 변화될 수 있도록 도와주기를 바란다. 그러므로 목회자나 목회상담자가 국제결혼 여성을 상담할 때는 그들의 관계에서 보이는 삼각관계를 자동적으로 파괴적인 것으로 보지 않아야 한다. 그보다는 그 삼각관계 안에서 제삼자가 하는 역할이 무엇인지 살펴보도록 질문해야 한다. 목회자나 목회상담자는 국제결혼 커플의 결혼생활에서 문화적인 배경이나 소통 스타일을 반드시 고려해야 한다.

　한국인은 가족에 연결되는 것을 중요하게 생각하기 때문에 가족 관계에서의 갈등을 피하려고 한다. 그래서 간접적이고 함축적이고 살며시 이야기하는 방식에 익숙하다. 서로가 편하게 하기 위해서 그냥 그렇게 한다고 말한다. Falicov는 이러한 피상적인 조화는 두 가지 이유로 제삼자에게 뒷담화를 하도록 만든다고 한다. 첫째는 관계에서의 어려움 때문에 생기는 긴장감을 줄이기 위해서다. 둘째는 제

---

34) Ibid., p. 41.

삼자로 하여금 '그' 사람을 변화시키도록 압력을 가하기 위해서다. 왜냐하면 자신이 직접 그 사람을 상대하기 싫기 때문이다. 만약 목회상담자가 한국인의 소통 스타일을 이해한다면, 그들은 복자와 빈센트 사이의 갈등을 해결하는 데 좀 더 효과적으로 도와줄 수 있을 것이다.

우리가 속한 문화는 우리가 어떻게 소통해야 하는지를 가르쳐 준다. 자신이 가진 소통방식이 무조건 맞는 것이 아니다. 다른 사람의 소통방식이 무조건 틀린 것도 아니다. 중요한 것은 우리가 서로 다른 소통방식을 이해하고 받아들이고 서로의 소통방식에 익숙해지는 것이다. 이해할 수 있다면 더 이상 화가 나지 않는다. 이해할 수 있다면 서로를 받아들일 수 있다. 물론 서로 다른 방식을 완전하게 이해하는 것은 불가능하다. 우리가 서로를 받아들인다면 문제가 자동적으로 없어지는 것도 아니다. 하지만 우리가 서로 다르게 소통하고 있다는 것을 알게 되면 우리는 더 이상 서로를 비난하지 않고 문제를 새로운 시각으로 바라보고, 좀 더 현실적으로 그 문제를 해결할 수 있을 것이다. 혹시 그 문제를 완전히 해결하지 못한다 할지라도, 그로 인해 서로에게 상처를 덜 주게 될 것이다. 때로는 문제를 해결하기보다는 그 문제를 그대로 놔두고 서로의 입장을 잘 들어주고 수용해 주는 것이 더 낫다.

더 나아가 많은 치료자는 진정한 변화란 우리가 우리 자신을 넘어서 우리의 원가족을 이해하고 받아들이게 될 때 시작된다고 믿는다. 원가족은 우리가 지금까지 살아왔고 우리를 우리가 되게 만든 곳이다. Augsburger는 "우리가 가진 문제는 한 세대의 문제만은 아니다.

적어도 3세대에 걸쳐 생겨난 것이다. 가족들의 문제는 우리 자신, 우리가 반응하는 부모, 그리고 부모가 반복하거나 완전히 반대로 행동하는 할아버지 세대"의 상호작용이라고 주장한다.[35]

이러한 3세대의 상호작용을 살펴보기 위해서 Bowen은 가계도(genogram)를 사용했다. 가계도는 가족 구성원 간 관계를 보여 주는 지도와 같다. 한국인-미국인 결혼을 살펴보기 위해서 가계도를 사용하는 것은 아주 효과적이다. 가계도는 부부 각자의 가족의 역동성을 보여 줄 것이다. 복자의 사례에서 그녀의 가계도를 보면 그녀가 원가족으로부터 얼마나 분화했는지를 볼 수 있다. 이러한 가계도를 통해서 복자의 과거와 현재의 가족관계에 대한 정보를 얻을 수 있다. 복자의 가계도를 보면 그녀는 아버지와 남동생과 갈등관계에 있었다. 반대로, 어머니와 언니와는 아주 가까운 관계를 유지했다. 그녀는 아버지와는 완전히 단절된 상태였다. 가족의 후원이 필요할 때마다 그녀는 어머니와 언니에게 도움을 요청했다. 이러한 삼각관계는 결혼 후에도 계속되었다. 흥미롭게도, 그녀는 빈센트의 가족과도 비슷한 관계 패턴을 만들었다. 그녀는 시아버지와는 어색하고 갈등적인 관계를 가지고 있고 시어머니와는 좋은 관계를 가지고 있다. 그녀는 시아버지에게서 그녀의 아버지 모습을 느낀다고 한다. 늘 그래 왔듯이, 그녀는 정서적 지지가 필요하면 시어머니와 자신의 자녀들에게 간다.

저자는 미국에서 가정사역을 하면서 100쌍이 넘는 예비부부들과

---

35) D. W. Augsburger (1986), p. 185.

함께 결혼예비교실을 진행해 왔다. 결혼을 준비하는 예비부부들의 모습을 보면 앞으로 결혼생활이 줄 것이라고 생각되는 희망과 소망 그리고 기대로 가득 차 있다. 그들은 결혼식을 준비하면서 활기차고 흥분되어 있다. 이런 예비부부들에게 저자는 반드시 가계도를 그려 오도록 요청했다. 자신의 원가족을 보지 않고 서로의 원가족을 이해하지 않은 채 결혼을 하고 배우자를 선택하는 것은 아주 위험하고 어리석은 일이라고 말해 주었다. 왜냐하면 원가족은 앞으로 만들게 될 자신의 가족에게 가장 큰 영향을 미칠 것이기 때문이다.

나의 원가족을 알면 알수록 단순히 나의 가족 구성원에 대해서 많이 알게 되는 것이 아니라, 오히려 나 자신에 대해서 더 잘 알게 된다. 원가족 속에서 나의 모습과 나의 역할을 알게 되면, 그때야 비로소 나는 더 자유롭게 나의 삶을 선택할 수 있다. 실제로 나의 행동에 영향을 미치는 가족에 대한 이해는 내가 모르는 부분을 알게 해 주고 타인과 좀 더 안전한 관계를 맺도록 도와준다. 가족과 가족사를 알고 여러 세대에 걸친 가족의 문제를 알게 되면, 단순히 가족의 부정적인 경험의 피해자나 가해자라는 것이 아니라 그 안에서의 나 자신의 역할을 알게 되는 것이다. 그래서 원가족을 보는 것은 단순히 과거를 찾아가는 과정이 아니라 나의 미래를 선택하고 변화시키는 과정이 된다.

자동차를 운전하는 것을 예로 들어 보자. 우리는 운전을 하면서 백미러를 본다. 이것은 단지 뒤로 가기 위해서가 아니다. 물론 백미러를 통해서 후진을 할 때 뒤에 사람이 있는지, 부딪힐 만한 것들이 있는지 살펴본다. 하지만 백미러를 보는 것은 후진을 잘하기 위함만

이 아니고, 오히려 앞으로 잘 가기 위함이다. 운전을 할 때 백미러가 없으면 앞으로 갈 수는 있지만 뭔가 허전하고 답답한 느낌이 든다. 앞으로 잘 가려면 백미러가 필요하다. 이것이 우리가 과거를 돌아보는 이유다.

어떤 사람은 가족이 나를 사랑하거나 사랑하지 않거나 아무런 상관이 없다고 말한다. 자신에게 가족은 그리 중요하지 않다고 말하기도 한다. 현재의 가족이 중요하지 원가족이 뭐가 중요하냐고 말한다. 저자는 그렇게 생각하지 않는다. 우리는 가족과 아무리 멀리 떨어져 있어도 가족의 영향에서 벗어날 수 없다. 아무리 가족관계를 끊으려고 한다면 그만큼 우리는 힘든 정서적 대가를 치러야 한다. 어떤 사람은 이것을 우리 삶 속에 가족들, 특히 부모들의 영향을 '몸에 밴 어린 시절'이라고 불렀다.[36] 우리의 어린 시절에 부모가 대한 방식이 몸에 배어서, 우리가 그 방식대로 우리 자신을 대하고 있다는 것이다. 그래서 어린 시절을 돌아보아야 스스로의 지금 사고와 정서, 행동, 관계를 이해할 수 있다. 왜 지금 이렇게 화가 나는지, 왜 그 사람만 보면 짜증이 나는지, 왜 그 사람에게 이런 식으로 대하는지를 알 수 있다는 것이다.

우리는 우리의 과거를 바꿀 수는 없다. 하지만 그 과거를 묻어 두려고만 하면 그것은 오히려 우리 안에 더 강하게 자리 잡을 것이다. Freud는 이러한 억압을 '생매장'이라고 불렀다. 우리의 과거를 묻어 두려면 우리는 정서적으로 엄청난 에너지를 사용해야 하는데,

---

36) W. H. Missildine (1963), p. 14.

그래서 알지 못하는 불안과 두려움 속에서 살아가야 할지도 모른다. 부모처럼 살기를 거부하면 할수록 부모와 같은 행동양식을 반복할 수 있다. 우리의 원가족을 받아들이고 이해하는 과정이 가족들과 새로운 관계를 맺게 해 주고, 주위 사람들과 더욱 건강한 관계를 맺게 해 준다.

다시 본론으로 돌아가 보자. Bowen의 가족체계 이론은 원가족 전체를 다루고 있지만 Bowen은 직계가족만으로도 치료가 가능하다고 믿었다. 가족관계에서의 의미 있는 변화는 가족 안에서 중요한 구성원이 기능적인 역할을 하기만 해도 만들어질 수 있기 때문이다.[37] 변화는 한 사람이나 부부를 통해서 나머지 전체에게 영향을 줄 수 있다. 자기분화가 개인에게서 시작되고, 그 변화는 전체 시스템과 관계 전체를 변화시키는 수단으로 충분히 작동한다. 이 개념은 국제결혼 부부들에게 잘 적용될 수 있다. 미국에 살고 있는 한국인은 원가족이 한국에 거주하는 이유로 가족치료에 그들을 초청할 수가 없다. 하지만 개인에서 시작되는 변화가 비록 멀리 떨어져 있지만 한국에 살고 있는 원가족 전체의 관계 패턴을 변화시킬 수 있는 하나의 가능성이 되기 때문에, 가족체계 이론은 충분히 가치가 있다.

하지만 한국 사회건 미국 사회건 여전히 남성이 힘을 가지고 있는 사회이기 때문에, 그 사회에서 변화되는 쪽이 약자라면 아마도 변화되는 쪽이 강자인 경우보다 가족 전체에 미치는 영향은 적을 것이다. 그러므로 우리가 이 개념을 적용할 때는 개인의 변화뿐만 아니

37) C. M. Hall (1981), p. 196.

라 여전히 성차별이 심한 사회 전체의 변화를 위해서도 함께 노력해야 한다.

목회사역을 위한 신학적이고 실제적인 제안

오늘날 국제결혼은 목회사역에서도 주요한 이슈 중의 하나다. 어떻게 하면 목회자나 목회상담자가 단순한 심리학적인 지식이 아닌 신학적인 접근으로 국제결혼 부부를 효과적으로 도울 수 있을까?

첫째, 국제결혼 부부를 만나서 상담을 할 때, 목회자나 목회상담자들은 인종차별, 성차별, 편견이 우리 사회와 가정 안에 여전히 존재한다는 사실을 반드시 인정하고 세심한 주의를 기울여야 한다. 만약 목회자나 목회상담자가 가지고 있는 신학이 한쪽으로 치우쳐 있다면, 가령 성경은 국제결혼을 죄로 간주한다고 믿거나, 어떤 민족은 선택받았고 어떤 민족은 열등하다고 믿는다면, 그들은 아마도 잘못된 양심을 가지고 국제결혼을 왜곡되게 보고 국제결혼 부부를 상담하게 될 것이다.

심지어 오늘날에도 인종차별적인 편견은 어디서나 볼 수 있다. 기독교인, 특히 한국 기독교인 사이에 국제결혼은 성경에서 금하고 있다고 믿는 부류가 있다. 정말로 하나님의 말씀은 국제결혼을 정죄하고 있는가? 다른 말로 하면 국제결혼은 죄인가? 이 사회적인 패턴을 성경적이고 신학적으로 어떻게 볼 것인가? 목회상담자들은 우리가 살아가는 사회 속에 존재하는 인종차별적 편견을 더 잘 이해할 수 있도록 건강한 신학적 토대를 제공해야 할 책임이 있다.

앞의 질문에 대답하기에 앞서, 우리는 먼저 성경이 인종에 대해서 어떻게 말하고 있는지 살펴보아야 한다. 성경에서는 사람들을 표현하기 위해서 인종(race)이라는 단어를 사용하지 않는다. 오히려 인간을 한 핏줄(one blood)로 표현하기 위해서(사도행전 17장 26절, KJV) 인종이라는 단어를 사용한다. 이 말은 우리 모두는 서로 연결되어 있으며, 온 인류는 최초의 인간인 아담의 후손이라는 사실을 강조한다(고린도 전서 15장 45절, NIV). 예수님 자신도 아담의 후손이며, 또한 마지막 아담으로 불린다(고린도 전서 15장 45절, NIV).

그러나 어떤 사람들은 인종 간에 분명한 차이가 있다고 생각한다. 피부색이 다르고 생김새가 다르기 때문에 인종들 간에 주요한 차이가 있다고 생각한다. 그런데 인종 간 차이는 단순히 미약한 변인이라는 것을 알 수 있다. 예를 들어, 만약 백인이 장기 이식을 하기 위해서 기다리고 있다면, 최상의 짝은 흑인에게서 올 수도 있다. 그 반대로도 가능하다. 중요한 것은 인종들 사이에 차이가 있기는 하지만 그것이 서로 다른 문화에서 나온 것이지 인종 자체는 아니라는 것이다.

많은 사람이 서로 다른 이유는 생김새나 피부색이 달라서가 아니라, 서로가 자라 온 문화의 배경이 다르고, 그 문화로 인해서 세상을 보는 시각이 다르기 때문이다. 오늘날 많은 과학자가 모든 사람은 서로 연결되어 있다는 성경적인 견해를 생물학적으로 증명해 주고 있다. 그들에 따르면 인류는 생물학적으로 하나다. 그러므로 사실상 국제결혼이라는 말은 아예 성립하지 않을지 모르겠다.

그렇다면 이제 좀 더 구체적인 질문에 대답해 보자. '성경에는 서로 다른 그룹의 남자와 여자가 결혼하지 말라는 말이 있는가?' 성경 전체를 보면 국제결혼을 금지하는 명백한 근거는 없다. 어떤 사람은 구약성경을 보면 이방인들(다른 문화와 인종에서 온 사람들)과 결혼하지 말라고 했다고 반박한다. 하지만 이러한 금지는 유대인의 이방인들과의 인종적 혼합을 엄격하게 금지한 것이 아니고, 믿는 자와 믿지 않는 자의 결혼을 반대한 것이다(신명기 7장 3-6절). 라합과 살몬의 결혼(여호수아 2장 1절, 마태복음 1장 5절) 그리고 룻과 보아스의 결혼(룻기 4장)은 구약성경에서 볼 수 있는 국제결혼의 좋은 예다. 믿음의 공동체 안에서 앞의 두 결혼은 모두 받아들여졌다. 더욱이 그들은 예수 그리스도의 족보에 올라가는 특권을 누렸다(마태복음 1장 5절). 구약성경의 가르침에 따라, 사도 바울은 신자들의 불신자들과의 친밀한 교제를 금지했다. 그러나 이것은 피부색이나 인종, 다른 문화와는 상관이 없었다.

만약 목회자가 정당하지 않은 성경적인 근거로 국제결혼에 대해서 부정적으로 말한다면, 그들은 우리 사회에 만연한 불평등을 조장하는 데 일조하게 될 것이다. 만약 우리가 스스로에게 정직하다면, 우리가 국제결혼을 반대하는 이유는 다른 것이 아닌 피부색 때문이라는 사실을 인정할 것이다. 한마디로 우리와 다르기 때문이다. 목회자가 국제결혼을 하는 부부에게 분명히 이야기해 주면 좋겠다. 국제결혼은 분명히 서로 다른 두 문화가 만나는 것이고, 그로 인해서 많은 갈등이 생기는 것이 필연적이지만, 그들이 가지고 있는 문제는 절대로 인종과는 아무런 관계가 없다는 것이다. 한국 사회도 지금

다문화가정으로 인해 몸살을 앓고 있다. 우리는 스스로 단일민족이라는 것을 내세우면서 얼마나 다른 민족의 사람들을 업신여기고 있는가? 한국 사회는 이런 의미에서 반성해야 한다.

둘째, 국제결혼의 중심에는 문화적인 혼합(cultural mixing)이 있다는 점을 알아야 한다. 대부분의 유대인은 그들의 공동체를 순수하게 지키기 위해서 국제결혼을 허락하지 않는다. 그들은 그들 자신의 문화와 믿음의 전통이 희석될 것을 염려해서 국제결혼을 반대한다. 하지만 오늘날 우리가 살아가는 문화와 방식은 변화하고 있다. Litonjua가 말했듯이, "우리가 살아가는 장은 더 이상 지역적이지 않고 글로벌하다."[38] 세상 어디를 가든지 그곳에서 문화적인 다양성을 만난다. 국가 간 상품과 자원을 나누고 서로가 서로를 통해서 배운다. 미국 사람이 한국 사람이 만든 스마트폰을 가지고 다니고, 우리가 만든 TV로 미국 뉴스를 본다. 세상 어디를 가도 코카콜라와 나이키를 볼 수 있다. 세계 사람들이 일본 사람이 만든 카메라로 사진을 찍는다.

게다가 우리는 신학적인 조명 아래에서 문화적 혼합을 이해할 필요가 있다. 성경에는 차이를 배제하지 말고 받아들이라고 장려하는 구절이 많다. 예를 들면, 오순절날 하나님이 제자들 위에 성령을 부으셨을 때, 그들은 서로 다른 언어로 하나님의 위대한 역사를 말하기 시작했다(사도행전 2장). 이 사건은 이방인들조차도 그들 자신의 언어로 복음을 듣고 그리스도의 몸으로 받아들여질 수 있다는 하나

---

38) M. D. Litonjua (1999), p. 210.

님의 계획을 보여 준다. 사도 요한 또한 모든 민족과 족속과 언어를 가진 사람들이 하나님의 보좌 앞에 함께 서 있는 환상을 보았다(요한계시록 7장 9절).

이 모든 것을 볼 때, 하나님은 그의 이름을 위해서 그리스도 안에서 하나된 모든 민족을 구원하시기를 원하신다. 성경은 갈라디아서 3장 28절, 골로새서 3장 11절, 로마서 10장 12-13절에서 구원은 남자나 여자, 유대인이나 헬라인 사이에 아무런 차이가 없다고 밝히고 있다. 그리스도 안에서 사람들을 구분하는 모든 장벽은 무너졌다. 그리스도 안에서 우리는 하나이고, 우리는 같은 목적—우리를 만든 그리스도를 위해서 사는 것—을 가지고 있다. 이렇듯 그리스도 안에서 하나가 되었다는 것은 결혼을 이해하는 데 있어 핵심이다. 이것은 국제결혼에서도 마찬가지다.

사도 바울은 고린도후서 6장 14절에서 "믿지 않는 자와 멍에를 함께 매지 마라……."고 했다. 다시 말하지만, 이 말은 인종과는 아무런 관계가 없다. 즉, 기독교인은 기독교인과 결혼하는 것이 우선이라는 것을 강조하는 것이다. 슬프게도, 여전히 많은 기독교인에게는 같은 신앙을 가진 배우자를 찾는 것이 더 중요한데도 다른 인종과의 결혼을 반대하는 것이 더 급선무인 것처럼 보인다. 기독교인이 믿지 않는 자와 결혼을 하는 것은 결혼 안에서 하나 되는 것을 무시하는 행위다. 이것은 나중에 그들의 결혼생활을 아주 힘들게 하는 요인으로 반드시 작용한다. 그러므로 신학적으로 볼 때 국제결혼을 이해하는 데 있어 서로 다른 인종 간의 결합은 중요한 이슈가 아니다.

　신학적으로 국제결혼은 두 문화의 사람 사이에 화해를 만들어 내는 수단이 될 수도 있다. 하지만 우리 사회가 국제결혼을 완전히 받아들이기까지는 아직 갈 길이 먼 것처럼 보인다. 하지만 하나님은 예수 그리스도의 십자가를 통해서 사람들 사이를 나누는 벽을 무너뜨리셨다. 그리스도 안에서 우리 모두는 하나다. 그리스도 안에서 모든 문화는 통한다. 이것을 믿는다면, 서로 다른 문화의 사람들을 바라보는 우리의 시선과 태도는 분명히 달라질 것이다.

　한 가지 더 지적하고 싶은 것은 국제결혼의 현실, 즉 여성이 당하는 억압, 불평등, 어려움이다. 현실적으로, 심지어 미국에 살면서 미국 남성과 결혼한 한국 여성의 경우도 한국 남성과 결혼한 한국 여성이 겪는 것과 똑같은 정도의 가부장적이고 수직적인 불평등을 경험한다. 일부 미국 남성은 한국 여성은 순종적이고 온순하고 희생적이라는 고정관념을 가지고 결혼생활을 시작한다. 한 한국 여성이 이렇게 말하는 것을 들은 적이 있다. "제 미국인 남편은 한국 남자와 똑같아요. 제 아버지의 모습과 꼭 닮았어요. 저는 그런 제 남편이 미워요." 반대로 한국 여성이 미국 남성과의 결혼생활이 평등하고 수평적이고 상호적이며 서로의 의견을 자유롭게 나누고 받아들일 수 있다는 식의 고정관념을 가지고 결혼을 하면 그녀 또한 이러한 기대감이 무너질 때 배신감을 느끼게 될 것이다.

　저자가 미국생활을 하면서 만난 적이 있는 한 미국 남성은 독재적인 파워를 휘두르면서 한국 아내의 문화적 배경을 무시하는 언행을 했다. 그는 한국 여성이 그녀 자신의 문화를 누리면서 살아가는 것을 억압했다. 심지어 자녀들에게 한국말을 가르치는 것을 반대하고 한국 문화에 대해서 혐오스럽게 말했다. 이것은 자녀들 앞에서 한국 여성의 문화적 배경과 유산을 완전히 짓밟는 행위였다. 그 자녀들이 자라면서 어떤 생각을 가지겠는가? 어머니의 문화적 배경에 대해서 부정적이고 미개한 문화라고 생각하지 않겠는가? 더 심하게, 어떤 미국인 남편은 한국 아내가 그녀의 가족을 만나는 것을 공개적으로 싫어하는 모습을 보이기도 한다. 또한 순종적이고 희생적인 한국 여성을 기대했는데 반대로 강하고 개인주의적인 한국 여성을 만난 미국 남성이 느끼는 배신감도 있을 것이다. 국제결혼 안에 이러한 모습이 보이면 그 부부는 서로 간의 문화적 차이에 적응하는 것에 더해서 이러한 힘 겨루기로 인해 힘들어하게 될 것이다.

이러한 이유로, 목회자나 목회상담자는 국제결혼에서 남편이 아내를 향해 지배적인 모습을 나타내는 신호를 잘 알아차려야 한다. 이는 나중에 이혼으로 이어질 수도 있기 때문이다. 목회상담자는 결혼 안에 정의, 평등, 화해와 사랑이 있는지 확인하고, 그것이 자라도록 격려해 주어야 한다. 국제결혼 부부들이 결혼생활 속에서 하나님의 무조건적인 사랑, 은혜, 용서, 적극적인 수용을 발견하도록 도와주어야 한다.

셋째, 목회자와 목회상담자는 상담을 진행할 때 문화적인 중립(neutrality)은 존재하지 않는다는 것을 반드시 이해해야 한다. 다른 말로 하면 가족, 문화, 공동체에 대해서 목회자 스스로가 가지고 있는 가치가 있다. 목회자는 그가 가진 가치가 무엇인지 분명히 인식해야 하고, 건강한 관계 안에서 문화적 다양성을 허용할 수 있어야 한다. 예를 들면, 미국 사회에서는 처갓집이 개인 가정 일에 깊이 관여하려고 하는 것을 아주 부정적인 침입으로 여긴다. 하지만 한국에서는 그것이 당연하게 받아들여지기도 한다. 목회자는 국제결혼을 한 부부를 상담할 때 그들에게 가지고 있는 편견이 있을 수 있다. 목회자는 그러한 편견을 내려놓고 먼저 부부의 문화를 이해하고 그들이 바라보는 세상을 이해할 수 있어야 한다. 부부의 문화에서 어떤 것이 받아들여지고, 어떤 것이 거부되는지를 잘 살펴보아야 한다. 그리고 그 문화를 다루는 방법을 배워야 한다. 그래야 그들을 도와서 함께 사역할 수 있다. 궁극적으로 목회자는 마음을 열어서 국제결혼 부부가 가지고 있는 문제들을 부부의 관점에서 볼 수 있어야 한다. 그때 목회자 자신이 가지고 있는 문화적인 가치나 신념은 잠깐 옆으로 제쳐 두어야 한다.

게다가 목회상담자는 국제결혼 부부 각자가 가지고 있는 기대가 무엇인지 잘 살펴보아야 한다. 만약에 기대의 차이가 충분히 고려되지 않으면 그들의 갈등은 점점 깊어질 것이다. 각자가 가진 기대가 얼마나 차이가 있는지 살펴보도록 도와주어야 한다.

넷째, 목회상담자는 정서적으로 얽매일 필요는 없지만 국제결혼 부부들과 정서적으로 연결되어야만 한다. 내담자들이 상담자와의 관계에서 안정감을 느끼고 이해받은 느낌을 가지고 확신이 있고 애정을 갖는다면, 상담자가 내담자의 문제에 깊이 들어오도록 도와줄 것이고, 또 그 문제를 스스로의 힘으로 풀어 보려고 노력할 것이다. 이것은 상담자가 한국 여성을 도울 때 신경 써야 하는 부분이다. 한국 여성은 오랫동안 차별을 받아 온 피해자이기 때문이다. 특히 미국에 살고 있는 한국 여성이 부부의 문제 때문에 상담자를 찾아온 경우, 언어의 장벽과 문화의 차이와 부부간의 갈등으로 인해서 피해자로서 살아가고 있을 가능성이 많다. 상담자는 국제결혼을 한 한국 여성이 처해 있는 현실을 바라보도록 돕고, 그녀가 현실을 회피하거나 자신을 억압하지 않으면서 이겨 내고, 가능한 한 피해자의 관계에서 벗어나면서 그녀가 처해 있는 환경을 변화시키도록 도와주어야 한다.

이때 상담자가 국제결혼 부부를 효과적으로 돕기 위해서 이중언어를 하는 것은 아주 중요하다. 혹시 부부가 서로 언어의 장벽으로 인해서 소통의 어려움을 겪고 있을 때, 상담자가 충분히 이해한 사실을 전달해 줄 수 있다. Ho는 상담자가 한 가지 언어를 하는 것에 대해서 아주 정확하게 지적하고 있다.

> 만약 한 파트너가 영어가 모국어가 아니고 상담자와 다른 파트너는 영어가 모국어라면, 그것은 영어가 모국어가 아닌 사람에게는 아주 불리한 일이다. 상담자와 한 파트너가 영어를 편안하게 사용하면서 생기는 연합은 만족스럽지 못한 삼각관계를 만든다. 더 나아가 한 파트너가 영어를 완벽하게 구사하지 못하면 상담자가 잘못 이해해서 그 파트너의 문제를 잘못 진단할 수 있고 왜곡된 시각으로 부부의 문제를 볼 수 있다. 그러므로 만약 부부의 언어가 서로 다르다면, 상담자는 부부가 사용하는 언어를 둘 다 사용할 수 있는 치료자에게 의뢰를 하는 것이 좋다.[39]

다섯째, Joseph Harris가 제안하듯이 국제결혼 부부를 상담할 때

---

39) M. K. Ho (1990), p. 9.

목회상담자는 신학적인 기반이 있는 접근법을 사용해야 한다.[40] 목회자나 목회상담자는 결혼과 가족관계에 대한 성경적인 의미에 대해서 말할 수 있도록 준비해야 한다. 성경에 따르면 결혼은 모든 사람이 존중해야 하는 것이다(히브리서 13장 4절). 예수님은 결혼이 영구적인 관계라고 하셨다(마태복음 19장 6절). 그것은 하나님이 친히 만드셨기 때문이다(창세기 2장 18-24절).

국제결혼 부부가 성경에서 나타나는 결혼관계의 중요성을 이해할 수 있다면, 그들이 인종의 차이나 문화 혹은 언어의 차이 때문에 결혼 안에 건강하지 못한 것이 있다는 잘못된 생각을 버릴 수 있을 것이다. 성경 어느 곳을 찾아봐도 국제결혼이 하나님 앞에서 덜 존귀하다는 말은 없다. 국제결혼 부부가 가지는 문제는 세상의 모든 부부가 가지고 있음을 아는 것은, 그들의 결혼이 평범하지 않기 때문에 그들이 더 많은 문제를 가지고 있다고 생각하는 것을 막아 줄 수 있다.

실제적으로 상담을 해 보면, 내가 가진 문제가 나 혼자만의 문제가 아니라는 것을 알게 되는 것은 위안을 준다. 한 장로님은 갑자기 찾아온 녹내장으로 인해서 심한 스트레스를 받았다. 장로님은 어느 날 일어나 보니 한쪽 눈에 번개가 치고 까만 점들이 돌아다녀서 앞을 보는 것을 힘들어 했고, 너무 갑작스러운 일이라 급히 안과를 찾아갔다. 안과로 가는 내내 너무 마음이 힘들어서 숨을 제대로 쉴 수 없는 지경이었다. 찾아간 안과 의사는 장로님과 나이가 비슷하고 그

---

40) J. Harris (1987), p. 113.

분야에서 최고로 알려진 분이었다. 그리고 그 안과 의사의 다음과 같은 말을 듣고 위로를 받았다고 한다. "나도 2년 전부터 이런 현상을 경험하고 있어요. 처방한 약을 드시고 조금 경과를 지켜봅시다." 장로님은 그 유명한 안과 의사와 같은 경험을 하고 있다는 사실을 아는 것만으로도 큰 위로가 되었다고 한다. 이처럼 내가 가진 문제가 나만의 문제가 아니라 다른 사람도 갖고 있는 문제라는 사실을 알게 되는 것은 우리의 마음을 다지는 데 중요한 작용을 한다. 내 옆에 있는 사람도 같은 문제로 고민하고 있다는 사실을 기억하라. 나 혼자가 아니라는 사실을 기억하는 것만으로도 힘이 될 것이다.

앞에서 언급했지만, 삼각관계는 늘 부정적인 것이 아니며, 신학적으로 긍정적으로 이해할 수 있다. James David는 Bowen이 말한 삼각관계를 재미있게 사용해서 결혼관계의 유대를 강화시키는 데 도움이 되는 것을 제안했다.[41] 그에 따르면, "부부관계 안에 그리스도를 중심에 두면 둘수록 서로에 대한 헌신을 잘 유지하게 될 가능성이 커진다."[42] 삼각관계 안에 들어올 수 있는 제삼자는 어떤 사람이거나 어떠한 것이 될 수 있다. 예를 들면, 복자가 선택한 제삼자는 장남인 톰과 그녀의 친구들이었다. 빈센트의 경우는 일과 그의 친구들과 놀러가는 것이었다. 두 사람의 결혼생활은 이 제삼자들에 의해서 유지되었다고 해도 과언이 아니다. 하지만 David는 이러한 관계들을 끌어들여서 결혼관계를 유지하는 것은 기독교인 부부에

---

41) J. R. David (1979), p. 259.

42) Ibid., p. 259.

게는 옳지 않다고 했다. 왜냐하면 그들은 예수님과 친밀한 사랑의 관계로 살아가는 그분의 제자로, 그분을 나타내는 심벌로, 즉 교회로 살아가도록 부름을 받았기 때문이다(에베소서 5장 25-26절).[43] 기독교인 부부는 예수 그리스도를 제삼자로 그들의 삼각관계 안에 모실 수 있다.

복자의 경우, 결혼생활을 하면서 경험한 어려움, 원가족으로부터 받은 거절감, 그 모든 갈등을 장남인 톰이나 다른 사람들에게 쏟아 내기보다, 우리의 영원한 상담자가 되시는 예수 그리스도에게 쏟아 낼 수 있다. 예수 그리스도와의 관계가 깊어지면 그녀의 남편과 가족들과의 관계는 깊어질 수 있다. 그녀가 오랫동안 힘들어했던 융합과 연결 사이의 균형을 맞출 수가 있다.

그런데 부부관계 안에 어려움이 있을 때 그것을 신앙으로만 이기려고 하는 것도 문제가 된다. 물론 신앙이 부부관계를 해결하는 데 도움이 될 것이다. 하지만 상대방은 아예 무시하고, 신앙으로 자신의 문제에 빠져 들어가는 사람들이 있다. 배우자와의 관계는 안중에 없고, 오직 하나님과의 관계 속에서 혼자 즐거워하고 혼자 은혜받고 살아간다. 그러면서 가정은 내던져 버린다. 이런 경우는 극단적이지만 아주 파괴적이다. 앞에서 언급했지만 예수 그리스도를 부부 안에 제삼자로 모시면, 거기에 파생되는 결과는 부부관계가 더 가까워진다. 예수 그리스도를 관계의 중심에 모셨는데도 서로의 관계가 더 멀어진다면 신앙이 뭔가 잘못되었을 것이다. 예수 그리스도는 우리

---

43) Ibid., p. 261.

로 연합하게 한다. 우리로 이해하고 서로의 짐을 지게 한다. 예수 그리스도는 서로를 용서하게 한다. 두 사람의 눈이 예수 그리스도에게 맞추어질수록 두 사람의 관계는 더 친밀해진다. 저자가 결혼예비교실을 인도하면서 예비부부에게 강조하는 것이 있다. "나보다 예수님을 더 사랑하는 사람을 만나는 것이 축복입니다. 왜냐하면 예수님을 가장 사랑하는 사람은 당신을 최고로 사랑해 줄 바로 그 사람이기 때문입니다." 예수 그리스도를 가정의 중심에 모시고 사는 것은 가장 큰 축복이고 선물이다. 예수 그리스도가 우리의 제삼자가 되게 하라. 이것은 건강한 삼각관계다.

마지막으로 언급하고 넘어가고 싶은 것이 있다. 한국 사람은 특히 상담을 받는 것을 아주 어렵게 생각한다. 마치 공동체에서 자신이 정신병자로 낙인찍힐까 봐 두려워한다. 자신의 문제를 누군가에게 말하면 자신의 체면이 구겨진다고 생각한다. 그렇기에 상담을 받는 것을 끔찍하게 생각한다. 그래서 무조건 상담을 받으러 오라고 말하는 대신, 그들이 찾아오기 쉬운 방법을 선택하는 것은 어떨까? 예를 들어, 한국 사람은 교육받는 것, 수료증을 받는 것에 높은 가치를 부여하기 때문에 교회에서나 지역사회에서 상담 대신 세미나 교육을 열어 주는 것도 좋은 방법일 것이다. 세미나를 하면서 원가족과 그들이 미치는 영향에 대해서 말해 주고, 부부관계 안에 건강한 경계를 세우는 법을 알려 주고, 각자의 차이점을 알고 그것을 이해하도록 가르쳐 주고, 서로가 소통하는 방법을 보여 주고, 좋은 의사소통 패턴을 가르쳐 주고, 어떻게 자녀들을 신앙 안에서 양육하는지 보여 준다면 상담보다 더 좋은 효과를 볼 수 있을 것이다.

　다음 장에서는 한국의 문화적 상황과 한국 교회의 가르침이 한국
여성의 자기희생에 어떤 영향을 미쳤는지를 살펴볼 것이다. 평등한
상황 속에서 사랑과 존경에 기초를 둔 관계의 모델을 제시함으로써
한국 여성에게 폭넓은 시야를 갖게 하여 자신이 하고 있는 희생을
보게 도와주고, 가족관계에서 그리고 믿음의 공동체 안에서 자신을
더욱더 사랑하고 존경하도록 도와줄 수 있을 것이다.

제3장
자기희생과 성적 불평등

　Carol Lakey Hess는 기독교 신학이 자기희생과 자기부인만을 강
조한다면 개인의 성장, 특히 여성의 성장을 방해하게 될 것이라고
주장한다.[1] 기독교 전통은 빈번히 교만을 죄라고 말하고 자신을 부
인하는 것을 최고의 미덕이라고 강조해 왔다. 이러한 기독교의 가르
침 안에서 여성은 자라면서 남성의 권위에 복종하고 다른 사람의 필
요를 돌보기 위해서 자신을 희생하도록 권고받아 왔다. 특히 믿음의
공동체 안에서 여성의 자기희생과 자기부인은 칭찬받을 만한 일이
고 상을 받아야 하는 덕목으로 강화되어 왔다. 결과적으로, 이러한
기독교의 가르침 안에서 여성들은 사회적으로 자신을 부인하는 위

---

1) C. L. Hess (1997), p. 55.

치에 놓이게 되었고, 그 가르침이 강조하는 미덕을 보여 주는 특권 (?)을 누려야 했다. 물론 자신을 희생하는 것—가족을 위해서 친구 관계를 위해서, 사회적인 관계를 유지하기 위해서—은 기독교인이 추구해야 할 최고의 미덕임을 부인하는 사람은 아무도 없을 것이다. 하지만 이러한 희생이 자발적이고 기쁨으로 섬기는 것이 아니라 일 방적으로 한쪽에게만 주어지고 강제적으로 부과된 의무라면 재고해 보아야 할 것이다.

교회는 흔히 에베소서 5장을 인용하면서 아내는 남편에게 복종하고 권위에 순종하고 다른 사람의 필요를 돌보며 타인을 위해서 자발적으로 자신을 희생하도록 가르쳐 왔다.[2] 유교의 가부장적 문화 속에서 이미 억압을 당하는 여성에게는 기독교의 가르침이 희생을 더 강조하는 것 같다. 남편에게 조용히 순종하는 것이 여성의 가장 덕스러운 행동이고 성경적인 행동이며 하나님의 뜻에 순종하는 행동이라고 배워 왔다.

한국의 가부장적인 문화 속에서 여성은 인격이 아닌 역할로서 자신을 평가하고 평가받아 왔다. 이러한 양상은 교회에서도 쉽게 찾아볼 수 있다. 예를 들면, 한국 여성은 가정에서 배우자와 자녀에게 모든 시간과 에너지를 쏟고 심지어 교회에 와서도 식당 봉사를 비롯해 힘든 일을 도맡아서 하고 있는데, 정작 자기 자신의 필요와 소망을 다루는 것에 대해서는 죄책감을 느끼고, 자신을 어떻게 돌보

---

2) "아내들이여 자기 남편에게 복종하기를 주께 하듯 하라. 이는 남편이 아내의 머리 됨이 그리스도께서 교회의 머리 됨과 같으니라……." (에베소서 5장 22–23절)

는지는 들어보지도 못하고 배워 보지도 못했다. 그러면서 그렇게 희생하는 것이 자기 자신의 십자가를 지고 가는 것이고, 그 길이 예수 그리스도께 더 가까이 가는 길이라고 믿었다. 그렇게 살아가는 것만이 예수님께 자신의 헌신과 사랑을 보여 주는 것이라고 믿었다. 인내와 참음, 순종, 자기부인을 통해서 예수님의 용서를 경험하고 그분에게 상을 받을 수 있다고 믿었다.

여기서 이런 질문을 던져 보면 어떨까? 혹시 교회나 목회자가 여성이 그렇게 살도록 격려하고 수동적으로 자신의 자리를 받아들이도록, 그래서 피해자로 쭉 살아가도록, 내면적으로 고통을 받으면서 참아 가도록 내버려 둔 것은 아닐까? 만약 이러한 희생과 인내가 주님께 더 가까이 가는 것이라면 왜 남성에게는 여성에게 강조하는 만큼 이러한 희생을 강조하지 않는가? 왜 남성에게는 자기희생에 대해서 그렇게 강조하지 않는가?

물론 자신을 비우고 자신을 희생하는 것은 기독교인의 미덕이다. 그렇게 하면 다른 사람에게 유익이 되고, 자신의 삶이 더 풍성해지기도 한다. 하지만 그 희생이 자발적이 아닌 수동적인 받아들임이 된다면 문제인 것이다. 자신의 고통을 받아들여야 하고 자신을 희생해서 다른 사람의 필요를 채워야 한다면, 그것 말고는 다른 길이 없다면 이것은 절대로 자신을 풍성하게 하는 일이 아닐 것이다. 그것은 오히려 힘이 있는 자들이 자신의 권력을 유지할 수 있는 패턴을 형성하게 만드는 것이 될 것이다.

만약 기독교의 가르침에 따라 여성의 자기부인과 자기희생이 일방적으로 강조된다면, 교회와 목회자는 여성 신도들이 자신의 가치와 건강한 정체성을 가지도록 돕는 데 완전히 실패했다는 사실을 인정해야 할 것이다.

Kurt Remele는 자기희생, 자아를 미워하는 것, 자기를 비우는 것에 대해서 지나치게 강조하고 있는 전통적인 기독교 영성에 대해서 강하게 비판하면서 이런 자기학대적인 자기부인에 대한 책임은 신경증적 성격 구조를 가진 가톨릭 사제들에게 있다고 비난하기도 했다.[3] 그는 자신의 환자들을 통해서 권위주의적 구조에 무조건 순종하는 것은 종교 공동체에서 개인의 진짜 감정에 소홀하게 하고 스스로를 돌보는 것을 약화시키고 개인적인 성장을 막는다는 사실을 알게 되었다.[4] 이러한 종류의 자기희생과 자기부인은 개인의 삶의 힘을 다 빼앗아 가고, 삶에 대한 책임을 지지 못하게 하고, 자유와 진정성 안에서 성장하는 기회를 박탈한다. 다른 말로 하면, 자신을 돌보지 못하는 사람은 다른 사람을 돌볼 수 없다는 것과 같다. 내가 살아야 다른 사람도 살릴 수 있다. 내가 숨을 쉬어야 다른 사람을 숨 쉬게 할 수 있다. 내가 숨을 쉬지 못하고 다른 사람을 돌보러 다니다가는 둘 다 죽는다.

책에서 다음의 이야기를 읽은 적이 있다. 비행기를 탔을 때 일이다. 비행기가 출발하기 전에 안내방송이 나왔다. "위급 상황 시 산소마스크가 선반에서 떨어질 것입니다. 그런데 반드시 자신이 먼저 산소 마스크를 쓰고 그다음에 함께 여행하는 노약자들을 도와주세

---

3) K. Remele (1997), p. 19.
4) Ibid., p. 20.

요." 처음에 이 말은 아주 이기적인 것으로 들렸다. 옆에 있는 노약자부터 먼저 도와주어야 하는 것이 도리가 아닌가? 어떻게 나부터 산소 마스크를 쓰란 말인가? 하지만 그 책의 저자는 산소 마스크는 반드시 내가 먼저 써야 한다고 주장했다. 내가 먼저 산소 마스크를 써야 옆에 있는 사람을 도와줄 수 있기 때문이다. 맞다. 이 말에는 영적인 의미가 담겨 있다. 나를 돌보는 것은 이기적인 것이 아니다. 나를 돌보는 것은 남을 돌보지 않는 것이 아니다. 나를 돌보는 이유는 다른 사람을 돌보기 위함이다. 내가 산소 마스크를 먼저 써야 하는 이유도 바로 내 옆에 있는 사람을 가장 효과적으로 돕기 위함이다. 예수님도 내 몸을 사랑하는 것처럼 다른 사람을 사랑하라고 분명하게 말씀하셨다.[5] 나를 사랑하지 않는 사람은 다른 사람을 사랑할 수 없다.

다른 사람을 섬기는 리더십도 중요하지만 요즘 시대에는 자기 리더십(self leadership)이 중요하다. 자신의 필요를 돌아보고 자신의 약점과 강점을 돌아보는 시간이 반드시 필요하다. 자신을 위해서 휴식을 취하는 것은 단순히 노는 것이 아니고 새로운 창조와 돌봄을 위해서 준비하는 것이기 때문이다. 이런 의미에서 자기관리는 절대로 이기적인 것이 아니다. 훌륭한 바이올린 연주자는 연주한 후에 반드시 현을 풀어 둔다고 한다. 우리에게도 이런 긴장을 해소할 수 있는 시간이 필요하다. 목회자나 사람들을 대하는 직업을 가진 이는 스스로를 돌보지 않으면 안 된다. 그렇지 않으면 신체적·감정적 소진이

---

5) 마태복음 22장 39절, 마가복음 12장 31절, 누가복음 10장 27절을 참조하라.

일어나고 그로 인해 사람들을 기계적·비인격적으로 대하게 된다. 그리고 타인들의 마음에 공감하기 힘들어지고 사람들과의 진정한 소통을 피하게 된다. 그렇게 되면 그러한 자신의 태도에 대해서 힘들어하고 스트레스를 받게 되며, 죄책감, 수치감, 자괴감에 빠지기 쉽다. 그리하여 스스로를 실패자라고 생각하고, 일에 대해서도 점점 자신이 없어진다. 이러한 일들이 계속해서 악순환된다.

자기 자신에게 물어보아야 한다. 나는 다른 사람들로부터 받고 있는가? 나는 나 자신의 필요를 채우고 있는가? 나는 나의 충만한 부분을 다른 사람과 나누고 있는가? 자기돌봄은 단지 나의 필요를 채우는 것으로 끝나지 않는다. 건강한 자기돌봄은 반드시 다른 사람으로 향하고, 다른 사람에게 나누어 주는 것으로 끝난다. 내가 건강하면 더 많은 것을 나누어 줄 수 있다. 반대로 내가 건강하지 않으면 나누어 줄 것이 하나도 없다. 내가 건강하지 않으면 나 자신을 넘어서 다른 사람에게 손을 내밀 수가 없다.

다시 말하지만, 자기돌봄은 절대로 이기적이지 않다. 예수님도 마태복음 22장 37-39절에서 분명히 말씀하셨다. "네 마음을 다하고 네 목숨을 다하고 네 뜻을 다하여 주 너의 하나님을 사랑하라. 그리고 네 이웃을 네 몸과 같이 사랑하라." 우리는 예수님의 이 명령을 두 가지로 요약할 수 있다. 하나는 하나님 사랑이고, 다른 하나는 이웃 사랑이다. 하지만 그 안에는 하나의 명령이 더 있다. 그것은 바로 '네 몸과 같이'다. 자신을 사랑하는 것은 예수님의 명령에 포함되어 있다. 예수님은 하나님을 진정으로 섬기고 사랑하고 다른 사람들을 사랑하고 그들의 삶에 변화를 일으키고 싶거든 자기 자신을 살펴보라고 말씀하신다. 자신을 사랑하라는 말은 자신만을 사랑하고 자신만을 강조하라는 이 시대 문화의 이야기와는 다르다. 자기의 이기심을 정당화하라는 말이 아니다. 오히려 그 반대다. 즉, 자신을 사랑하라는 말은 자신을 먼저 돌보고 사랑해야 주변 사람들에게 건강한 영향을 미칠 수 있다는 것이다. 이런 말을 들어본 적이 있는가? 나 자신을 사랑하지 못하는 사람이 어찌 다른 사람을 사랑할 수 있다는 말인가? 이런 사람은 오히려 관계에 악영향을 끼칠 수 있다.

시카고 윌로우크릭 교회의 Bill Hybels 목사의 이야기가 생각이 난다. "여러분이 교회에 줄 수 있는 최고의 선물은 건강하고, 에너지가 가득하고, 온전히 헌신된 여러분 자신이며 그것은 오직 여러분 스스로가 만들어 내야 하는 것입니다." 이 말에 전적으로 동감한다. 이 일은 중요한 일이다. 이 일은 나 스스로가 해야만 하며 누군가 대신해 줄 수 없다. 이런 면에서 탈진은 하나의 사건이 아니라 오랜 시간 진행된 나의 선택인 것이다.

다시 본론으로 돌아가 보자. 만약 여성이 자신에 대해서 알지만, 자신을 사랑하는 방법을 모른다면, 여성은 어떻게 다른 사람을 사랑해야 한다고 강요당할 수 있는가? 만약 여성이 자신이 누구인지, 자신의 필요가 무엇인지 모른다면 어떻게 다른 사람의 필요를 볼 수 있겠는가? 여성들이 자신의 필요를 모른 채 다른 사람의 필요를 돌봐야 하고 다른 사람을 기쁘게 해야 한다고 하는 것은 너무나 아이러니한 일이 아닌가? 이런 의미에서, 기독교의 가르침 안에 여성의 건강한 자기발달에 잠재적으로 위험하고 파괴적인 메시지가 존재할 수 있다는 사실을 깊이 생각해 보아야 한다. 자기부인과 자기희생에 대한 지나친 강조는 여성의 영적 발달에 해로운 장애물이 될 수 있다. 극단적으로 말한다면, 그것은 영적인 학대일 수도 있다.

그렇다면 기독교 신학과 가르침이 여성의 자기희생과 자기부인의 개념에 어떤 영향을 미치고 있는지 한번 살펴볼 필요가 있다. 자기희생과 관련하여 여성은 어떤 부정적인 영향을 받았는가? 이러한 질문은 목회자나 목회상담자라면 반드시 해야 하는 질문이다.

이 장에서는 기독교 공동체 안에서 보이는 부정적이고 어두운 자기희생의 개념을 살펴보려고 한다. 특히 여성에게 주어진 부정적인 의미의 자기희생과 여성이 스스로를 어떻게 성장시킬 수 있는가에 초점을 맞추려고 한다. 또한 한국 여성의 자기희생 문제와 관련해서 문화적인 배경을 다루고, 그것이 가정과 믿음의 공동체에 어떤 부정적인 영향을 미쳤는가를 다룰 것이다.

1장에서 한국의 가부장적이고 수직적인 유교 문화에 대해서 다룬 것처럼, 역사적으로 한국 여성은 가정, 특히 남성을 위해서 자신의 필요와 바람과 갈망을 포기하고 타인을 위해서 완전히 희생해야 한다는 교육을 받고 자라 왔다. 이러한 한국 문화에 대해서 논의하면서, 더 나아가 유교 사회의 특징과 한국인이 가지고 있는 독특한 정서인 '한'에 대해서 살펴보려고 한다. 그리고 한국의 목회자나 목회상담자가 어떻게 한국 여성을 도와줄 수 있는가, 특히 한 맺힌 인생을 살아온 여성이 긍정적으로 그들의 삶을 어떻게 재조정하도록 도와줄 수 있는가를 생각해 보려고 한다.

이러한 이슈들을 고려하면서 자기희생이나 자기부인이라는 현상이 사회적·심리적·문화적 수준에서 논의되어야 한다는 사실은 자명하다. 하지만 지면관계상 이 장에서는 문화적이고 신학적인 면에서 여성의 자기희생에 대해서만 다루려고 한다. 어떻게 문화적·신학적 전통이 여성의 자기희생과 자기부인을 이해하는 데 도움이 되는지를 다루고자 한다. 결론적으로, 목회자와 목회상담가 여성이 가정과 믿음의 공동체 안에서 어떻게 자신을 찾고 자존감을 회복하도록 도울 수 있는지에 대해서 신학적이고 실제적인 제안을 하고자 한다.

기독교 가르침이 여성의 자기희생과 자기부인에 끼친 영향

기독교에서는 종종 아내에게 남편의 권위에 복종하고, 자기를 희생하고, 자신을 부인하는 것이 기독교가 말하는 이상적인 목표라고 가르쳐 왔다. 그리스도의 고통을 지는 것은 자신의 고통을 지는 것뿐만 아니라 다른 사람의 고통을 같이 지는 것이기 때문에, 자기 자신의 가치와 자신에 대한 염려를 제쳐 두고 스스로를 완전히 다 비워서 다른 사람에게 주는 것이 당연하다는 것이다.

하지만 이러한 가르침은 섬김의 한쪽 면만을 강조한 것이다. Gill-Austern은 여성으로서 그리고 기독교인으로서 여성 신도들의 정체성은 자기부인과 자기희생이 그리스도의 사랑의 속성이라는 신학적 전통에 의해서 빚어져 왔다고 주장한다.[6] 그녀는 사랑과 자기희생, 자기부인, 자기를 버리는 것이 동일한 것이라고 말한다면

기독교 신학은 여성의 심리학적·영적·신체적 건강을 해치는 요
인이 된다고 주장한다.[7] 그녀가 말한 대로 우리가 추구하는 사랑이
무조건적으로 자신을 포기하고 버리는 것이라고 주장한다면 오히
려 진정한 기독교에서 말하는 사랑과 정반대의 결과를 낳을 것이다.

자기희생과 자기부인이 여성의 삶에 행복과 만족과 기쁨을 가져
다준다는 것은 명백한 사실이다. 많은 여성이 자신의 삶을 내어 줌
으로써 자신보다 더 넓은 삶의 목적과 이유를 발견하고 만족해한다.
그런데 만약 그것이 다른 사람에 의해서 일방적으로 주어진 것이라
면, 즉 수동적으로 주어진 자신의 역할을 감당하면서 자신을 희생해
야만 자신의 삶이 온전해 진다고 믿는다면, 그것은 옳지 않을 것이
다. 이러한 삶은 여성에게 엄청난 스트레스만을 안겨다 줄 것이다.
다른 사람을 기쁘게 하는 일을 감당하면서 그들은 더욱더 우울해져
갈 것이다. 그들의 내면에 분노를 쌓아 두면서 살아가게 될 것이다.
이것은 결코 건강한 자기희생과 자기부인의 모습이 아니다.

Valerie Saiving은 심지어 자기부인과 자기희생이 여성이 짓는 죄
라고까지 말했다.[8] 물론 이것은 심하고 과장되게 표현된 말이다. 하
지만 자신이 파괴되어 가는 것을 인내하면서 계속해서 희생하는 역
할을 해야 할 처지에 놓여 있다면, 자기부인과 자기희생은 자신에게
죄를 짓는 것이고, 더 나아가 다른 사람에게도 죄를 짓는 것과도 같
을 것이다. 다른 사람을 섬기는 것이 자발적인 기쁨이 되지 못하고

---

6) B. L. Gill-Autern (1996), p. 308.

7) Ibid., p. 304.

8) V. Saiving (1992), p. 37.

강제적이고 수동적으로 강요된다면, 그리고 그 사회가 섬기는 자와 섬김을 받는 자의 역할을 나누어서 섬기는 자에게 그 역할만을 강요한다면 이것은 섬김이 아닌 착취의 행위가 될 것이다. 이런 의미에서 Hess는 여성들이 자신을 포기하고 다른 사람의 필요에 던지는 방식으로 자신을 내어 준다면(giving up oneself) 그 행위로 인해서 여성은 유죄가 된다고까지 말한다.[9]

Kierkegaard에 따르면 여성은 본성상 다른 사람에게 헌신하고 타인을 위해서 자신을 버린다.[10] 여성은 자기희생과 자기부인을 자신이 타고난 운명으로 받아들이는 경향이 있고, 그래서 타인을 위해서 스스로를 던지는 것을 강조하는 사회적 · 문화적 시스템이나 기독교적 가르침에 전혀 문제 제기를 하지 않는다. 하지만 기독교 상담자에 의하면 우리의 자아는 하나님 안에서만 안전하게 발견될 수 있다. 인간은 하나님의 형상으로 지음을 받았다. 물론 인간이 죄를 범하고 타락함으로써 그 온전한 모습이 망가져 있지만, 여전히 하나님 안에서 우리 한 사람 한 사람은 존귀하고 가치가 있다. 그래서 어떤 사회적 · 문화적 가르침을 따르기 위해서, 사회적으로 당연히 받아지는 일이기 때문에, 나 자신의 자아를 쉽게 무가치하게 여기고 잃어버려서는 안 된다. 그렇게 하면 내가 누구인지에 대해서 절대로 알 수가 없다. 여성의 이러한 자기희생은 하나님의 목적에 부합되지 않을뿐더러 죄가 될 수 있다.

---

9) C. L. Hess (1997), p. 38.

10) Ibid., p. 40.

만약 기독교 신학이 자기희생이나 자기부인이 기독교의 이상적인 사랑이라는 것만을 강조한다면, 이것은 의도하지 않아도 우리 사회에서 좀 더 힘을 가진 쪽에게 약한 사람을 착취하고 지배하는 힘을 줄 수 있다. 그래서 Elizabeth Cady Stanton은 남성이 자기희생의 행위를 여성이 가질 수 있는 가장 매력적인 미덕으로 생각하고 최대한 이를 부각시킬 수 있는 기회를 만들어서 사회적 시스템이 잘 굴러가게 하려 한다고 주장한다.[11] 만약 그녀의 말이 맞는다면, 여성의 수동적이고 일방적인 자기희생은 분명히 남성과 여성 사이에 지배와 복종의 패턴을 영속시키는 데 공헌할 것이다. 만약 기독교적 가르침이 여성으로 하여금 일방적이고 수동적인 자기희생을 강요해 왔다면, 이것은 기독교 공동체 안에서 한 번은 다루어져야 할 중요한 이슈일 것이다.

둘째, 많은 목회자는 성경을 가르치면서 아내가 남편에게 복종해야 하고 타인을 위해서 희생하고 자신을 힘들게 하는 사람은 용서해야 하는 의무가 있음을 강조함으로써 여성이 자신을 돌보고 자신의 필요를 채우지 못한 채 타인에게 스스로를 내어 주게 하고 있다.

예를 들면, 에베소서 5장 21절을 가르치면서 아내는 남편에게 복종해야 한다는 사실을 강조한다. 하지만 그 구절은 분명히 남성이 여성을 신체적으로나 정서적으로 학대할 수 있는 권리가 있다는 것을 보여 주지 않는다. 아내가 남편에게 복종해야 한다는 하나의 구절만을 떼어서 말하지 않고, 더 넓은 문맥에서 그것을 이해할 필요

---

11) B. L. Guill-Austern (1996), p. 315.

가 있다. 에베소서 21절 다음에 나오는 22절에서는 "아내들이여 자기 남편에게 복종하기를 주께 하듯 하라."고 분명하게 밝히고 있다. '주께 하듯 하라'는 말은 우리는 주님께 속해 있고 주님은 "우리를 위해서 그 자신을 내어 주실 만큼 우리를 사랑하신 분"(에베소서 5장 2절)이라는 뜻이다. 그리고 21절에서는 "그리스도를 경외함으로 피차 복종하라."고 하면서 부부 안에서 상호적인 복종이 기독교 부부 생활의 기초임을 말하고 있다. 그러고 나서 바로 다음에 "아내들이여 자기 남편에게 복종하라."고 말하고 28절에서는 "이와 같이 남편들도 자기 아내 사랑하기를 자기 자신과 같이 할지니"라고 말하고 있다. 이 구절들은 너무나도 분명하게 아내가 일방적으로 남편에게 복종하라는 것을 의미하지 않는다. 남편에게 아내를 신체적·정서적으로 학대할 권리가 있다는 것이 아니다.

성경에서 말하는 복종이란 'submit'이다. 이것은 'obey'와는 다른 의미가 있다. obey는 명령에 복종하는 의미가 있지만, submit은 자발적인 마음에서 우러나오는 순종이라는 의미에 더 가깝다. 존경하기 때문에 기꺼이 그 사람의 말을 따르고 싶은 것이다. 높은 위치에 있는 사람이 낮은 위치의 사람에게 강요할 수 있는 것이 아니다. 어떻게 아내가 남편에게 복종(submit)할 수 있겠는가? 그 비밀은 에베소서 5장 25절에 있다. "남편들아 아내 사랑하기를 그리스도께서 교회를 사랑하시고 그 교회를 위하여 자신을 주심과 같이 하라." 남편들이 그리스도를 본받는 것이다. 그리스도가 교회를 위하여 자신의 전부를 내어 주셨듯이, 남편도 아내를 위하여 자신을 내어 놓는 것이다. 그렇게 할 때, 아내는 남편에게 진정한 의미의 복종을 할 수 있다.

저자가 부부 세미나를 인도하면서 말실수를 한 번 한 적이 있다. 부부가 하나 되는 것이 사명이라고 말해야 하는데 부부가 하나 되는 것은 '사망'이라고 말한 것이다. 세미나에 참여한 모든 이가 웃고 넘어갔지만, 세미나를 마치고 한 목사님이 찾아와서는 이렇게 말했다. "교수님, 저는 교수님이 하신 실수가 오히려 제 심장에 꽂혔습니다. 부부가 하나 되려면 진짜로 사망해야 한다는 것이 제 가슴을 두드렸습니다. 제가 죽지 않으면 아내와 하나 될 수 없다는 것을 깨달았습니다. 만약 부부가 하나 되지 못하면 그것은 사망, 즉 죽음과 같다는 것을 깨달았습니다." 그렇다. 나 자신이 사망할 때 비로소 거기에 존경이 있고, 복종이 있고, 상호 섬김이 있다.

'한'의 정서가 여성의 자기희생에 준 영향

한국 여성의 삶 속에 자기희생에 대한 잘못된 이해가 얼마나 깊이 스며들어 있는지를 살펴보면 참 슬프다. 가부장적인 문화와 사회에서 살아온 한국 여성은 삶 속에서 억압과 지배를 경험해 왔다. 한국의 유교적인 가르침은 여성으로 하여금 남편에게 그리고 권위에 순종하라고 강요해 왔다. 여성은 가정과 사회에서 누군가를 섬기고 누군가의 명령을 따라야만 했다. 한국 여성에게는 남편과 가족에 대한 책임과 의무가 언제나 최우선이었다. 그들은 가족을 위해서 늘 앞장서서 희생해야 했다. 그 결과 그들은 가슴속에 원망과 분노를 쌓아 두고 살았고 그래서 우울함과 무기력함을 느끼고 가족과 사회 속에서 조용히 고통을 참으며 살면서도 친척들이나 심지어 그들의 원가족에게도 도움을 요청할 수 없었다. 만약 그들이 도움을 요청하면, "한번 시집 갔으면 죽을 때까지 그 집 귀신"이라는 말을 듣고 쫓겨났기 때문이다. 어떤 통계에 따르면 한국 여성은 다른 민족들에 비해 우울증을 더 많이 겪고 있다.

이렇듯 한국의 문화적 전통은 여성에게 지나친 희생을 강요하고 있다. 그런데 만약 한국 교회조차 여성에게 일방적인 희생만을 강조하고, 자신의 고통을 참아야 하고, 자신을 돌보는 것은 이기적인 죄이고, 영적 성숙의 최고는 다른 사람에게 자신을 다 내어 주는 것이라고 말한다면, 이것은 분명 여성이 신앙 공동체 안에서 성숙하게 자라는 것을 방해하는 요인이 될 것이다.

이러한 이유로 한국 사람 사이에 만연해 있는 독특한 감정인 '한'을 살펴보는 것은 필요하다. 특히 여성의 삶 속에서 한이라는 감정이 어떻게 발전되어 왔는가를 살펴보는 것은 여성의 자기희생 문제를 다루는 데 중요할 것이다.

한국의 3대 종교라고 불리는 샤머니즘, 불교, 유교는 한국 사회에 엄청난 영향을 미쳤고, 특히 한국 여성의 삶을 만들었다고 해도 과언이 아닐 것이다. 이 세 종교는 특히 여성을 향한 사회적·정치적 태도에 영향을 끼쳤다. 유교가 한국의 공식적인 종교로 받아들여진 조선시대 전에는 샤머니즘과 불교의 영향 아래에서 여성이 어느 정도 자유를 누리면서 살았다. 하지만 조선시대에 유교가 들어오면서 여성은 심한 제약을 받게 되었다. 1장에서 이미 살펴보았듯이 유교는 여성을 향한 도덕적 강령을 만들었는데 이것은 아주 엄격하고 억압적이었다. 유교는 변화되고 발전하는 것을 추구하지 않고 기존의 질서를 유지하는 것을 중요시했다. 배운 자들, 특히 남성들의 힘과 지위를 확실히 했기 때문에 유교 사회는 나이, 성, 상속받은 사회적 위치에 근거해서 수직적인 관계의 질서를 강조했다.

유교적 사고는 남성을 강하게 지지했고, 결과적으로 여성에게는 아주 부정적인 영향을 미칠 수밖에 없었다. 유교 사회에서 딸은 결혼하면 가산을 낭비하는 하나의 '도둑'으로 여겨지기까지 했다. 남자는 존중을 받고 여자는 하찮게 여겨졌다. 이것이 바로 '남존여비' 사상이다. 조상을 모시는 제사에서도 여성은 제외되었다. 여성들은 남성을 보조하는 역할을 담당했고, 그들이 하는 일은 주로 부엌에서 음식을 만들고 식탁을 차리는 정도였다. 제사는 남성과 여성의 차이를 극명하게 보여 주는 단적인 예라고 할 수 있다. 이러한 유교 사회에서 여성은 복종하기 위해서 태어난 존재와 같아 보인다. 여성은 출가하기 전에 아버지에게 순종하고, 결혼하면 남편에게 순종하고, 과부가 되면 아들에게 순종하는 존재라고 여겨졌다. 유교에서는 세상에 두 가지 기운이 있다고 하는데, 하나는 양이고 다른 하나는 음이다. 여성은 음으로 여겨지는데, 음의 기운은 조화를 추구하고 수동적이고 온순하며 남성의 기운인 양의 리드에 따라야 한다.

게다가 결혼을 통해 여성은 남성의 집으로 시집가는 것이며, 그 주된 일은 제사를 준비하고 아들을 낳고 남성의 부모를 섬기는 것이다. 아들을 낳아서 대를 잇는 의무는 여성에게는 아주 신성한 것이었다. 만약 아내가 아들을 낳지 못하면, 남편은 두 번째, 세 번째 아

내를 얻을 수가 있었다. 그리하여 이러한 관습은 남성으로 하여금
여성을 하나의 성적인 도구로 전락시키는 데 사용되기도 했다. 이렇
듯 한국 사회는 조선시대 이후로 유교 사회가 되면서 사회 혹은 가
족 관계에서 여성을 더욱더 억압시켰다고 할 수 있다.

유교 사회에서 여성은 일곱 가지 악을 행하면 안 되었다. 이는 칠
거지악이라고 불렀다. 아내가 이 일곱 가지 악을 행하는 것은 남편
에게 이혼당할 정당한 사유가 되었다. 이는 ① 시부모에 대한 불순
종, ② 아들을 낳지 못하는 것, ③ 간음, ④ 질투, ⑤ 유전적인 질병,
⑥ 말이 많음, ⑦ 도둑질이다.[12] 이와 같이 남성은 여성에게 조그만
흠만 있어도 쉽게 이혼의 근거를 찾을 수 있었다. 심지어 질투하고
말이 많은 것도 이혼의 근거에 포함되었다. 하지만 여성에게는 이혼
을 위한 정당한 근거가 거의 주어지지 않았다. 그래서 여성은 어떤
어려움과 불평등, 불행도 참아 내야 했다. 그리고 여성은 이혼을 하
면 경제적으로 어려움을 겪게 되었다. 이러한 불평등은 여성으로 하
여금 수동적이고 조용하고 정숙하고 순종적인 딸, 헌신적인 아내,
희생하는 어머니로 살 수밖에 없도록 만들었다.

유교가 지배한 사회에서 남성과 여성 사이에 존재하는 불평등의
또 다른 예는 남편의 직책이 바로 여성의 정체성이었다는 것이다.
여성은 개인으로서의 정체성을 잃어버렸다. 여성을 부를 때, 사람들
은 흔히 누구의 딸 혹은 누구의 아내, 누구의 어머니로 부른다. 여성
이 결혼을 하면, 그녀의 이름은 원가족의 호적에서 빠지고 남성의

---

12) D. Kim (1999), p. 126.

호적으로 들어간다. 결혼한 여성은 영원히 남성의 식구에 속하게 된다. 여성의 사회적 자아는 누군가에게 속한 자아가 된다. 그들의 존재는 남성의 존재에 잠기게 되고 정체성은 사라진다.

이러한 유교적인 한국 사회에서 여성에게 가해진 억압의 정도를 보면, 여성은 공정하지 않게 남성의 손에 지배당했고 억압적인 사회에서 자신의 권위를 말하지 못하고 참아 내야 했다. 한국인은 이러한 억압적인 정서적 상태를 '한'이라고 불렀다. 한은 다른 사람이 가한 억압 그리고 그 억압적인 행동을 참고 억눌러 온 사람의 고통을 보여 주는 심리학적인 용어이며, 심리적·사회적 용어이기도 하다. 이는 한국 여성이 살아온 삶의 이야기일 것이다. 그래서 한국 여성의 삶 깊숙이에는 한이 자리 잡고 있다. 한은 한국인이 느끼는 하나의 문화적 경험이다. 한국인이 아니라면 이 용어를 설명하기란 참 어려운 일이다.

Andrew Park은 한을 '상처받은 마음'이라고 표현했다.[13] 상처가 어떤 외부의 충격에 의해서 살아 있는 신체의 조직이 분리되면서 만들어지는 것처럼, "한은 학대, 착취, 폭력에 의해서 만들어진 마음의 조직이 분리된 상태로, 감정과 자존감에 만들어진 상처다."[14] 그는 계속해서 신체적 고통과 정서적 고통을 비교하면서 다음과 같이 이야기한다.

---

13) A. S. Park (1993), p. 20
14) Ibid., p. 20.

마음이 큰 상처를 받을 때, 그것은 상징적으로 파열된다. 아프다고 느
낀다. 아픈 마음이 다시 폭력에 의해서 상처를 받으면 피해자는 더 깊은
고통에 시달린다. 이처럼 반복되는 학대와 부당함으로 인해 생기는 상처
가 바로 마음속의 한이다.[15)]

상처 난 마음으로서의 한은 한에 대한 다른 방식의 설명보다 한
국인, 특히 여성에게 훨씬 더 가까운 의미를 전해 준다. 앞서 언급한
대로, 한국 여성은 유교와 가부장적인 사회 아래에서 억압과 차별
을 참아 왔다. 그런 가부장적인 사회에서 한국 여성의 권리를 보호
해 줄 사회적인 시스템은 찾아보기 힘들었다. 그러나 이상하게도
여성의 분노는 그녀를 착취하는 남성이나 가부장적인 사회가 아닌
바로 그녀 자신에게로 향했다. 그것은 여성의 마음을 더 딱딱하게
하고 그들 마음속에 깊은 상처의 흔적을 남겼다.

이와 같이 한은 한국인의 뚜렷한 국민 정서로 알려져 왔다. 하지
만 한이라는 단어는 다른 아시아 국가들에서도 사용되기도 한다. 예
를 들면, 중국어로 hen은 '미워하다 또는 분노를 느끼다'라는 뜻이
고, 일본어로 kon(또는 uramu)은 '억울함을 갖고 견디다'라는 뜻이
다. 두 단어 모두 복수를 원하는 간절한 욕망을 표현한 것이다. hen
과 kon이 다른 사람을 향한 미워하는 마음과 연결된다면, 한국인이
사용하는 한이라는 단어는 자신의 내부를 향한 좌절감의 표현이다.
hen 혹은 kon은 외부의 특정한 대상이 있는 반면에, 한은 분노를 쏟

---

15) Ibid., p. 20.

아닐 특정한 대상이 없다. 한은 포기하고 양보하는 마음과 비슷하다. 그것은 패배감, 물러남, 중요하지 않다는 느낌의 표현이다. 한은 한국인이 오랫동안 경험해 온 인종차별, 성차별, 계급주의, 식민주의, 유교의 이데올로기와 관계가 있다고 말해도 과언이 아니다.

오늘날 한국 사회는 여러 면에서 달라졌지만 여전히 예전의 모습을 그대로 간직하고 있다. 여성은 여전히 자신의 정체성과 자신의 역할을 찾는 데 혼란스러워하고 있다. Hess가 지적한 대로, 만약 여성이 자신의 의견을 마음껏 말하지 못하고 자존감이 아주 낮은 상태라면 그들은 겸손이나 인내, 일반적인 신념을 따라가는 행동을 할 수밖에 없다.[16] 그런데 이러한 여성의 행동은 계속해서 억압을 강화시키도록 인도할 것이다.

만약 기독교적인 가르침이 이러한 신념들을 지지한다면 힘을 가지고 있는 편이 자신의 우월함을 입증하는 방편으로 신학적인 자원들을 사용할 가능성이 높다. 그렇게 되면 믿음의 공동체조차도 여성에 대해서 불만족스러운 지지를 하게 될 것이고, 여성이 택할 수 있는 사항은 점점 적어질 것이 분명하다. 이러한 의미에서 Anson Shupe과 동료들은 남성이 여성을 지배하고 때때로 필요한 훈계 수단으로 폭력을 쓸 수도 있다는 것에 대한 변명거리로 종교를 사용할 수 있다고 주장했다.[17] 더 나아가 Brita L. Gill-Austern은 「자기희생과 자기부인으로서 이해된 사랑(Love Understood as Self-sacrifice and

---

16) C. L. Hess (1997), p. 43.

17) A. D. Shupe et al.(1987), pp. 97-98.

Self-denial)」이라는 논문에서 자신과 타인에게 종종 해롭게 작동하는 방식으로 자기희생의 행위를 강화하고 동기화하는 여섯 가지 심리학적 · 문화적 · 신학적 이슈들을 정의했다.

그 내용으로 첫째, 자기희생은 본질적으로 관계성과 연결로 정의되는 여성의 정체성에 깊은 뿌리가 있다. 특히 여성으로 하여금 타인의 필요를 먼저 고려하고, 남성과 자녀들을 돌볼 때 자기 자신이 누구인지 찾을 수 있다고 가르쳐 온 문화에서는 더욱더 그러하다. 둘째, 여성들은 타인들과 연결되기 위해서는 반드시 자기 자신과 자신의 필요를 희생해야 한다는 메시지를 주는 문화적 배경에서 자라 왔기 때문에 자기희생을 하도록 자연스럽게 동기화되어 있다. 그들은 사랑의 의미는 이기적이지 않고 갈등이 없는 관계라고 배워 왔다. 셋째, 여성은 자기헌신(self-abnegation), 자기의심(self-doubt), 잘 못된 죄책감(false guilt)이라는 잘못된 세 가지 방식으로 자기희생을 해야 한다고 동기화되어 왔다. 이 세 가지 방식은 여성의 삶을 항상 쉬지 않고 두드리고 있다. 넷째, 여성은 스스로가 남성에 비해서 덜 중요하고 덜 가치 있고 덜 본질적이기 때문에 자기희생이라는 행동을 한다. 다섯째, 여성은 자기희생을 왜곡된 사랑 표현으로 하기보다는 그들이 살고 있는 사회의 구조적인 불평등으로 인해 하게 된다. 자기희생은 사랑보다는 통제의 수단으로 사용된다. 여섯째, 여성은 자기부인과 자기희생을 기독교적인 사랑의 속성으로 가르치는 기독교적인 전통에 의해서 자기희생을 해야 한다고 동기화되어 있다.

여성신학은 기독교 신학이 여성의 자존감을 높이고 여성에게 힘을 주기보다 여성을 착취한다고 공격해 왔다. 여성신학자들은 많은 신학자가 여성을 착취하기 위한 방식으로 성경을 해석해 왔다고 주장한다. 그래서 여성신학은 종종 남성의 머리됨과 성역할을 공격하는 신학으로 여겨졌고, 더 나아가 성경 속에 나타난 남성의 이미지를 여성의 이미지로 바꾸려고 하는 것으로 비판받아 왔다. 물론 여성신학이 여성의 권리와 평등을 지나치게 강조하고 기존의 사회질서를 뒤집어엎고 여성해방을 외치는 쪽으로 치우친 경향이 있기는 하다. 하지만 여성의 필요를 민감하게 살펴보고 또한 성경 문맥을 좀 더 포괄적으로 이해하기 위해서 오늘날의 교회가 좀 더 열린 마음을 가지고 여성신학과 충분한 대화를 나누어 볼 필요는 있다고 생각한다. 이러한 진솔한 대화는 여성이 남성과 똑같이 하나님의 완전한 형상으로 창조되었음을 확인할 수 있도록 도와줄 것이다.

이제는 한국 교회가 여성의 고통과 삶의 이야기를 듣고 그들의 필요와 진정한 여성 자신의 이미지를 찾을 수 있도록 성경을 좀 더 포괄적으로 재조명해 볼 필요가 있다. 비록 변화가 느리다 할지라도 한국의 보수적인 유교 문화의 렌즈를 벗어 버리고, 남녀의 역할과 성역할에 대해서 좀 더 균형 잡힌 신학적·성경적 틀을 세울 수 있도록 하기 위해 신학자와 목회자가 최선의 노력을 다해야 한다. 올바른 성경의 해석만이 여성을 참으로 자유롭게 하고 여성의 필요를 온전히 채울 수 있을 것이기 때문이다.

목회자/목회상담자의 역할

조금 전에 우리는 에베소서 5장에서 나타난 복종(submit)의 의미에 대해서 간단하게 살펴보았다. 이제는 자기희생과 자기부인의 개념에 대해서 좀 더 깊게 다루어 보겠다.

자기희생이라는 개념을 올바르게 이해하는 데 최상의 모델은 바로 예수 그리스도다. 예수 그리스도는 인생을 창조하신 하나님의 의도 그대로 사셨고, 우리 모두가 따라야 할 모델이다. 예수님은 자신을 영화롭게 하려는 시도를 하지 않으셨고, 오히려 자신을 고통받는 종으로 묘사하셨다(마가복음 9장 35절). 예수님의 삶의 방식은 나누어 주고, 사랑하고, 궁극적으로 온 인류를 위해서 죽으신 것이다. 예수님의 삶을 한마디로 요약하면 바로 자기희생이고 자기부인이다. 그렇다고 해서 그분의 삶은 힘이 없고 연약하고 남에게 끌려다닌 것이 아니다. 그분은 단호하셨고 자신의 모습을 그대로 나타내셨고 용기가 있었고 변함없이 순종하셨으며 진리에 대해서는 조금도 굽히지 않으셨다. 그분은 자신이 그렇게 하셨던 것처럼 그분을 따르는 모두에게 자기희생의 삶을 살아서 각자의 소명을 이루라고 지금도 부르고 계신다.

'자기 자신을 부인함(deny himself)'이라는 단어는 세 복음서(마태복음 16장 24-25절, 마가복음 8장 34-37절, 누가복음 9장 23-24절)에서 각각 단 한 번의 사건에서만 등장한다.[18] 자기부인(self-denial)은 우리 자신이 하나님을 섬기는 데 최우선을 두고 우리 자신의 필요를 포기한다는 의미에서 다른 구절에서 보이기도 했다(마태복음 10장 37-39절, 누가복음 14장 25-27절, 요한복음 12장 25-26절). 자기부인을 가장 아름답게 표현한 구절은 바로 빌립보서 2장 5-11절이다. 이 구절은 예수 그리스도가 우리를 위해서 자기 자신을 비우시고 십자가에서 우리를 위해 죽으셨다는 사실을 보여 준다.

여기서 말하는 예수 그리스도의 십자가는 자발적인 행동이다. 그는 십자가를 의무적으로 지지 않으셨다. 우리가 만약 그분의 십자가의 삶을 따라가고 싶다면 자기부인 혹은 자기희생을 우리에게 주어진 무거운 짐으로 생각해서는 안 된다. 자기희생을 우리의 뜻을 무너뜨리고 우리보다 더 큰 힘을 가진 존재에게 단순히 복종한다는 의미로 받아들이면 안 된다. 예수님의 자기희생을 따라간다는 것이 우리는 아무런 가치가 없는 존재이고 우리의 필요는 무시되어야 한다는 식으로 받아들여져서는 안 된다.

물론 하나님을 섬기고 타인을 섬기면서 우리는 우리 자신의 만족을 내려놓아야 할지도 모른다. 그러나 이러한 섬김을 통해서 우리는 우리 자신뿐만 아니라 우리 이웃의 가치와 필요를 알게 되고, 그 과정에서 자유롭게 우리 자신을 다른 사람을 위해서 내어 주고 다른 사람을 사랑하게 된다. 이것이 자기희생과 자기부인에 대한 올바른 이해다. 만약 누군가가 자신은 가치가 없는 존재이고 그래서 억지로 타인과 하나님을 섬겨야만 하는 의무가 있다고 생각한다면, 그는 하나님과 타인을 섬기는 것에 대한 핵심을 완전히 놓치고 있는 것이

---

18) D. G. Benner & P. C. Hill (1985), p. 1079.

다. 성경적 의미의 자기부인은 우리가 하나님으로부터 받은 기술과 자원을 가지고 우리의 삶을 잘 경작하는 청지기의 삶을 사는 것이다. 그래서 우리가 하나님의 사역에 좀 더 효과적으로 사용될 수 있는 것이다(마태복음 25장 14절). 자기희생을 통해서 우리 자신의 가치와 필요를 알게되고, 이웃의 필요를 알게되고, 우리 자신의 최선을 모습을 발견하게 된다.

하지만 우리는 문화적·시스템적으로 억압된 상황 속에서 살아가고 있다. 희생이라는 지고한 가치가 타인으로 하여금 희생적인 행동을 강요하고, 힘을 가진 그룹이 함부로 힘을 사용할 수 있는 정당성을 부여하고, 가난하고 약한 사람들을 편견과 착취 속에 빠트리는 구조 속에서 살고 있다. 그 구조 속에서 희생이라는 행위가 이해된다. 억압적인 사회에서는 여성이나 소수인종, 가난하고 힘이 없는 사람들이 사회의 힘 있는 자들을 위해서 희생해야 하는 표적이 된다.[19] 그런데 이런 문화적이고 시스템적으로 억압된 상황 속에서 희생은 약함에서 시작되는 것이 아니라 오히려 강함에서 시작되어야 한다. 희생은 어쩔 수 없이 부여된 것이 아니라 선택되어야 한다. 희생은 모호함이 아니라 선명한 진리 속에서의 섬김이어야 한다. 그리고 그것은 보상이나 충동이 아니라 자유롭게 자신을 내어 주는 표현이어야 한다.

성경에서 말하는 온유는 힘이 없다는 의미가 아니다. 단순한 착함이 아니다. 쉽게 조정을 받는 것이 아니다. 힘이 없어서 다른 사람의

---

19) R. J. Hunter & N. J. Ramsay (1990), p. 1102.

의견을 무조건 따른다는 것이 아니다. 바보같이 아무 말도 못하는 것이 아니다. 아무런 의견이 없는 따뜻함이 아니다. 성경에서 말하는 온유는 힘이 없는 것이 아니라 힘이 있음에도 자신의 힘을 통제하는 것이다. 이런 의미에서 온유한 사람은 다루기 쉬운 사람이 아니다. 조정하기 쉬운 사람이 아니다. 아무 말도 못하고 당하는 사람이 아니다. 온유한 사람은 약한 사람이 아닌 강한 사람이다. 화를 낼 수 있는 상황에서 충분히 화를 낼 수 있는 힘이 있어도 화를 내지 않을 수 있는 통제력을 가진 사람이다.

성경은 모세를 이 세상에서 가장 온유한 사람이라고 말한다(민수기 12장 3절). 그 근거는 무엇인가? 민수기 12장 7-8절을 보면 "내 말을 들으라. 너희 중에 선지자가 있으면 나 여호와가 환상으로 나를 그에게 말하기도 하고 꿈으로 말하기도 하거니와 내 종 모세와는 그렇지 아니하니 그는 내 온 집에 충성함이라."라고 그 근거를 말한다. 모세를 가장 온유한 자라고 말한 근거는 그의 충성에 있다. 하나님의 뜻에 온전히 순종하는 모세를 두고 성경은 온유하다고 말한다. 온유는 하나님의 말씀에 철저히 복종하고 충성하는 것이다. 또한 불의에 대해서 아무 말도 못하는 것이 아니라, 하나님의 말씀이라면 겸손하나 당당하게 불의에 맞설 수 있는 것이다. 사실 온유하신 예수 그리스도도 타락한 종교 권력자들을 향해서 "독사의 새끼들아."라고 외치셨다.

자기희생의 한국 문화적인 배경

자기희생의 개념을 올바로 이해하기 위해서는 한국의 문화적 배경을 좀 더 자세히 살펴볼 필요가 있다. 한국 문화는 공동체적이고 집단적인 문화의 중요성과 가치를 강조한다. 이런 면에서 한국 문화는 자기희생과 자기부인의 모델을 새롭게 세우는 데 심오한 공헌을 할 수 있는 큰 잠재력을 갖고 있다. 한국 사람은 공동체에서 그들 자신의 균형 잡힌 정체성에 대한 근거로서 집합적인 통합을 강조하는데, 이것은 성경적인 근거를 가지고 있다. 창세기의 창조의 이야기를 들여다보면, 인간이 개인(individual)으로 존재하지 않고 상호적인 개인(inter-dividuals)으로 창조되었다. 하나님은 아담을 상호적인 개인으로 창조하셨고 처음부터 가족이라는 공동체에서 여자의 도움이 필요한 존재로 창조하셨다. 창세기의 선언은 "하나님이 남자와 여자를 창조하셨다."다. 이 말은 인류를 향한 하나님의 의도를 정확하게 보여 준다. 우리의 자녀들이 태어날 때를 보면 우리는 이 사실을 알 수 있다. 한 인간은 절대로 완전히 개인적인 존재로 태어나지 않는다. 물론 개인성을 가진 존재로 태어나기는 하지만 한 개인의 자기(selfhood)는 공동체와 사회 속에서 의존하게 된다. 한 개인은 다른 사람이 서로 말하는 것을 들으면서 말하는 법을 배우고, 다른 사람이 걷는 모습을 보면서 걷는 것을 배운다. 서로 함께 생활하면서 개인적으로 인간이라는 의식이 생기게 된다. 처음부터 인간은 완전한 개인(pure individual)이 아니라 공동체 안에서의 개인(individual in community)이었다.

유교적 배경이 강한 한국 문화에서는 가족과 공동체의 하나됨이라는 가치가 아주 중요하다. 한국 사회는 가족과 공동체를 위해서 희생과 책임을 다하는 자에게는 최고의 찬사를 보낸다. 한국 사람은 친척들을 위해서 개인적인 희생을 하는 것을 당연하게 생각한다. 심지어 한 친척이 경제적인 도움을 요청하는 경우, 자신의 신용을 담보로 재정적인 지원을 했다가 그것이 잘못되어서 파산하는 경우도 허다하다. 하지만 이렇게 공동체를 중요시하는 한국 가정이지만 가정에서 부부싸움이 발생하면 이 갈등은 종종 고립적으로 해결되고, 주변 사람들은 간접적으로 간섭하고, 오히려 간섭을 하지 않는 것이 예의라고 여겨지기도 한다. 게다가 가족 안에는 강력한 위계질서가 있어서 누가 자신의 의견을 이야기하고 누가 자신의 필요를 말해서는 안 된다는 무언의 법칙이 있기도 하다. 공동체를 강조하면서도 개인적인 모습이 혼합되어 있는 양상을 띠고 있다.

이러한 사실을 인식할 때, 한국 사람은 좀 더 열린 마음으로, 좀 더 서로에게 책임성을 가지고 서로를 대할 필요가 있다. 그래야 그들은 그들 자신보다 남을 더 낫게 여기고(빌립보서 2장 3-4절) 공동체 안에서 서로를 신뢰하는 마음으로 만나서 서로의 이야기를 들을 수 있다. 이러한 섬김과 돌봄의 공동체에서 자유롭게 나 자신을 다른 사람에게 나누어 주고 다른 사람의 필요를 채우는 것이 나의 기쁨이 될 것이다. 우리는 강한 자가 약한 자를 통제하고 힘을 가지기 위해서 만난 것이 아니라 서로 복종하기 위해서 만났다(에베소서 5장 21절).

한의 정서를 이해하고 해결하는 목회적인 방법

그렇다면 좀 더 실제적으로 이 문제에 다가가 보자. 목회자와 목회상담자는 여성이 믿음의 공동체 안에서 자기 자신을 돌보고 건강한 자존감을 세우고 자라 가는 데 어떻게 도움이 될 수 있을까?

첫째, 많은 기독교인은 여성이 다른 사람을 섬기고, 할 수 있는 최대한 자신을 내어 버려야 하는 것이 너무나 당연하다고 생각한다. 많은 여성신학자는 자기희생이 너무 연약한 삶이고 심지어 하나님의 약속과 의도를 깨뜨리는 '죄'라고까지 주장한다. 물론 여성의 권리나 평등 그리고 기독교인의 미덕으로서 정의를 지나치게 강조하면서 여성의 희생만을 너무 부각시킨 부분도 있다. 하지만 목회자나 목회상담자는 이러한 여성이나 약자가 당하는 어려움의 이슈에 대해서 좀 더 열린 마음으로 접근하고 심각하게 다루어야 할 필요가 있다. 무엇이 진정한 자기희생이고 무엇이 잘못된 자기희생인지에 대해서 침묵을 깨뜨리고 회중에게 가르쳐야 할 책임이 있다. 자기희생의 부정적인 영향에 대해서 가르치고 자신을 돌보는 것이 얼마나 소중한지를 말하기 시작해야 하는 곳이 바로 교회의 강단이다.

만약 왜곡된 모습의 자기희생과 자기부인이 교회 안에서 만연하다면 그것은 그리스도의 몸된 교회와 개인을 세우는 미덕이 아닌 파괴시키는 해악으로 작용할 수 있다. 목회자는 회중이 자기 자신이 되는 것을 포기하고 참자기를 버리는 자기부인과 자기희생의 모습이 잘못되었고, 하나님이 그들에게 허락하신 삶의 의미를 포기하는 행위라는 것을 가르쳐야 할 필요가 있다. 설교를 통해서, 성경공부를 통해서, 소그룹을 통해서 회중은 자기희생에 대해서 진솔한 이야기를 나누어야 한다. 그래서 무엇이 잘못된 희생인지, 그 경험과 결과는 어떠한지 살펴보고, 어떻게 자신을 돌보고 건강한 관계 속에서 자신의 삶을 나눌 수 있는지를 철저하게 검증해 보아야 한다.

이런 의미에서 목회자와 교회의 리더는 특히 가부장적인 사회에서 고통을 받고 있는 여성과 약자를 위해서 선지자적인 자세를 취해야 한다. 가부장적인 사회에서 약자인 여성과 아이들에게 자기희생과 자기부인이 최고의 미덕이라고 강조된다면 그들이 감당해야 하는 삶의 고통은 어떠하겠는가? 기독교인 리더들은 용기를 가지고 잘못된 형태의 자기희생에 대해서 말해야 한다. 이러한 희생은 하나님의 의도가 아니고, 하나님의 진정한 사랑이 아니며, 오히려 하나님이 말하는 공의와 사랑과 돌봄에 대항하는 죄라고 목소리를 높여 말해야 한다. 목회자는 여성에게 성경에 나오는 수많은 약자의 이야기를 들려주고, 특히 여성이 공동체 안에서 얼마나 긍정적인 공헌을 하고 있는지, 그 이야기에서 여성이 진정한 자기를 발견하고 자신을 사랑하고 돌보는 방법이 무엇인지 알 수 있도록 도와야 한다.

게다가 목회자와 목회상담자는 성경이라는 이름으로 가부장적인 가르침만을 강조한 것에 대해서 반성을 해야 한다. 앞서 언급한 것처럼, 가부장적인 가르침의 파괴적인 영향은 여성이 가정에서, 믿음의 공동체에서 희생하도록 강요받는 결과를 낳았다. 만약 목회자가 계속해서 여성에게 "희생은 아름다운 행위이고 자기부인은 최고의 미덕이다."라고 강조하면서 자기희생을 강요한다면, 여성을 가부장적인 시스템 속에서 불균형적인 성역할과 잘못된 복종과 자기희생의 삶의 상자 속에 가두는 것이 된다. 이러한 이유로 목회자는 먼저 스스로가 자기희생에 대해서 어떤 생각을 갖고 있는지, 여성 신도들은 자기희생에 대해서 어떻게 생각하고 있는지, 여성에게 자기희생을 어떻게 가르치고 있는지 살펴보아야 할 것이다. 자기희생에 대해서 자신의 생각을 살펴보는 것은 목회자들이 도전적이고, 심리적이고, 신학적인 차원의 자기희생과 자기부인의 개념을 좀 더 폭넓게 이해하고 공동체 삶에서 그것을 올바로 적용하도록 도와줄 것이다.

다음으로, 목회자와 목회상담자는 여성이 전통적 복종에 대한 신념과 자기희생을 마치 기독교의 최고 미덕으로 여기는 것이 가부장적인 구조를 강화하고 있는 것은 아닌지 살펴보도록 도와주어야 한다. 목회자는 이렇게 물어볼 수 있다. "당신은 어디서 아내가 남편에게 무조건 복종해야 한다고 배웠나요?" 또는 "결혼관계에서 여성의 책임은 무엇이라고 생각하나요?" "성경은 평등에 대해서, 정의에 대해서, 존경에 대해서, 자기돌봄에 대해서, 결혼생활에서의 상호복종에 대해서 어떻게 말하고 있나요?" 이러한 질문들은 여성들로 하여금 성경이 말하는 자기희생과 복종에 대해서 다시 한 번 생각해 보게 도와줄 것이다.

Hess에 따르면 공동체는 모양만 갖춘 곳이 아니라(the community of pretense) 모두가 진리를 자유롭게 말할 수 있는 곳이어야 한다.[20] 교회는 여성이 자신의 염려를 가지고 올 수 있는 안전한 곳, 자신의

----

20) C. L. Hess (1997), p. 46.

이야기가 들리는 곳, 자신의 필요가 돌보아지는 곳, 하나님의 사랑과 은혜가 들리고 또한 눈으로 보이고 경험될 수 있는 곳이어야 한다. 교회가 가부장적인 사회의 약자인 여성을 지지해 주는 곳이 될 때, 그들은 자신의 감정적이고 영적인 돌봄을 위해서 교회에 오게 될 것이고, 또한 자신의 고통과 상처를 이웃과 하나님과 나누기 위해서 교회에 오게 될 것이다. 더 나아가 그들은 자유롭고 기쁘게 자신의 삶을 희생하고 봉사하는 자리로 나아가기 위해서 교회에 오게 될 것이다.

한 가지 예를 들면, 한국인이 가지는 '한'의 정서를 다루는 데는 두 가지 방법이 있다. 하나는 체념하고 받아들이는 '정한'이고, 다른 하나는 거절하는 '원한'이다. 유교적 가르침의 영향으로 한국 여성은 모든 상황을 자신의 숙명으로 받아들이고 공동체에서 화평을 유지하는 사람이 되어야 한다고 배우면서 자란다. 한국 사회가 여성에게 자기희생을 자신의 운명으로 받아들여야 함을 가르침에 따라, 여성은 자신의 운명을 수동적으로 받아들이게 되었다. 여기에 기독교 가르침이 더해져서, 그리스도가 십자가에서 고통을 받으신 것처럼 여성도 자신의 십자가를 내면화하는 것을 마치 하나님의 뜻인 것처럼 배워 왔다. 이것은 앞에서 언급한 정한의 방법이다. 이러한 정한을 받아들이는 사람은 어떠한 것도 바꾸려 들지 않고 단지 체념하고 받아들이는 것이 운명이라고 생각한다.

두 번째 방법은 원한이다. 이것은 거절하고 거부하는 것이다. 여성은 자신의 고통을 직시하고 용기를 가지고 억압적인 상황을 이겨 내고 때로는 거부할 필요가 있다. 여성은 평화를 지키는 것도 중요하지만 때로는 분노해야 할 상황에서 화를 내도 괜찮다는 말을 들을 필요가 있으며, 단순히 체념적인 신앙에서 변혁의 신앙으로 나아갈 필요가 있다.

'한'의 정서를 다루는 이 두 가지 방법 중에 한국 여성에게 좀 더 필요한 것은 원한이라는 생각이 든다. 물론 원한이라고 해서 지금까지 참아 온 것을 폭발해서 뒤집어엎는 복수를 해야 한다고 말하는 것이 아니다. 한국 사람은, 심지어 학자들조차도 한의 정서를 이야기할 때 아주 부정적인 뉘앙스를 강조하는 것 같다. 한이라는 정서를 버리고 이겨 내야 하는 것으로 말하는 사람들이 많다. 물론 그들의 주장에도 일리가 있다. 하지만 한이라는 정서가 무조건 나쁜 것이라고 여기는 것은 옳지 않다. 이제는 한의 정서를 긍정적인 힘으로 바꾸어야 할 필요가 있다. 한의 정서를 가지고 사회적인 억압에 반대하고, 공동체에 만연해 있는 정의롭지 못한 행위를 변화시키도록 노력해야 할 필요가 있다. 단순히 수동적으로 숙명처럼 받아들이는 것이 아니고 오래되고 썩어서 냄새가 나는 구조를 바꾸어 내는 용기와 같은 한의 정서가 필요하다.

여기서 한국 사람은 한의 정서를 어떻게 해결해 나갔는지 살펴보자. 예를 들어, 한국 사람이 굿판을 통해서 한의 정서를 어떻게 해소하는지 보면 참 재미있는 사실을 발견하게 된다. 한국인, 특히 여성에게 한은 정서가 억압되고, 자기희생이 강요되고, 자기 자신의 정체성과 가치가 무시될 때 나타났다. 굿판은 이러한 정서를 해소하는 데 도움이 되었다. 굿판을 통해서 고통의 실제가 확인되고, 공동체 전체가 모여서 그 고통의 실제를 직접 목도하고, 그 고통에 대해서 참회하게 될 때, 피해자인 여성이 치유를 발견할 수 있는 가능성은 높아진다.

　한국인이 행하는 모든 종류의 굿은 사람들의 실제 삶과 연결되었다. 아픈 사람을 위해서 굿을 하기도 하고, 비가 오기를 비는 마음으로 굿을 하기도 하고, 죽은 사람을 위해서 굿을 하기도 하고, 귀신을 쫓아내기 위해서 굿을 하기도 했다. 실례를 들면, 바다에 빠져서 익사한 사람을 위해서 굿을 할 때, 무당은 피해자가 어떻게 익사하게 되었는지를 그곳에 모인 유가족과 친지와 친구들에게 상세하게 보여 준다. 무당은 마치 자신이 피해자가 된 것처럼 행동하고 말하면서 그 참혹한 상황을 그대로 재연해 보인다. 이러한 의식은 유가족의 고통을 그대로 나타내 보이면서, 그들이 마음속 깊이 한을 품고 살아가기보다는 좀 더 긍정적인 방식으로 미래를 만들어 가도록 도와주었다. 사랑하는 사람을 잃어버린 그 장면을 그대로 재연하는 것을 보면서 유가족들과 친지들은 가슴속에 남아있는 한을 풀어내게 된다. 이러한 행위는 하나의 정서적인 감정을 해소하는 통로가 된다. 이러한 의식은 아무 말도 못하고 고통스러운 현장에 있는 사람들에게 그들의 감정을 그대로 드러낼 수 있는 기회를 주고, 고통을 표현해도 괜찮다는 점에서 아픈 사람들에게 위로를 준다. 굿은 또한 공동체적인 회개의 기회를 준다. 물론 굿판의 모든 의식에는 우리가 배격해야 할 미신적인 의미가 많이 들어가 있다. 저자는 정서적인 감정 해소의 통로로 현 시대 한국인을 위해 굿판이 필요하다고 말하는 것이 아니다. 지금은 집단상담 치료를 비롯해서 부정적인 감정을 쏟아낼 수 잇는 상담적 도움이 많다. 이러한 맥락에서 굿은 한국 문화 속에서 한국인들에게 집단치료의 역할을 했다고도 할 수 있다.

　한국인의 문화적인 현상 중에서 한이라는 정서를 풀어내는 하나의 방법으로 굿판에 대해서 설명했지만, 기독교인에게도 한의 정서를 풀어낼 수 있는 풍부한 의식들이 많이 있다. 교회 공동체 안에서 서로의 삶을 나누고 고백(confession)하는 것, 서로의 슬픔을 나누는 소그룹, 그리고 성만찬은 교회 공동체가 가진 부유한 자원들이다. 특히 성만찬을 함께 나누면서 우리의 고통을 지신 예수 그리스도의 사랑을 함께 생각하고, 우리의 죄를 함께 고백하고, 우리 안에 변화를 시작하고, 새로운 연약 안에서 서로를 존중하고, 우리가 그리스도 안에서 한 형제와 자매임을 축하하고, 우리 안에 그리스도가 살아 계신 것을 함께 경험하는 의식이야말로 기독교가 가진 최고의 자원이다. 교회에서 행하는 성만찬과 세례식과 같은 의식들은 아주 중요한데, 이를 통해서 자신의 모습을 정직하게 돌아보고, 그리스도의 한 몸의 일원이 되었다는 사실을 눈으로 직접 볼 수 있게 된다. 목회자와 목회상담자가 성도들의 신체적·정서적·심리학적인 문제를 주의 깊게 들어주고, 동시에 그들의 마음속에 섬긴 하나님의 말씀을 듣고 그들에게 다가갈 때, 교회 공동체에서 행해지는 의식들은 피해자에게 아주 중요한 의미로 다가가게 된다.

　목회자와 목회상담자는 고통 가운데 있는 사람들을 만나야 한다. 이것은 단지 힘든 현실 속에 있는 사람들과의 만남에서 끝나는 것이 아니고, 고통 가운데 있는 자를 만나 주시는 하나님의 임재를 경험하는 순간이 되기 때문이다. 이러한 기독교적인 전통과 의식을 통해서 목회자와 목회상담자는 하나님과 고통 속에 있는 사람들 가운데 서게 된다. 그들은 하나님의 이야기와 사람들의 이야기 사이에 서게 된다. 사실 인간들의 이야기와 하나님의 이야기가 만나는 곳, 그곳에서 목회상담이 시작된다. 하나님의 이야기가 우리의 삶과 동떨어져 있다면 그것은 우리의 삶에 영향을 미치지 못한다. 우리가 살아가는 현실의 맥락과 성경과 신학적인 맥락이 동떨어져 있으면 안 된다. 반대로 하나님의 말씀이나 신학이 우리가 경험하고 있는 현실과 아무 상관이 없는 것처럼 선포되어서도 안 된다. 이 두 가지 맥락은 목회상담에서 반드시 함께 가야 한다.

교회에서 선포되는 말씀은 우리가 살아가고 있는 현실에서 고통받는 사람들을 함께 모이게 하고, 그 현실의 고통을 바라보게 하고, 그 안에서 하나님의 사랑과 은혜에 대한 새로운 소망을 발견하는 통로가 되어야 한다. 만약 하나님의 구원과 치유의 이야기가 우리가 지금 여기(here and now) 경험하고 있는 실제적인 이야기와 만나게 된다면, 그곳에서는 엄청난 역사가 일어나게 될 것이다. 바로 그곳에서 치유의 근원자가 되시는 하나님을 만나게 될 것이다. 이것이 목회자와 목회상담자가 해야 하는 일이다. 그들은 끊임없이 하나님의 이야기와 사람들의 이야기를 연결하기 위해 노력해야 한다. 이보다 더 멋진 일은 없을 것이다.

저자가 미국에서 공부하면서 임상목회교육(Clinical Pastoral Education) 과정에서 상담훈련을 받고 있을 때였다. 병원에서 사랑하는 가족을 잃고 슬퍼하는 수많은 사람을 만났다. 사랑하는 부모와 자식을 잃고 극심한 고통 속에 있는 사람들을 만날 때, 나의 신학적인 지식을 가지고 그들을 도울 수가 없었다. 인간의 고통에 대한 논리적이고 신학적인 설명을 가지고 그들에게 다가갈 수가 없었다. 내가 그들에게 해 줄 수 있는 유일한 것은 단지 고통 가운데 있는 그들 옆에 있어 주는 것이었다. 어떤 말보다 따뜻한 커피를 한 잔 나누어 주는 것이 훨씬 더 그들의 차가운 마음을 따뜻하게 해 주었다. 그들에게는 들리는 말보다는 보이는 말이 훨씬 더 필요했던 것이다. 그들이 서 있는 그 자리에서 그들의 고통스러운 이야기를 들어줄 때, 비로소 그들은 그들의 마음을 열고 내가 말해 주는 하나님의 이야기를 들을 수 있었다. 그때 비로소 그들의 이야기와 하나님의 이야기가 만난 것이다.

저자는 학교에서 가르칠 때 학생들에게 강조하는 것이 하나 있다. 그것은 우리가 어떤 말을 하는 것도 중요하지만 어떤 말을 하지 않는가가 더 중요하다는 것이다. 어떤 멋진 말을 가지고 고통 가운데 있는 사람들을 위로하는 것보다 아무 말도 하지 않는 것이 오히려 그들에게 더 큰 위로가 될 때가 많다. 그저 묵묵히 옆에서 그 시간을 버텨 주는 것, 그들의 지친 어깨를 부드럽게 두드려 주는 것, 그들이 충분히 울 수 있도록 기다려 주는 것, 그들의 감정을 있는 그대로 표현하도록 도와주고 그 감정이 틀린 것이 아니라고 말해 주는 것, 그들에게 따뜻한 죽 한 그릇을 가져다주는 것, 이러한 행동들을 통해서 사람들은 그들에게 다가오시는 예수님의 사랑을 느끼게 된다. 그때 그들의 이야기와 예수님의 이야기가 만난다.

자신을 내어 주는 치유적인 이미지

신약성경에는 자신을 내어 주는 이들의 치유적인 이야기가 여러 곳에서 나온다. 이러한 이야기를 자세히 살펴보는 것은 자신을 내어 주는 자나 그 은혜를 받는 자나 둘 다 삶을 풍요롭게 하고 성장하도록 도와준다.

먼저, 선한 사마리아인 이야기를 자세히 읽어 보면 그 안에서 자신을 내어 주는 자와 도움을 받는 자에 대한 좋은 예가 나온다(누가복음 10장).[21] Gill-Austern는 이 선한 사마리아인 이야기는 일방적인 사랑을 베푸는 모습을 보여 주기보다는 상호적인 사랑에 대해서 이야기해 주고 있다고 주장한다.[22] 이 이야기 속에서 선한 사마리아인은 강도를 만나 죽어 가는 사람을 돕기 위해서 자신의 여정을 포기하지 않았다. 자신이 앞으로 해야 할 계획을 포기하지 않은 것이다. 대신에 그는 길에서 만난 죽어 가는 사람을 정성껏 돌보아 주었고, 여관에 들러서 주인에게 그를 돌보아 줄 것을 부탁하고 충분한 돈을 지불했다. 그러고는 계속 자신의 여정을 떠났다. 만약 사마리아인이 자기희생적인 사랑은 자신을 다 내어 주는 것이라고 생각했다면, 그는 자신의 여정을 포기하고 아픈 사람을 떠나지 않고 그가 회복될 때까지 기다리지 않았을까? 하지만 사마리아인은 그렇게 하는

---

21) B. L. Gill-Austern (1996), p. 316.
22) Ibid.

대신 최선을 다해서 그를 돕고는 그의 길을 떠났다. 이 선한 사마리아인 이야기에서 우리는 진정한 돌봄의 이미지를 발견할 수 있다. 진정한 돌봄은 다른 사람을 위해서 나를 다 포기하는 것이 아니다. 오히려 내가 할 수 있는 부분에서 최선을 다해서 돕고, 그다음은 또 누군가에게 맡길 수 있는 것이 진정한 돌봄이다.

또 다른 이야기는 마리아와 마르다 자매의 이야기다. 이 이야기 속에서 돌봄은 적극적인 행동이면서도 거기에는 앉아 있는 시간도 필요하고 사랑으로 돌봄을 받는 것도 필요하다는 것을 알게 된다. 이 자매에 대한 이야기에서 사랑은 단지 섬기는 것뿐만 아니라 섬김을 받는 것 그리고 필요한 것을 아는 것 그리고 적절한 시간을 기다릴 수 있는 것과 관계가 있다. Nel Noddings가 지적했듯이, 돌봄과 사랑이 잘 유지되려면 돌보는 사람이 건강해야 한다.[23] 앞에서 이미 언급했지만, 다른 사람을 효과적으로 돕기 위해서는 먼저 자기 자신을 돌볼 수 있어야 한다.

한국 교회는 목회자가 쉬는 것에 대해서 조금 부정적으로 보는 경향이 있는 것 같다. 목회자가 자기 자신과 가족들을 위해 시간을 보내는 것에 대해서 그리 곱지 않은 시선으로 바라본다. 목회자가 쉬는 것은 불경건한 행동으로까지 본다. 그래서 목회자가 자신을 위해서 시간을 보내면, 마치 경건하지 않고 이기적인 사람처럼 느껴진다. 하지만 목회자가 쉬는 것은 자신만을 위한 이기적인 행동이 아니며, 교회와 성도들, 더 나아가 하나님 나라를 위하는 것임을 분명

----

23) N. Noddings (1984), p. 100.

하게 알아야 한다.

저자는 목회자가 자신을 돌보지 않은 채 교회에 모든 것을 쏟아붓고 탈진으로 쓰러지는 경우를 참 많이 보아 왔다. 목회자가 쓰러지면 어떻게 교회와 성도를 돌볼 수 있단 말인가? 목회자 자신이 건강하지 못한데, 어떻게 교회와 성도들을 건강하게 섬길 수 있단 말인가? 목회자가 충분히 쉬지 않으면, 교회나 성도들에게 최선을 다할 수가 없다. 이런 의미에서 목회자가 적절하게 쉬는 것은 교회나 성도를 섬기는 최선의 방법이다. 물론 교회와 성도를 돌보는 것을 게을리한 채 자신이나 가족들을 위해 시간을 충분히 쓰라는 말이 아니다. 목회자는 교회나 성도를 정말 잘 섬기고 싶다면 먼저 스스로를 돌보아야 한다.

이러한 의미에서 기독교인이 너무 사랑하고 또한 너무 익숙한 성경의 이야기에 대해서 새로운 시각으로 바라볼 수 있어야 한다. 이러한 돌봄의 이미지나 이야기를 가지고 목회자나 목회상담자는 기독교가 말하는 사랑을 단지 일방적인 희생과 인내가 아닌 상호 간의 사랑과 돌봄으로 말할 수 있을 것이다.

우리가 돌봄을 떠올리면 단순하게 다른 사람을 아프게 하지 않고 다른 사람에 대해서 긍휼한 마음을 가지고 그 사람의 필요를 채워 주는 것이라고 생각한다. 하지만 돌봄은 단순히 일방적으로 다른 사람을 돌보는 것이 아니라 서로가 서로의 필요를 채워 주고 돌보는 것을 의미한다. 이러한 돌봄에는 자기 자신이 포함되어 있다. 자기희생에서 볼 수 있는 최악의 비극은 다른 사람을 돌보면서 다른 사람과의 관계를 잃어버리는 것이다. 진정한 관계는 단지 내 모든 것을 다 내어 주는 것이 아니다. 진정한 희생은 다른 사람을 기쁘게 하기 위해서, 관계를 지속하기 위해서 나를 다 버리는 것이 아니다. Carol Giligan이 말한 것처럼, "자신을 다 버리면서 다른 사람과 관계를 맺는 것은 최고의 실패다. 관계 속에는 나 자신과 다른 사람이 함께 존재해야 한다."[24] 진정한 돌봄은 나 자신을 완전히 버림으로써 이루어지는 것이 아니고 어쩌면 나 자신을 온전히 발견할 때 비로소 완성되는 것이 아닐까? 진정한 관계 속에는 주고받음, 말하고 듣는 것, 돌보고 돌봄을 받는 것이 동시에 존재하는 것이 아닐까?

또한 우리는 모든 종류의 내어줌(self-giving)이 나쁘다고 정죄하는 경향 또한 조심해야 한다. 자기희생이 무조건 나쁜 것인 양 말하는 사람들이 있다. 자기희생과 자기부인은 우리가 맺는 관계를 무조건 해롭게 한다고 말하는 사람들이 있다. 하지만 그렇지 않다. 자기희생은 신실한 사랑의 관계를 맺는 데 아주 본질적인 요소임에 분명하다. 예수 그리스도는 우리에게 자신을 뛰어넘는 사랑을 하라고 말씀하신다. 상호적인 관계에서의 자기희생을 통해서 우리는 우리 자신의 필요와 가치, 믿음을 알게 된다. 그렇게 함으로써 우리는 자유롭게 우리 자신을 다른 사람을 위해서 내어 줄 수 있다. 이러한 종류의 자기희생은 강압적이고 수동적인 복종과는 사뭇 다르다. 그런 자기희생은 자기 자신뿐만 아니라 공동체에도 큰 유익을 주게 된다.

---

24) C. Gilligan et al. (1190), p. 9.

결 론

지금까지 살펴본 것처럼, 기독교의 가르침과 한국 문화적 배경은 여성에게 자신의 고통을 인내하는 것과 자기희생만이 최고의 사랑이라고 강조하면서, 어찌 보면 위험한 메시지를 종종 전해 주었다. 교회는 교만은 죄라고 말하면서 자기희생과 자기부인은 기독교인들이 가지는 최고의 영성과 미덕이라고 강조했다. 게다가 교회의 기득권자들은 이러한 신학적인 가르침을 약자들을 통제하려는 수단으로 사용하기도 했다. Alberta D. Wood와 Maureen C. McHugh는 다음과 같이 주장한다.

강압적이고 순복하는 성역학에 대한 아이디어는 계속 강화되고 유지되어 왔다. 그리고 이러한 힘과 권위의 패턴은 교회에 의해서 성스러운 것으로 바뀌었고(sanctioned) 학대의 분위기가 만들어졌다. …… 힘의 남용은 불평등한 힘의 맥락에서 발생되었고, 더 힘이 있는 사람은 힘이 없는 사람을 착취했다. 전통적인 역할에는 남성과 여성 사이의 불평등이 함축되어 있다. 이러한 조건들은 학대를 더욱 심하게 만든 요인이다. 교회는 여성들을 이러한 열등한 위치(inferior position)에 놓음으로써 원하지 않았더라도 학대를 위한 무대를 만들어 놓았다.[25]

결과적으로, 여성은 믿음의 공동체에서 보이지 않고 음성이 없는

---

25) A. D. Wood & M. C. McHugh (1994), p. 188.

존재가 되어 버렸다. 여성은 다른 사람을 위해서 순종하는 것을 당연한 것으로 생각했다. 신학적 가르침은 여성을 은혜를 경험하는 긍정적인 위치에 데려간 것이 아니라 오히려 여성의 자기발전(self-development)을 방해하는 부정적인 결과를 가져온 것은 아닌지 반성해 보아야 한다. 지금이라도 교회와 목회자는 믿음의 공동체가 여성의 자존감과 자기돌봄을 유지하는 데 도움이 되지 못했다는 사실을 인정해야만 한다. 이제는 좀 더 적극적으로 하나님의 형상으로서의 여성의 가치를 확인해 주고, 기독교의 가장 이상적인 사랑으로 일방적인 희생이 아닌 상호 보완적인 사랑에 대해서 강조해야 한다.

자신을 내어줌은 자신을 부인하는 것이 아니다. 오히려 상호적인 관계에서 서로를 돌보고 그 안에서 자신의 모든 것을 내어 줄 수 있는 자유와 기쁨의 태도다. 하지만 이것은 쉬운 일만은 아니다. 이러한 사랑의 관계는 강한 사랑과 단호한 결단 그리고 용기가 필요하고, 더욱이 하나님의 은혜가 필요하다. 이러한 이유로 교회와 목회자는 믿음의 공동체 안에서 서로가 서로를 자발적으로 돕고, 자유롭게 섬기고, 사랑을 주고받고, 양육을 주고받으며, 진정한 내가 누구인지를 발견하고, 상호적인 사랑 안에서 자라는 공동체를 만들어 주어야 할 책임이 있다. 예수 그리스도의 삶을 닮아서 공평과 상호적 사랑과 존경을 하는 것이 여성에게는 자신을 돌보고 진정한 자신을 발견해 가는 강력한 동기가 될 것이다.

다음 장에서는 가정폭력과 자기희생의 관계를 살펴보려고 한다. 특히 가정폭력의 피해자들을 위한 목회적인 돌봄에 대해서 논의할 것이다.

제4장
자기희생과 가정폭력

　오늘날 가정폭력은 한국에서뿐만 아니라 전 세계적으로 심각한 문제가 되었다. 그리고 일반적으로 매 맞는 것은 많은 아내에게 일상적인 일이 되어 버렸다.

　2013년 여성가족부가 「가정폭력방지 및 피해자보호등에 관한 법률」(제4조의 2)에 근거하여 전국 16개 이상 도시에 거주하는 5,000명의 만 19세 이상 65세 미만인 기혼자를 대상으로 가정폭력 실태조사를 실시한 바 있다. 조사 결과, 가정폭력 사건 중 부부폭력 발생 비율은 45.5%로 2007년보다 5.2% 증가하였고, 2010년보다 8.3% 감소하였다. 그리고 부부폭력 비율이 만 19세 이상 기혼 남녀는 43.9%였고, 만 65세 이상 기혼 남녀는 34.7%였다.

　좀 더 구체적으로 살펴보면, 여성이 배우자로부터 경험한 폭력행동은 통제가 36.5%, 정서적 폭력이 28.6%, 신체적 폭력이 4.9%, 경제적 폭력이 3.5%, 방임이 17.8%인 것으로 나타났다. 부부폭력 발생 시점은 결혼 후 5년 미만이 62.1%, 1년 미만이 22.2%로 나타나 결혼 후 5년 미만에 해당하는 비율이 55.8%를 차지하였다. 한편, 배우자로부터 폭력을 당한 남성은 통제가 37.6%, 정서적 폭력이 26.7%, 신체적 폭력이 2.8%, 방임이 16.0%인 것으로 나타났다.

배우자 폭력이 시작된 시기는 결혼 후 5년 미만이 61.0%였고, 결혼 5년 이후는 37.4%였다. 폭력행동에 대해서 여성 66.4%, 남성 69.9%가 수동적으로 대응한 것으로 나타났다. 그 이유로는 여성은 '그 순간만 넘기면 되기 때문'이라고 응답한 경우가 40.5%, 남성은 '가족이기 때문'이라고 응답한 경우가 38.0%로 가장 높았다. 즉, 아직까지 가정폭력을 대수롭게 생각하지 않거나 가족 내의 사적인 일로 생각하기 때문인 것으로 보인다.

한편, 배우자로부터 폭력을 당한 여성과 남성은 모두 정신적 고통을 경험하는 경우가 많았다. 여성이 경험하는 정신적 고통은 '자신에 대한 실망, 무력감, 자아상실'이 65.1%, '가해자에 대한 적대감이나 분노 감정'이 43.6%, '매사에 불안하고 우울한 감정'이 38.5%, '폭력 당시의 생각이 지속되는 경험'이 23.6%의 순으로 나타났다. 남성 역시 '자신에 대한 실망, 무력감, 자아상실'이 78.7%, '가해자에 대한 적대감이나 분노'가 27.4%, '매사에 불안, 우울'이 16.6% 순으로 정신적 고통을 경험하는 것으로 나타났다. 이 결과는 부부폭력에 따른 후유증이 개인의 정신적 고통을 유발하여 또 다른 가정불화의 원인으로 작용하고 있음을 보여 준다.[1] 또한 부부폭력 피해를 경험한 여성 20.4%, 남성 16.4%가 배우자와 관계가 나빠진 것으로 나타났다. 그 결과, 여성의 경우 배우자와 이혼 0.7%, 배우자와 별거 0.3%, 남성의 경우 배우자와 이혼 0.8%, 배우자와 별거 0.5% 등 부부관계의 변화도 일어났다.

이러한 통계는 부부 사이의 폭력이 심각한 가정문제로 작용하고 있다는 것을 보여 준다. 그러나 가정 내 폭력이나 학대가 일반적으로 잘 보고되지 않기 때문에 가정폭력으로 고통당하는 사람들의 정확한 숫자나 통계를 파악하는 것은 쉽지 않은 일이다. 가정에서의 폭력이나 학대로 고통을 받고 있는 여성은 그런 상황에 처해진 자기 자신이 수치스럽고 무능력하다고 생각하는 경우가 많아서 자신의 사적인 삶이 다른 사람들에게나 공동체에 알려지기를 원하지 않는다. 이러한 여성은 자신이 받고 있는 학대나 폭력을 숨기거나 아예 부인(denial)해 버린다. 지금 우리 사회가 안고 있는 진짜 문제는 가정 내 폭력이—특히 매 맞는 아내의 문제가 우리 사회에 중요한 이슈가 되었음에도 불구하고—간과되고(overlooked), 인식되지 못하고(unrecognized), 예견되지 못한(unexpected) 것처럼 여겨지는 것이다. 이러한 이유로 가정폭력의 피해자들은 가정 밖에서 보호나 후원을 받지 못하고 고립된 채 고통을 받고 있다.

그런데 이 시점에서 한 가지 질문을 하고 싶다. '기독교인 가정은 가정폭력으로부터 안전한가?' 대부분의 기독교인은 가정을 하나님이 만드신 것이라고 믿는다. 하나님이 남자와 여자를 만드시고 서

---

1) 배영미(2014), pp. 3-33.

로가 평생의 반려자로 인생의 여정을 함께할 것을 계획하셨다고 믿는다. 기독교인은 '가정은 신성한 곳' 이라고 당연히 생각한다. 하지만 정말 기독교인 가정이 불신자 가정보다 가정폭력에 관해서 더 안전하다고 자신 있게 말할 수 있는가?

특히 유교 중심의 가부장적인 제도와 남성우월주의가 강한 한국의 경우는 가정폭력에 훨씬 더 많이 노출되어 있다고 할 수 있다. 한국 가정의 부모세대 중에 남편에게 매 맞지 않은 여성이 얼마나 될까? 저자는 실제로 목회 현장에서 남편의 폭력을 숨긴 채 매주 교회에 오는 여성을 꽤 많이 목격했다. 가정에서는 남편의 폭력과 학대로 인해 힘들어하면서도 교회에서는 너무나 행복해 보이는 부부를 상담한 적이 한두 번이 아니다. 그들은 자신이 매 맞는다는 사실을 철저히 숨긴 채 교회에 온다. 하지만 그들은 목회자에게 관심과 격려 그리고 이해와 도움의 신호를 계속해서 보내고 있다. 그럼에도 현실적으로 교회나 목회자로부터 충분한 도움이나 관심과 격려를 받지 못하고 있다. 오히려 목회자에게 더 큰 상처를 받기도 한다.

한 조사에서는 가정폭력으로 고통받는 여성이 어떤 부류의 사람들에게 도움을 요청하는지를 파악했는데 성직자 부류가 가장 낮은 점수를 받았다.[2] 너무나 의아한 결과였다. 왜 그들은 성직자에게 찾아가는 것을 꺼릴까? 결혼생활에서의 폭력과 학대로 인해 성직자에게 도움이나 조언을 구하면, 그들은 주로 여성에게 용서하고 참으라고 말하기 때문이다. 다른 말로 하면, 매 맞는 여성은 자신이 가진

---

2) A. L. Horton & J. A. Williamson (1988), p. 242.

고통이나 사적인 비밀들을 목회자에게 털어놓을 때 그들로부터 충분한 격려와 도움을 얻지 못한다고 느낀다는 것이다. 실제로 미국에 있는 이민교회에서 30년 이상 목회를 한 사람들의 고백을 들어보면, 여성이 목회자에게 자신의 결혼생활에서의 어려움과 문제들을 털어놓으면 그들은 반드시 교회를 떠나야 한다고 이야기하였다.

그렇다면 학대로 인해 고통받는 여성은 교회나 목회자로부터 어떠한 종류의 도움을 받고 있는가? 어떠한 조언이나 도움을 받고 있는가? 많은 목회자는 학대받는 여성에게 주로 다음과 같은 말을 해 준다고 한다.

- 집으로 돌아가서서 열심히 기도하십시오. 그러면 그 어려움이 해결될 것입니다.
- 믿음이 없어서 그렇습니다. 하나님께 믿음을 구하십시오.
- 남편을 용서하십시오. 예수님도 당신을 용서하셨다는 사실을 기억하세요.
- 참고 견디세요. 남편이 반드시 돌아올 것입니다.
- 성경말씀을 붙잡고 신앙생활을 더 열심히 하세요. 문제는 예수님이 해결하십니다.
- 같이 기도합시다.

좀 더 신중히 생각해 보면, 이러한 조언은 학대받는 여성에게 침묵 속에서 그 고통을 견디라고 하는 것이다. 이러한 조언은 학대받는 여성에게 아무런 도움이 되지 않을뿐더러 학대 기간을 더 연장할 뿐이다.

인정하고 싶지 않지만 기독교인 가정은 결단코 가정폭력으로부터 안전하지 않다. 오히려 기독교인 가정들은 폭력과 학대의 사각지대에 있다. 교회나 목회자가 가정폭력, 특히 매 맞는 아내들이 가지는 어려움의 심각성을 제대로 인식하지 못하고 있는 것이 사실이다. 목회자는 많은 여성이 가정에서 매를 맞고 있으면서 정작 주일날은 웃으면서 교회에 나온다는 사실을 얼마나 알고 있을까? 왜 목회자는 강단이나 공개적인 자리에서 가정폭력에 대해 언급조차도 하지 않을까? 이제부터라도 목회자가 가정폭력의 심각성을 정확하게 인식하고 교회 안에 있는 수많은 피해자의 고통에 대해서 따뜻한 마음을 가지고 반응해야 한다.

또 한 가지 우리가 살펴보아야 할 것은 이러한 실패의 중심에는 기독교 신학이 있을 수 있다는 것이다. 이는 기독교 신학이 때로는 가족폭력을 옹호하는 듯 보이고 또 여성으로 하여금 자신의 고통은 자신이 지고 가야 한다고 격려하며, 심지어 성급한 용서(quick forgiveness)하라고 가르치고 있다는 사실에 기인한다.

가족폭력에 대해서 말할 때에는 여러 가지 사회적인 변수를 고려해야 할 것이다. 하지만 이 장에서는 가족폭력이나 매 맞는 아내에 대해서 신학적(theological)이고 실제적인(practical) 관점을 가지고 제한적으로 논할 것이다. 더 구체적으로 가족폭력을 다루는 데 있어서 기독교 신학이나 가르침에 어떠한 단점이 있는가를 다루고, 그러고 나서 교회나 목회자가 가족폭력으로 어려움을 당하고 있는 여성을 어떻게 도울 수 있을까에 대한 논의를 계속할 것이다.

가정폭력을 다루는 데 있어서 기독교 신학이 가지고 있는 단점

기독교 신학이나 가르침은 매 맞는 아내가 남편에게 당하는 폭력에 대해 어떻게 반응해야 하는가에 많은 면에서 영향을 끼치고 있다. 첫째, 가정에서 학대를 당하고 있는 여성이 그들의 고통과 어려움을 이야기했을 때, 목회자는 주로 '아내는 남편에게 순복해야 한다' '자신에게 상처를 준 사람들을 용서해야 한다'는 성경구절을 인용하며 여성에게 그들이 당하는 고통을 참아야 한다고 강조하며, 더 나아가 이혼의 가능성을 완전히 배제해 버린다. 예를 들면, 에베소서 5장 21절 이하의 말씀을 가지고 아내가 남편에게 순복해야 것이 당연한 것처럼 가르친다. 그 말씀에 근거하여 남편들은 자신들에게 아내를 가르치고 다스릴 수 있는(discipline) 권리가 있다고 주장한다. 하지만 에베소서의 전체 내용이나 5장의 내용을 자세히 살펴보면 어떠한 경우에도 아내를 때리거나 신체적·정신적인 학대를 해도 된다는 내용은 없다. 어떤 경우에도 몇몇 성경구절을 가지고 여성을 압제하거나 폭력을 정당화해서는 안 된다. 우리는 성경을 해석하되 좀 더 넓은 문맥 안에서 해석할 수 있는 눈을 가져야 한다. 이것이 실천신학(practical theology)이 해야 할 숙제다.

좀 더 구체적으로 에베소서 5장을 살펴보자. 21절에 이어서 22절에서는 "그리스도를 경외함으로 피차 복종하라. 아내들이여 자기 남편에게 복종하기를 주께 하듯 하라."라고 말하고 있다. 이 표현이 우리에게 말해 주는 것은 우리가 순복하는 예수 그리스도는 우리를 사랑하시되 죽기까지 사랑하신(에베소서 5장 2절) 분이라는 것이다. 그뿐만 아니라 21절을 보면 사도 바울은 결혼생활에 있어서 배우자 간에 지켜야 하는 규범은 바로 상호존중이라는 것을 강조하고 있다. "그리스도를 경외하듯이 서로서로를 존중하라." 그러고 나서 "아내들이여 남편들에게 순복하라."고 말하고 있으며, 그다음 28절에 "남편들이여 아내들을 사랑하되 자신의 몸같이 사랑하라."고 말하고 있다. 가정폭력을 참고 견디는 것이, 그래서 용서에 이르는 것이 하나님의 말씀에 순종하는 것이 아니다. 결혼생활은 상호존중을 기초로 하며, 그리스도가 우리를 사랑하시되 죽기까지 사랑하신 그분의 사랑 안에 지어 나가야 한다. 이것이 성경이 우리에게 분명하게 가르치고 있는 것이다.

여성에게 무조건적인 순종과 용서와 참고 견디는 것을 강조하는 것은 성역할 신념(sex-role belief)에 관한 잘못된 해석이다. 만약 교회가 가정폭력으로 고통받고 있는 여성에게 잘못된 성경 해석을 그대로 적용한다면, 학대받고 있는 여성은 지금보다 훨씬 더 침체됨 (depressed)을 경험하게 될 것이고, 더 나아가 그것을 현실로 받아들이지 못하고 숨기고 억제하여 수치심을 갖고 피해자의 삶을 살게 될 것이다. 만약 교회 안에서 이러한 일들이 일어난다면 기독교인 가정은 결코 안전하지 않다. 폭력이나 학대에 대해서 묵묵히 참고 견디는 것은 폭력을 일삼는 남편을 회개의 자리로 인도하지 못할뿐더러 계속되는 학대와 폭력을 조장할 뿐이다.[3]

둘째, 기독교 신학은 종종 결혼생활에서 남편들의 머리됨(husband's

headship)을 강조한다. '남편의 머리됨의 신학'은 영속적인 가부장적이고 계급적인 관계를 강조함으로써 남성이 여성을 통제하는 것이 당연하다는 이데올로기의 굳건한 토대를 제공한다. 교회에서 목회자는 종종 가족 안에서 가부장적인 관계는 창조의 질서(the order of creation)라고 가르친다. 남자들의 권위는 하나님의 질서 안에 놓이며 하나님께서 남자를 높은 곳에 두시고 여자를 낮은 자리에 두셨다고 여성들의 열등성을 설명한다.[4] 이것을 다시 결혼관계 안에서 생각해 보면, 남편은 아내의 머리이고 그래서 여성의 의무는 남편에게 복종하고 남편의 조언을 받고 통제를 받는 것이다. 이러한 관점은 남편과 아내의 관계를 통제(controlling), 남성 우월(male dominant), 불평등 (unjust)의 관계라고 말하고 있는 것이다. 더 심각한 문제는 이러한 가르침 때문에 여성은 가정폭력에 대해서 침묵하며, 더 나아가 가족폭력에 대항하지 못하고 취약한(vulnerable) 모습으로 살아가게 된다는 것이다.

이러한 이유로 Cynthia Ezell 박사는 결혼생활에서 학대를 경험하고 있는 많은 기독교인 여성에 대해서 "가정폭력의 가장 큰 딜레마는 여성들이 남성의 권위에 도전해서는 안 된다는 가르침을 받고 자랐기 때문에 학대자인 남편을 향한 분노와 아픔을 그저 삭히고 마음속에 담아 두고 살아간다는 것이다."고 지적하고 있다.[5] 이와 같이

---

3) C. C. Kroeger & J. R. Beck (1998), p. 64.
4) S. C. Barton (1996), p. 110.
5) C. C. Kroeger & J. R. Beck (1998), p. 26.

마음속에 담아 둔 분노와 상처는 여성으로 하여금 침체되게 하고 무능력하다고 느끼게 하고, 더 나아가 교회나 다른 공동체로부터 고립되게 만든다. 그래서 여성은 침묵 속에서 홀로 고통을 당하고 가족들이나 교회 그리고 지역사회로부터 도움을 구할 용기를 갖지 못하게 된다.

우리 사회에 만연해 있는 성차별, 계급주의, 권위주의, 체면주의, 인종차별에 대한 인식은 여성으로 하여금 자기 자신의 역할을 평등이라는 잣대로 평가하는 데 많은 제약을 가지고 살게 한다. 남자와 여자 사이의 관계를 결정하고 있는 가부장적인 제도는 가정을 '폭력이 허용되는 곳'으로 만들 수 있는 여지가 많다. 만약에 결혼생활이 여성들에게 평등하다고 느낄 수 있는 것이 아니라면 우리의 가정은 폭력으로부터 결코 안전한 곳이 아니다. 만약 기독교의 가르침이 가부장적이고 남성우월주의적인 제도를 뒷받침하는 것으로 사용된다면, 그것은 폭력을 휘두르는 남편에게 자신들은 아내보다 우월한 위치에 있다는 것을 증명해 주는 좋은 방편(resource)이나 가정에서 일어나는 폭력에 대한 변명거리를 제공할지도 모른다.

셋째, 기독교는 종종 자기부인(denunciation of self)의 종교라고 생각되어 왔다. 기독교는 인간의 죄성을 강조해 왔으며, 그것 때문에 우리 자신을 부인해야 한다고 가르쳐 왔다. 특히 기독교인 여성은 남편에게 순종하고 자신을 희생해서 다른 사람의 필요를 채우는 것이 최고의 덕목임을 배우면서 자라 왔다. 그들은 자기희생과 자기부인을 통해서 다른 사람들에게 인정을 받고 현숙한 여인이라는 평가를 받아 왔다. 그래서 여성은 자신을 희생하고 포기하는 훈련은 잘해 왔지만, 자신을 위해서 무엇을 요청하는 능력은 계발하지 못했다.

이러한 일방적인 자기부인과 자기희생은 여성의 영적인 성장에 전혀 도움을 주지 않는다. 사실상, 여성은 자기부인을 통해 자신의 가치를 떨어드리고 낮은 자존감을 형성하게 된다. 특히 학대를 경험한 여성은 자신이 정말로 가치 없는 사람이라고 생각하고 또 다른 사람의 존재를 빌리지 않고는 자신이 누구인가를 설명하는 데 어려움을 느낀다.

Brita L. Gill-Austern은 "기독교 신학에서 사랑을 자기부인이나 자기희생과 동일한 것처럼 말하는 것은 여성의 심리적인, 영적인 그리고 육체적인 건강에 매우 위험한 것이다. 그것은 기독교 사랑의 진정한 목적에도 일치하지 않는다."고 주장한다.[6] 또한 Valerie Saving은 "여성의 죄는 지나친 교만(excessive pride)이나 자신들의 힘을 과시하는 데 있는 것이 아니라 자기파괴적인 인내와 일방적인 자기희생에 있다."고 지적한다.[7] 여기서 Saving 교수가 자기부인과 자기희생을 여성의 죄라고 하는 것에 주목할 필요가 있다.

사실 학대받는 많은 기독교인 여성은 자신이 겪는 고통(suffering)을 그리스도를 좀 더 닮아가는(Christ-like) 과정이라고 생각하기도 한다. 자신들의 고통을 자신의 삶 속에서 그리스도의 십자가를 지고 그리스도에 대한 자신의 사랑과 희생을 이 땅에서 증명하는 것이라

---

6) J. S. Moessner (1996), p. 304.
7) C. C. Kroeger & J. R. Beck (1998), p. 23.

고 생각하면서 참는다. 그러한 인내와 희생을 해야만 천국에서 그리스도께 죄 사함과 영광의 면류관을 받을 것이라고 생각하는 것이다. 자기희생과 자기부인은 하나님께 조금 더 가까이 다가갈 수 있는 통로이고, 기독교인이 행할 수 있는 최고의 사랑과 덕목이라고 믿으면 그들이 당하는 고통과 희생은 기뻐하고 감사할 일이 되어 버린다. 자기부인과 기독교 사랑을 함께 묶어 동일한 것으로 생각하고, 자기희생이나 자기부인을 통해 죄 사함을 받고 상을 받는다고 믿으면, 여성은 폭력이나 학대에 너무나 쉽게 방치될 것이다. 이러한 믿음은 학대받는 여성에게 엄청난 스트레스와 고통을 안겨 줄 것이 분명하다.

더 나아가 기독교 사랑이 자기희생이나 자기부인으로 여겨질 때, 이것은 힘과 권력을 가진 집단에게 연약하고 힘이 없는 자들을 의식적으로 혹은 무의식적으로 착취할 수 있는 기회를 제공하게 된다.[8] 이러한 신념에 대항해서 교회나 목회자는 여성에게 고통을 참고 견디는 것은 스스로를 폭력으로부터 구원할 수 없고, 단지 배우자로 하여금 그들을 이용할 기회만을 제공한다고 말해 주어야 한다. 그리고 예수님은 우리가 당하는 고통을 그저 보고만 계시는 분이 아니라 기회가 있으실 때마다 우리가 당하는 고통, 아픔과 상처를 싸매시고 고치시는 사역을 한 것을 강조하여 말해 주어야 한다. 더 나아가서 목회자는 예수님 자신도 사역을 통해서 자기희생만이 전부가 아니라 상호 간에 사랑(mutual love)이 필요하다는 것을 강조하셨음을 주

---

8) J. S. Moessner (1996), p. 315.

지시켜 줄 필요가 있다.

　그러나 여기에서 짚고 넘어가야 할 것은, Gill-Austern이 말했듯이 여성의 자기희생, 자기부인, 자신을 내어줌(self-giving)을 무조건 나쁜 것으로 생각하고 비판만 하려고 하면 안 된다는 것이다.[9] 우리 삶에서의 다른 사람들과의 관계에서 자기희생이 결코 해로운 것만은 아니다. 자기를 희생하는 것은 분명히 진정하고 거룩한 사랑의 한 표현이다. 예수님도 자신의 생을 통해서 우리에게 완전하고(self-fulfilling) 자신을 뛰어넘는(self-transcendence) 사랑의 단면을 보여 주셨다. 우리가 이러한 상호 간의 사랑을 나눌 수 있는 관계 속에 있다면, 자기희생은 다른 사람과 우리 자신의 가치와 필요 그리고 상호 간의 신뢰를 표현하고 나누는 수단이 될 수 있다. 그래서 우리는 강제로가 아닌 자유롭게 우리 자신을 다른 사람들에게 줄 수 있는 것이다.

　누가복음 10장에 나오는 선한 사마리아인의 비유를 통해서 우리는 '생명을 주는 사랑(life-giving)'으로서 자신을 내어 주는 사랑을 잘 볼 수 있다. 선한 사마리아인의 이야기는 우리에게 상호 의존적인 사랑의 모델을 보여 준다.[10] 결론적으로 말하면, 이 비유는 생명을 주는 것으로서의 자기희생적인 사랑은 여성과 남성이 서로서로를 돌보아 주는 것이지, 한쪽 편을 위해서 일방적으로 자신의 필요나 계획을 포기하는 것이 아니다라는 것을 보여 준다.

---

9) Ibid., p. 315.
10) Ibid., p. 316.

목회자/목회상담자는 기독교인 가정에서의 폭력문제에 대해 어떻게 말하는가

목회자는 가정폭력 문제에 대하여 무슨 대답을 해 줄 것인가? 어떻게 목회자나 목회상담자가 학대를 경험하고 있는 여성이 스스로의 삶이 가치가 있다는 것을 인식하도록 도울 수 있을까?

이를 위해 우리가 알아야 할 것은 첫째, 기독교인 가정에서 일어나는 폭력은 오랜 시간을 숨겨져 왔다는 것이다. 이런 점에서 목회자는 교회를 다니고 있지만 가정폭력으로 고통받고 있는 여성의 문제에 대해서 더 이상 침묵하고 있어서는 안 된다. 이 문제를 제기할 수 있는 가장 좋은 곳은 교회의 강단이라고 생각한다. 목회자는 강단에서 가정에서 일어나는 폭력과 학대는 그 어떤 죄보다 심각한 죄임을 선포해야 한다. 학대를 경험한 여성은 설교나 기도, 성경공부 그룹을 통해서 그들이 가지고 있는 문제를 내어 놓아야 한다. 이를 위해 목회자는 학대받는 여성 신도가 더 이상 침묵 속에서 고통받지 않고 어떻게 그 폭력을 다룰 것인가에 대해서 함께 의논하고 기도할 수 있도록 소그룹 모임을 만들어 주어야 한다.

John Wall은 "종교 지도자들은 폭력으로 인해 고통당하는 여성들을 위해 '선지자적 입장'을 취해야 한다."라고 주장했다.[11] 선지자적 입장을 취하는 것은 숨겨진 죄악을 빛 가운데로 드러내며 모든

---

11) H. Anderson et al. (1998), p. 168.

사람에게 우리가 어떻게 해야 할 것인가를 공개적으로 말하는 것이다. 목회자나 목회상담자의 이러한 '선지자적 목소리'는 여성으로 하여금 때리는 것과 같은 폭력은 언약관계로 묶인 공동체에 해를 끼치는 것이므로 그에 대해 강력하게 책망할 수 있도록 도와줄 것이다. 또한 여성으로 하여금 성경에 나오는 여성들이 그들의 사회나 공동체에 끼친 좋은 영향을 재발견하게 하며, 여성을 교회 공동체 안으로 다시 한 번 초대하는 역할을 할 것이다.

둘째, 목회자나 목회상담자는 학대받는 여성을 상담할 때 용서의 문제를 너무 피상적으로, 다시 말해 그저 '용서하면 모든 것이 해결된다'는 식으로 다루어서는 안 된다는 것이다. 상담 중에 용서의 문제가 나오면, 그들은 용서의 과정(process of forgiveness)이 있음을 인식해야 하며 학대자들이 정직하게 자신들의 행위가 잘못된 것이며 그에 대한 책임이 있음을 지적해야 한다. 용서는 단지 잊어버리는 과정이 아니다. 특히 학대자가 자신의 잘못을 뉘우치고 다시는 폭력을 행사하지 않는다는 증거를 오랜 기간에 걸쳐 보여 주지 못한다면, 피학대자와의 관계에서 신뢰를 회복하는 것은 굉장히 어려울 것이다.

지금도 한국 교회의 많은 목회자가 하는 조언을 들어보라. "폭력을 조금만 더 참으십시오. 기도가 부족해서 그렇습니다. 조금 더 열심히 기도하십시오. 믿음에 문제가 있는 것 같습니다. 하나님께 더 큰 믿음을 달라고 기도하십시오. 그리고 자식들과 가족들을 생각해서 조금만 더 참으십시오. 그리고 남편들을 예수 그리스도의 사랑으로 용서하십시오." 학대받는 여성에게 이런 식의 조언을 해 준다면 분명히 잘못된 것이다. 이런 식의 용서는 잘못된 용서다.

풀러 신학교의 Ray Anderson 교수는 우리가 가진 용서에 대한 선입견에 대해서 다음과 같이 말한다.[12] 첫 번째 선입견으로, 용서하는 것은 용서하는 사람에게 유익하다는 것이다. 용서를 하면 심리적으로 마음이 편해지고 용서하지 못해서 생긴 마음속의 스트레스나 독소를 방출할 수 있다. 하지만 단지 이러한 인지-행동적 접근(cognitive behavioral approach)은 인간들이 가진 영적·도덕적인 차원을 간과한다는 약점이 있다.

두 번째 선입견은 용서가 우리에게 주어진 의무라는 것이다. 이러한 주장은 우리가 가진 도덕적인 의무를 강조한다. 우리가 하나님 앞에서 해야 할 의무를 다한다면 반드시 용서를 해야 하는 것이다. 몇몇 성경구절을 인용하며 도덕적이고 영적인 의무로서 용서는 반드시 해야 하는 것임을 강조한다. 누가복음 17장 3절에서 예수님은 제자들에게 "너희는 스스로 조심하라. 만일 네 형제가 죄를 범하거든 경계하고 회개하거든 용서하라."고 훈계하신다. 그리고 골로새서 3장 13절에서 바울은 "누가 뉘게 혐의가 있거든 서로 용납하여 피차 용서하되 주께서 너희를 용서하신 것과 같이 너희도 그리하고"라고 용서를 강조하고 있다. 하지만 만약 학대받고 있는 여성들에게 이러한 도덕적이고 영적인 명령으로서의 용서를 강조한다면, 이것은 그들이 감당하기는 너무나 어려운 의무가 될 것이다. 누구도 그러한 의무를 학대당하고 있는 이들에게 지울 수는 없다.

---

12) R. S. Anderson (2001), pp. 292-296.

마지막으로 세 번째 선입견은 용서는 화해에 이르는 최단 거리의 방법이라는 것이다. 이런 점에서 많은 기독교인이 용서를 무너진 관계를 고치는 가장 손쉬운 방법이라고 생각한다. 많은 사람은 용서하면 모든 상처와 아픔이 한순간에 사라질 것을 기대한다. 하지만 Smedes 교수에 따르면, "나는 사람들이 너무 빨리 용서하는 것에 대한 걱정이 있다. 그들은 자신들의 고통을 피하기 위해서 빨리 용서를 해 버린다. 또는 자신들이 상처를 준 사람들에게는 용서라는 방법을 통해서 그들을 이용한다. 이렇게 즉석으로 행하는 용서는 단지 관계를 더 나쁘게 만들 뿐이다. 인간적 수준에서 개인적인 또 사회적인 회복으로 이끌지 않는 용서는 우리를 영적으로 하나님께 인도할 수 없다."[13]

저자는 이 말에 전적으로 동감한다. 이것이 바로 용서의 과정이라고 생각한다. 우리가 행하는 용서는 개인적인 관계 회복, 사회적인 위치 회복, 그리고 영적으로 하나님과의 관계 회복을 포함해야 한다. Dietrich Bonhoeffer 교수에 따르면, "우리는 죄를 고백하는데 있어서 하나님께 하는 것이 사람들에게 하는 것보다 쉬운가? 만약 그렇다면, 우리가 하나님께 죄를 고백하는 것 없이 우리 자신을 속이고 있지는 않은지, 혹은 우리 자신에게 죄를 고백하지 않고 그저 죄의 사면을 주고 있지는 않는지를 생각해 보아야 한다. 어떤 사람이 형제 앞에서 죄를 고백할 때, 그는 더 이상 혼자가 아니다. 그는 다른 사람의 존재 속에서 하나님의 존재를 경험할 것이다. 상호 간에 고백

---

13) L. B. Smedes (1996), pp. 92-93.

은 우리가 하나님의 용서를 경험케 하는 길이 될 것이다."[14] 용서에 지름길은 없다. 용서는 정직하게 우리 자신을 바라보며 우리를 묶고 있고 우리를 소경으로 만드는 자기기만(self-deception)을 버리게 한다. 그리고 용서는 우리가 개인적인 치유를 경험하고 주위의 사람들과 화해를 경험하기 위해서 우리가 걸어야 하는 긴 여정이다. 다음 장에서 용서의 진정한 의미에 대해 자세히 다룰 것이다.

셋째, 목회자들은 성경과 교회사 전반에 나타나는 가부장적인 가르침에 대해 바른 인식을 가지고 있어야 한다는 점이다. 앞에서 언급했듯이, 가부장제의 파괴적인 힘이 우리 가정에 스며들어서 폭력을 낳고 있다. 그렇기에 교회나 목회자는 기독교인의 가정에 중요한 역할을 담당해야 한다. 만약에 목회자가 가부장적인 기초 위에 불평등한 성역할, 가정에서 남성의 머리됨, 그리고 아내의 남편에 대한 순복을 의식적으로 혹은 무의식적으로 가르친다면, 그래서 여성에게 학대와 폭력을 참고 결혼생활을 계속하도록 격려한다면, 그들이 전달하는 메시지는 가정에서 폭력을 허용하고 계속 일어나도록 조장하는 것과 같다. 이러한 이유로, 목회자는 먼저 가정폭력에 대한 자신의 믿음을 점검할 필요가 있다. 그래서 그들이 학대로 고통받고 있는 여성을 어떻게 도울 수 있을지를 다시금 생각할 필요가 있다. 이러한 자기점검과 자기성찰은 목회자로 하여금 폭력의 도덕적·영적인 차원을 다시금 생각하게 하며 어떻게 대응할 것인가에 대해서 좀 더 진지한 논의를 하도록 도와줄 것이다.

----

14) D. Bonhoeffer (1954), pp. 115-116.

그러한 후에, 목회자는 순종이라는 것이 여성이 가질 수 있는 최고의 미덕이라고 믿고 또 그렇게 배워 온 여성에게 이러한 전통적인 믿음에서 벗어나도록 도전의 기회를 제공할 필요가 있다. 목회자는 학대받는 여성에게 "당신은 어느 곳에서 여성은 남성에게 무조건 복종해야 한다고 배웠습니까?" "당신은 결혼생활에서 아내의 책임이 무엇이라고 생각합니까?" "당신은 성경이 우리 결혼생활에서의 평등, 정의, 존경 그리고 상호존중에 대해 어떻게 가르친다고 생각하십니까?"라고 질문할 필요가 있다. 이러한 질문들은 목회자에게 학대받는 여성이 가지고 있는 신념은 무엇인지, 어떻게 그들을 효과적으로 도와줄 수 있는지, 그리고 어떻게 성경의 가르침을 정확하게, 더 폭넓은 맥락에서 이해하도록 도와줄 수 있는지에 대한 가치 있는 정보를 줄 것이다.

넷째, 목회자에게 도움을 요청하러 오는 여성이 폭력에 따른 신체적인 위험에 처해 있는 경우, 목회자가 가장 우선적으로 해야 할 일은 그들의 신변 안전을 보장하는 점이라는 것이다. 그 여성이 지속적인 학대와 폭력으로 오랫동안 고통을 받고 있었다면, 목회자는 그들을 여성 보호소(woman's shelter)로 보내야 할 책임이 있다. 더 중요한 것은 목회자는 그들의 남편이나 친척들에게 그들의 신변에 대한 어떠한 정보도 말해서는 안 된다는 것이다. 그 여성이 교회로 찾아왔다면, 그들에게는 교회가 가장 안전한 곳으로 보여야 한다. 교회로 가기만 하면 학대받는 여성은 그들의 아픔을 말할 수 있고 나눌 수 있어야 한다. 교회는 그들의 아픔을 들어줄 사람이 있고, 따뜻하게 맞이하고 돌볼 수 있는 자원들이 있고, 외롭고 힘든 삶을 살아

온 여성에게 하나님의 사랑과 은혜를 느낄 수 있는 곳이 되어야 한다. 오늘날의 교회가 학대받는 여성을 돌보는 공동체가 될 때, 그들은 영적·신체적·정서적 돌봄을 찾아서 교회로 갈 것이며, 그곳에서 지금까지 한 번도 털어놓지 못한 그들의 아픔과 상처를 다른 이들과 나누게 될 것이고, 더 나아가 하나님 앞에 서서 그들의 수치와 고통을 토로하게 될 것이다.

다섯째, 목회자는 학대로 고통받는 여성뿐만 아니라 폭력을 행사하는 남성에게도 관심을 가질 필요가 있다는 점이다. Claire Wolfteich 교수는 종교적인 집단들이 폭력을 행사하는 사람을 돌보는 일에도 관심을 가져야 한다고 주장한다.[15] 폭력을 행사하는 남편도 계급사회와 남성우월주의가 팽배한 우리 사회의 한 피해자일 수 있기 때문이다. 남성은 우리 사회에서 여성을 지배하고 통제하도록 하는 무언의 힘을 부여받았다. 그들은 어떻게 여성을 존중하는지를 배우지 못했을지도 모른다. 그리고 일상의 관계에서 통제력을 잃어버렸을 때 어떻게 그것을 받아들여야 할지 배우지 못했고, 자신이 무력(powerless)하다고 느낄 때 어떻게 그에 대처해야 할지 모르고 있는지도 모른다.

한 가지 예를 들면, 한국 교회에서는 '아버지학교'라는 프로그램이 많이 알려져 있다. 많은 사람이 아버지학교에 관심을 가지고 참여하고 있다. 그곳에서 성경이 올바른 남성상에 대해, 아버지상에 대해 어떻게 말하고 있는지 배우기를 원한다. 더 나아가 무너진 결혼관계를 어떻게 회복할 수 있는지, 그리고 아버지로서, 남편으로서

---

15) H. Anderson et al. (1998), p. 185.

어떻게 가정의 수많은 문제를 해결해야 하는지 배우기를 갈망한다. 실제로 아버지학교에서는 결혼생활에서의 많은 현존 문제뿐만 아니라 잠재적인 문제를 성경적인 관점에서, 바른 신학 안에서 함께 고민하며 해답을 찾고자 노력한다. 그리고 아버지학교의 마지막 순서에는 남편이 아내를 초청하는 시간이 있다. 그 시간에 남편은 아내를 초청해서 하나님과 많은 증인 앞에서 자신의 잘못을 고백하며 용서를 구하는 시간을 가진다. 이러한 시간을 통해서 무너졌던 많은 가정이 회복되고, 올바른 성경적 관점에서 다시 그들의 가정을 새롭게 세워 가는 역사가 이루어지고 있다. 아버지학교는 지금도 한국을 비롯한 수많은 나라에서 매우 성공적으로 이루어지고 있다. 이러한 프로그램을 통해서 남성은 성경적인 관점에서 남성상과 아버지상을 배우게 되고, 가정에서 자신에게 주어진 권위와 힘을 건강하게 사용할 수 있게 된다.

이와 같이 목회자는 남성에게 여성을 존중하고 높여 주는 것을 포함한 새로운 남성상의 정의를 가질 수 있도록 도와주어야 한다. 남성은 평등, 정의 그리고 존중의 바탕 위에서 어떻게 가족들과 함께 살아갈 것인가를 배울 필요가 있다. R. Beavers가 잘 지적했듯이, "동일한 힘(equal power)이 없는 곳에는 친밀함(intimacy)이 있을 수 없고, 결혼생활에서 균형 잡힌 힘(balance of power)은 폭력의 위험으로부터 우리를 자유롭게 한다."[16]

좀 더 구체적으로, 남성은 자신 안에 폭력적인 행동을 유발하는

---

16) C. C. Kroeger & J. R. Beck (1998), p. 36.

경고의 메시지를 잘 알아차릴 필요가 있다. 많은 남성은 분노나 좌절과 같은 감정을 표현하는 한 방법으로 폭력을 사용한다. 그들은 자신들의 북받쳐 오르는 감정을 표출하는 방법으로 폭력 이외의 다른 방법은 모른다. 또한 배우자나 주위의 사람들을 통제하는 수단으로 폭력을 사용하기도 한다. 특히 결혼생활에서 자신이 사랑하고 돌보는 아내에게 상처를 받는다면 그 보복으로 폭력을 사용한다. 폭력을 행사하는 것이 어려서부터 학습된 경험이기 때문일 수도 있고, 앞서 말했듯이 자신의 무력감과 무능력에 어떻게 대처해야 할지 배우지 못했기 때문일 수도 있다. 또 자신이 가치 없다고 느끼고 낮은 자존감을 가지고 있다면, 폭력을 통해 그들이 다른 사람을 통제하고 또 존경받을 수 있고 관심을 받을 수 있다고 생각할지도 모른다. 따라서 남편은 아내에게 자신이 처한 상황이나 감정을 솔직하게 표현할 필요가 있으며, 폭력을 행사할 만한 상황에 처했을 때는 폭력이 아닌 다른 방법으로 어떻게 표현하고 그 상황으로부터 어떻게 피할 것인가를 알아차릴 필요가 있다.

저자는 이런 폭력적인 남편을 상담할 때 꼭 말해 주는 것이 하나 있다. 그것은 화가 난 상태에서는 절대 말을 하지 말라는 것이다. 한 남편이 이런 말을 했다. "내가 화가 났을 때 했던 말들은 모두 쓰레기였습니다." 그는 아주 정직하게 말했다. 화가 난 상태에서 우리가 주로 내뱉는 말들은 상대방의 마음에 깊은 상처를 주는 폭력적인 말이다. 화가 난 상태에서는 우리의 속마음을 전할 수가 없다. 화가 나서 흥분된 상태에서 상대방이 조금만 부정적인 이야기를 하거나 나의 생각과 다른 내용을 말하면 즉시 그 사람에게 말로 잔인한 보복

을 하게 된다. 왜 이런 패배적인 악순환을 반복해야 하는가? 저자는
남편들에게 화가 난 상태에서는 일단 입을 다물고, 조금 떨어진 곳
에서 심호흡을 10번 정도 하라고 부탁한다. 할 수 있다면 집 근처를
한 바퀴 도는 것도 좋다. 그러면서 생각을 정리하고 그다음에 상대
방과 다시 이야기하는 것이 좋다.

　마지막으로, 신체적인 폭력(physical abuse)은 건강한 결혼생활에
아주 치명적인 상처를 남긴다는 점이다. 폭력은 신뢰, 사랑, 존경,
헌신 위에 세워졌던 결혼생활의 기반을 흔들어 버린다. Herbert
Anderson이 『약속을 다시 하라(Promising Again)』에서 제안했듯이,
"실망하고 무너진 결혼생활 때문에 또는 고통스러운 이혼으로 인해
서 힘들어하는 사람들을 도와줄 수 있는 능력은 바로 실패한 약속들
을 이해하는 태도에서 시작된다."[17]

　약속 다시 하기는 배우자가 결혼생활을 포기하고 싶을 정도로 힘
든 변화와 스트레스에 직면할 때 어떻게 그들의 사랑과 신뢰를 회복
할 것인가를 이해하는 한 방법이다.[18] 약속 다시 하기 방법을 통해
서 배우자들은 처음에 했던 약속들을 다시금 떠올리고, 왜 그것을
지키는 데 실패했는지를 돌아보고 더 나아가 지금의 상황에 맞는 새
로운 약속들을 해 나가는 것이다.

　David Augsburger 교수는 『Sustaining Love』에서 우리의 결혼 안
에는 네 가지 시기에 따라 각각 다른 모습이 나타난다고 말했다.[19]

---

17) H. Anderson et al. (1995), p. 81.

18) Ibid., p. 80.

19) D. W. Augsburger (1988), pp. 10-36.

첫 번째 시기에 결혼(marriage one)은 '꿈과 이상(Dream)'이다. 모든 것이 잘될 것이라는 꿈을 꾸는 시기다. 결혼에서 배우자들은 서로를 통해서 자신의 꿈을 이루는 것을 생각하고 대부분의 경우에 갈등을 피하고 서로에게 맞추어 간다.

두 번째 모습은 (marriage two)은 '환상을 깨는 시기(Disillusionment)'다. 이 시기에는 첫 번째 결혼 시기에 꿈꿔 오던 환상이 깨지고 서로를 설득하거나 피하거나 공격하며 자신의 의견을 주장하려고 한다. 서로 간의 관계는 경쟁적이고 적대적인 관계를 유지한다. 결혼생활에서 첫 번째 위기가 찾아오는 시기다.

세 번째 모습은 결혼(marriage three)은 '발견의 시기(Discovery)'라는 것이다. 이 시기에는 각자의 꿈을 넘어서 또 다른 서로를 발견하게 된다. 이때 배우자는 서로가 다른 부분을 맞추어 가려고 하고 상호 간에 느낄 수 있는 만족을 추구하려고 한다. 그리고 자신의 감정을 자유롭게 표현할 수 있으며 서로 다른 부분을 이해하고 존중하려고 노력한다. 이 시기에는 자유와 책임이 공존하며, 결혼생활에서 새로운 희망을 가지게 된다. 하지만 이 시기에 배우자 각자가 너무 자유를 강조하면 두 번째 결혼 시기보다 결혼관계가 더 소원해지며, 결국은 새로운 사람을 찾아서 동거를 하거나 이혼을 할 수도 있다.

네 번째 모습은 결혼(marriage four)은 '깊이 나누기(Depth)'라는 것이다. 이 시기에는 자기 자신과 배우자의 결혼생활에 대해 깊이 이해하게 된다. 상호존중과 평등과 신뢰 안에서 서로서로를 바라볼 수 있다. 배우자들은 서로가 다른 점을 이해할 뿐만 아니라 그에 대해 즐거워하고 그것을 축복해 줄 수 있다. 그리고 갈등을 건강한 결혼생활의 일상적인 한 과정으로 이해하며 서로 도우며 성장해 간다. 한마디로 결혼생활을 정말로 즐기는 시기다.

배우자들은 이러한 네 가지의 결혼 시기를 통해서 서로가 새로운 창조적 약속과 헌신을 하지 않으면 결혼생활은 매우 위험하고 파괴적인 방향으로 발전될 수 있다. 배우자는 자신의 결혼생활이 항상 즐겁고 행복한 시기를 거친다는 환상을 버려야 한다. 결혼생활을 하다 보면 반드시 환상이 깨지고, 기대가 깨지고, 서로에게 실망하고, 서로에게 화내고, 서로에게 지치는 시간을 보내게 된다. 이런 시간을 보낼 때마다 배우자들이 서로에게 상처를 주는 말과 행동을 하게 된다면 그 결혼생활은 언젠가 끝이 날지도 모른다. 배우자들은 각각의 시기를 거칠 때에 그 시기에 알맞는 새로운 약속과 창조적인 기술을 습득해 나가는 지혜가 필요하다.

'약속 다시 하기'는 결코 쉬운 일이 아니다. 때로는 그 과정이, 특히 학대를 당한 배우자에게는 그들이 용서할 수 있는 차원을 넘어설 정도로 힘들 수도 있다. 가정폭력으로 입은 상처, 아픔, 분노는 분명 감당하기 힘든 것이다. 여성에게는 가정에서 지속적인 폭력을 경험하는 것이 결혼의 끝을 의미할지도 모른다. 약속 다시 하기는 굉장히 어려운 일이며, 결단이 필요하고 참으로 선한 마음이 있어야 가능하다.[20] 게다가 만약에 배우자들이 먼저 자신들의 가정에 폭력이 존재하는 것을 인정하지 않는다면, 그리고 용서와 은혜로 감싸 주지 않는다면, 약속 다시 하기는 그들의 결혼생활에서는 별로 좋은 성과를

---

20) H. Anderson et al. (1995), p. 91.

거두지 못할 것이다. 단지 그들은 잠재적인 위험 요소를 결혼생활에 계속해서 지니게 되는 결과를 보게 될 것이다.

오늘날, 기독교인 가정도 결코 가정폭력에서 자유로울 수 없다. 많은 여성이 가정에서의 폭력과 학대로 고통받고 있으며, 교회와 목회자에게 도움을 요청하고 있다. 가정폭력은 우리 사회와 우리 가정, 심지어 교회 안에도 여전히 존재하며, 이제 교회는 침묵하는 것과 숨기는 것을 그만두어야 한다. 교회는 우리 사회에 가정폭력을 고발할 책임을 감당해야 하고, 한 인간으로서 지니는 여성의 가치를 증명해야 하며, 학대로 고통받고 있는 여성에게 안전한 곳과 그들을 돌볼 수 있는 지지 모임을 제공하는 일들을 해야 한다. 게다가 교회와 목회자는 인간이 당하는 고통을 단지 '예수 닮기'의 과정으로—자기부인, 자기희생과 순종이 기독교인이 가져야 하는 최고의 덕목으로—보고 가부장적인 제도와 남성의 머리됨과 남성이 여성을 통제하고 여성 위에 군림하는 권위가 있음을 성경이 지지하고 뒷받침하는 것처럼 해석하고 가르치는 것이 여성들에게 얼마나 파괴적이고 해로운 영향을 끼치는지에 대한 올바른 인식이 있어야 한다.

이제 우리는 교회나 목회자가 그리스도의 몸된 가정을 세우는데 실패했고, 아마도 여러 가지 면에서 가정폭력을 조장할 수 있는 잘못된 가르침과 신학을 가지고 있었음을 겸허하고 솔직하게 인정할 때가 되었다. 교회나 목회자는 더 이상 가정폭력 문제에 대해서 자신들과는 아무런 상관이 없는 것처럼 침묵하고 방관만 해서는 안 된다. 오늘날 신문의 기사를 보면 끔찍한 가정폭력 사건들이 수도 없이 소개되고 있다. 이러한 현실 속에서 교회나 목회자는 결혼생활에서 평등, 상호 간의 사랑, 상호존중을 보여 줄 수 있는 좋은 모델들을 제시해야 하고, 배우자들이 결혼생활의 여러 시기를 거칠 때 약속 다시 하기를 통해 새로운 헌신을 이루어 가도록 도와주어야 한다. 그렇게 할 때, 배우자들은 가정에서 새로운 소망과 신뢰를 경험하게 될 것이다.

다음 장에서는 용서의 진정한 의미를 고민해 보겠다.

제5장
용서의 진정한 의미

우리는 살아가면서 반드시 용서가 필요한 상황을 만나게 된다. 우리가 살고 있는 세상은 늘 정의를 행하는 곳이 아니기 때문이다. 원하든 그렇지 않든, 우리는 우리와 가까운 가족에게든 전혀 모르는 사람에게든 부당함을 겪고 억울한 누명을 쓰고 물질적·정신적 피해를 당할 수 있다. 이런 상황에서 용서하지 않는다면 우리는 아마도 피해의식과 원망에 갇혀 살아야 하는 자유롭지 못한 불쌍한 존재가 될 것이다. 우리가 이 세상에서 인간으로서 살아가기 위해서는 반드시 용서가 필요하다. 그런데 우리는 용서의 문제를 너무 쉽게 다루려고 한다. 우리에게 상처를 준 사람을 빨리 잊고 싶어서, 문제를 빨리 해결하기 위해서 용서를 선택하기도 한다. 한편으로는 용서란 우리에게 어렵고 복잡하고 긴 시간을 요하며, 너무 심하게 상처를 받는다면 아예 불가능하기도 하다. 특히 한국인은 용서하고 용서 받는 문화가 익숙지 않아서 보복을 하거나 아니면 잘못을 덮고 화해 하려고 한다.[1)]

우리에게 용서는 하나의 선택이 될 수 있는가? 인간은 진정한 용서를 한다는 것이 가능한가? 용서란 우리에게 어떤 의미가 있는가? 기독교 신학은 용서에 대해서 어떻게 가르치고 있는가? 불행하게도, 지금까지 교회는 피해자에게 가해자를 용서하라고만 촉구하는 경향이 있다. 예수님이 십자가에서 하셨던 그 기도인 "아버지, 저들을 사하여 주옵소서. 자기들이 하는 것을 알지 못함이니이다."(누가복음 23장 34절, 개역개정)처럼 피해자가 가해자에게 무조건적으로 용서를 베풀어야 한다고 가르쳐 왔다. 예수님이 말씀하신 "일흔 번에 일곱 번 씩" 용서해야 하는 것을 강조해 왔다(마태복음 18장 21-22절). 예수님의 십자가를 통한 즉각적인 용서를 강조하면서 최대한 빨리 용서하여 우리가 받았던 상처를 잊어버리고, 마음에 평안을 얻고, 아무 일도 없었던 것처럼 다시 일상으로 돌아가서 살라고 가르쳐 왔다. 그런데 만약 기독교 신학이 피해자에게 즉각적이고 일방적인 용서에 대한 책임만을 강조한다면 피해자에게는 더 큰 상처와 고통을 부과하는 것이고 용서받은 가해자가 잘못된 행위를 반복하도록 방치하는 결과를 낳게 될 것이다.

이제 우리는 용서에 대한 좀 더 균형 잡힌 올바른 신학을 가지고 있어야 한다. 단지 신학적인 명제나 도덕적인 책임만을 강조하는 용

---

1) 손운산(2008), p. 18.

서가 아니라, 상처와 아픔을 분명히 인식하고, 고통을 충분히 느끼고, 피해자와 가해자가 온전한 치유와 연합의 단계로 나아가는 용서에 대한 건강한 인식과 신학이 필요하다.

올바른 용서신학

만약 용서를 실천하면서 목회자나 목회상담자가 예수 그리스도가 하셨던 십자가라는 용서의 모델만을 가지고 용서를 하나의 의무이자 명령으로만 가르친다면, 피해자는 더 큰 고통과 수치와 죄책감을 갖고 살아가게 될지도 모른다. 용서하지 못하는 자신을 바라보면서 자신은 죄인이라는 죄책감을 갖게 되고, 억지로 용서를 하기는 했는데 계속 원한과 분노로 고통의 나날을 보내게 될지도 모른다. 자신이 받은 상처와 가해자를 대면할 용기가 없어서 그냥 묵인해 버리고, 용서하기를 포기하고 그냥 덮어 두면서 살아가게 될지 모른다. 이러한 용서에 대한 실천은 오히려 피해자를 더 황폐하게 만드는 결과를 초래할 것이다.

우리의 삶과 아무런 연결이 없는 신학, 피해자나 가해자의 고통을 묵인하고 용서의 책임과 결과만을 강조하는 신학은 피해자나 가해자 그리고 우리가 속한 공동체의 회복과는 아무런 상관이 없는 종교적인 행위로 전락하게 될 것이다. 용서를 통해서 피해자와 가해자가 만나고 그리스도 안에서 새로운 생명과 미래를 열어 가는 것이 아니라, 오히려 용서라는 이름으로 피해자는 또 다른 가해자로 살아가면서 껍데기뿐인 죽은 용서를 주고받게 될 것이다.

　목회자나 목회상담자가 용서를 가르치면서 그것을 단순하고 추상적인 개념으로 취급하거나 단지 기독교인의 마땅한 도리라고 강조하는 것으로 끝나서는 안 된다. 용서를 부정적인 감정을 극복하는 하나의 사적인 치료방법으로 취급해서도 안 된다. 목회자나 목회상담자가 용서에 대한 진정한 의미를 가르치지 못하고, 용서에 이르는 과정을 보여 주지 못하고, 구체적인 실천방법을 가르쳐 주지 못한다면, 사람들은 세상의 문화나 심리학이 가르쳐 주는 용서, 즉 용서는 스트레스를 줄이는 가장 탁월한 방법이고 자신을 자유롭게 할 수 있는 좋은 방법이며, 만약 너무 고통스럽거나 나 자신의 존귀함을 해친다면 오히려 용서하지 않는 것이 더 낫다는 사고방식을 취하게 될 것이다.

용서란 무엇인가: 잘못된 용서와 올바른 용서

　용서에 관해서 쓴 많은 심리학적·사회학적 책은 용서를 개인적이고 내적인 과정으로 보고, 용서를 베푸는 사람이 발견하는 내면의 자유와 평안에 대해서 많이 강조한다. 정말로 용서는 단지 피해자가 자신의 내적인 자유를 위해서 가해자에게 베푸는 개인적인 사랑과 은혜의 선물인가? 그렇다면 예수 그리스도의 말씀을 따르는 기독교인에게 용서란 어떤 의미가 있는가? 용서는 기독교인이 반드시 해야 하는 의무인가? 용서는 즉각적인 것인가 아니면 시간이 걸리는 과정인가?

David Augsburger 교수는 용서가 단지 내적인 평안의 문제가 아니고, 개인의 양심에 입각한 도덕적 의도 아니며, 자신의 구원을 보장해 주는 것이 아니라고 주장한다.[2] 용서는 기독교인이 베풀어야 하는 중요한 덕목임에 분명하다. 또한 용서를 통해서 피해자가 가해자에 대한 보복을 포기함으로써 내면의 부정적인 감정을 극복할 수 있게 된다. 하지만 이것은 용서의 한 단면이다. 만약 용서가 단지 나 자신만을 위한 것이고 관계의 회복에는 전혀 관련이 없다면, 그것은 자신의 필요를 채우기 위한 자기중심적인 양상을 띤다. 이러한 용서는 다른 사람들과의 관계를 세우고, 상대방의 고통과 상처를 돌보는 데에는 아무런 관계가 없어 보인다. 이러한 용서에는 자신의 잘못을 정직하게 인정하지도 않고, 하나님의 사랑과 용서 앞에 겸손히 무릎을 꿇지도 않고, 자신의 부족함을 고백하는 태도가 전혀 없다. Lewis Semedes는 "우리 과거의 고통스러운 상처가 치유될 가능성이 활짝 열린다는 점 때문에 불편한 상황에 처한 사람들이 문제 해결을 위해 행하는 다른 훌륭한 인간관계 기법들과 용서가 너절하게 혼합되지 않도록 주의를 기울여야 한다."고 강조하고 있다.[3]

잘못된 용서

올바른 용서를 살펴보기 전에 용서가 아닌 것과 잘못된 용서의 개

---

2) D. W. Augsburger (1988), p. 23.
3) L. B. Smedes (2004), pp. 83-84.

념에 대해서 살펴볼 필요가 있다.

첫째, 용서는 잊어버리는 것이 아니다. 피해자가 당한 폭력은 의식적이든 무의식적이든 그의 기억 속에 남아 있다. 용서한다고 해서 자동적으로 그 기억이 지워지지 않는다. 대신, 온전한 용서는 그 기억을 치유하도록 도와준다. 온전한 용서는 여전히 과거의 기억이 남아 있지만 그것이 더 이상 현재에 일어나는 일을 지배할 수 없게 한다. 피해자가 과거를 무작정 잊으려고 노력하거나 부인하려고 한다면, 실제로 고통스러운 기억이 피해자 자신을 더 강하게 붙들도록 허용하는 것이다.

둘째, 용서는 묵인이 아니다. 상처를 주는 행동을 눈감아 주는 것이 용서처럼 보일 수 있다. 하지만 용서한다고 해서 잘못된 행동을 묵인하는 것이 아니다. 피해자가 자신에게 일어났던 일에 대해서 용서할 수는 있지만 그렇다고 해서 가해자의 부당한 행위 자체를 묵인해야 하는 것은 분명 아니다. 오히려 피해자는 용서하기 위해서 눈을 뜨고 악을 바라보아야 한다.[4]

하나님은 아담의 죄를 용서하셨지만 결코 묵인하지는 않으셨다. 하나님은 십자가에서 예수 그리스도를 죽게 하실 정도로 죄를 심각하게 다루셨다.[5] 예수님도 죄인들을 용서하셨지만 그 죄를 묵인하지는 않으셨다.[6] 하나님의 용서도 죄를 눈감아 주는 것이 아닌데, 피해자가 경험한 그 악한 행동을 그냥 눈감아 주는 것을 용서라고

---

4) D. Stoop (2005), p. 44.
5) Ibid., p. 46.
6) "다시는 죄를 범치 마라."(요한복음 8장 11절), "내 남편을 내게 데려오라."(요한복음 4장 16절), "니가 나를 사랑하느냐?"(요한복음 21장 15절)

할 수 있겠는가? 만약 피해자가 용서한다는 이름 아래 잘못된 행동을 묵인한다면 그것은 가해자를 유리하게 하거나 그들의 책임을 벗어 버리게 하는 것일 수 있다. 이것은 피해자나 가해자가 온전한 치유로 나아가는 데 전혀 도움이 되지 않는다.

셋째, 성급한 용서(quick forgiveness)는 위험하다. 손운산은 성급한 용서에 대해서 이렇게 경고한다. "원한 감정을 갖고 있는 것이 너무 고통스러워서 빨리 용서해 버리려는 사람들이 있다. 가해자와의 관계를 회복하는 것이 자신에게 이익이 된다고 판단될 경우에도 빨리 용서하려고 한다. 빨리 용서하는 것 자체가 문제는 아니다. 하지만 용서가 사람의 자기존중감을 훼손한다면 문제가 된다."[7] 많은 기독교인은 용서라는 방법을 통해서 무너진 관계를 최대한 빨리 고치려고 한다. Ray Anderson은 성급한 용서에 대해서 이렇게 이야기한다. "성급한 용서는 부서진 관계를 회복하는 데 도움이 되기는커녕 오히려 더 위험하다. 왜냐하면 사람들은 그들이 당하고 있는 고통을 빨리 피하고 싶어서 빨리 용서하려고 시도하기 때문이다."[8]

한편으로, 용서를 성급하게 다루지 않아야 하는 이유는 피해자가 빨리 용서를 베풀어서 가해자를 감정적으로 통제하려는 잘못된 동기 때문이다. 이러한 성급한 용서는 관계를 회복하는 것이 아니고 더 악화시킨다. 성급한 용서는 인간관계에서 인격적·사회적 회복을 불가능하게 하고, 더 나아가서 영적으로 하나님 앞에 다가가지

---

7) 손운산(2008), p. 31.
8) R. S. Anderson (2001), pp. 292-294.

못하게 한다. 이런 의미에서 Bonhoeffer는 용서에 대한 좋은 정의를 알려 준다.

> 우리는 상대방에게 우리의 죄를 고백하는 것보다 하나님에게 우리의 죄를 고백하는 것이 더 쉬운가? 만약 그렇다면, 우리는 우리의 죄를 하나님 앞에 고백함으로써 우리 자신을 속이고 있지는 않는지 우리 자신에게 질문해야 한다. 혹은 우리 자신에게 죄를 고백하지 않고 사면을 베풀려고 하는 것인지도 물어보아야 한다. 형제자매 앞에서 자신의 죄를 고백할 수 있는 사람은 그가 더 이상 혼자가 아닌 것을 알고 있다. 그는 다른 사람과 함께 있는 현실 속에서 하나님의 임재를 경험하고 있다. 우리가 하나님의 용서(divine forgiveness)를 경험하는 통로가 바로 상호적인 고백(mutual brotherly confession)이기에, 이 고백은 하나님으로부터 주어진 것이다. [9]

용서는 즉각적으로 이루어지는 것이라기보다 힘든 과정과 시간이 필요한 먼 여행이다. 하나님은 에덴동산에서 우리 인간을 용서하기로 결정하셨지만, 그 용서는 그리스도가 십자가에서 희생되실 때까지 완전히 이루어지지 않았다. 너무 빨리 용서를 베푸는 것은 우리로 하여금 인격적인 치유와 화해를 경험하지 못하게 만드는 사탄의 속임수일 수 있다.

넷째, 용서와 화해는 다르다. 사람들이 힘들어하는 것은 용서를 했다면 반드시 화해해야 한다는 믿음 때문이다. 하지만 용서와 화해

---

9) D. Bonhoeffer (1954), pp. 115-116.

는 두 가지 별개의 과정이다. 화해를 하려면 언제나 용서가 선행되어야 하지만, 용서했다고 해서 화해를 장담할 수는 없다.[10] 가해자의 참여 없이도 각 개인은 용서의 작업을 할 수 있다. 하지만 화해는 반드시 상대방의 진실한 참여가 필요하다. 화해는 언제나 쌍방적이다. 하지만 진정한 용서는 상대방이 자신의 잘못을 뉘우치지 않고 새로운 관계에 대한 초청을 받아들이지 않아도, 상호적인 화해가 언젠가는 일어날 것이라는 가능성에 우리의 마음을 열어 두게 한다. 용서는 우리가 올바른 관계를 회복하기를 원한다는 표현이기 때문이다.

올바른 용서

Augsburger는 진정한 용서에는 진정한 회개가 있고, 올바른 관계를 다시 세우는 것에 대한 상호 간의 인식이 있어야 한다고 말한다.[11] 용서에는 상대방을 나와 똑같은 사람으로 받아들일 수 있는 은혜의 마음이 필요하고, 서로가 화해를 추구하면서 신뢰와 존중의 마음으로 상대방의 회개를 진실한 것으로 받아 주는 것이 필요하다.[12] 은혜, 진실, 용납, 직면, 희생, 책망, 이 모든 것이 용서 안에 들어있다. Shults도 역시 성경 안에서 사용된 용서의 의미는 하나님의 사랑을 보여 주고 하나님의 사랑을 나누는 것이기 때문에, 기독교에

---

10) D. Stoop (2005), pp. 51-52.

11) D. W. Augsburger (1988), p. 28.

12) Ibid., p. 28.

서 용서는 화해(reconciliation)이고 하나님의 사랑에 반응하는 것이라고 주장한다.[13] 그는 계속해서 용서를 설명하면서 죄책감으로부터의 자유만을 강조하고 교회의 전통과 신학만을 강조하는 용서는 가해자에게는 복음이지만 피해자에게는 더 이상 복음이 아니라고 말한다.[14]

용서의 진정한 목표는 우리가 형제자매를 찾아가서 인격과 인격이 만나고 서로가 서로를 재발견하는 것이다. 예수님은 마태복음 18장 15-16절에서 죄를 범한 형제를 찾아가서 그에게 권고하고 그 형제를 얻는 것이 용서의 목표라고 말씀하신다.[15] 하나님이 우리를 받아 주시고 용서하시는 것처럼, 죄를 범한 형제를 받아 주고 화해를 시도하라고 말씀하신다. 이런 의미에서 진정한 용서와 화해는 십자가의 희생과 부활을 하신 예수 그리스도와의 인격적인 만남과 신비로운 연합을 통해서 예수님과의 풍성한 관계로 들어갈 때 가능하다. 피해자의 경우, 예수 그리스도와의 새로운 생명의 관계 속에서 자신의 상처를 인정하고, 자신의 상처를 충분히 슬퍼하고, 그 기운에 새로운 회복의 관계를 열망하게 된다. 가해자의 경우 십자가의 용서로 나아가는 길은 자신의 죄를 정직하게 고백하는 것임을 인정하고, 온전한 회개를 통해서 올바른 관계를 세우도록 노력하게 된다.[16] 우리

---

13) F. L. Shults & S. J. Sandage (2003), p. 161.

14) Ibid., p. 158.

15) "네 형제가 죄를 범하거든 가서 너와 그 사람과만 상대하여 권고하라. 만일 들으면 네가 네 형제를 얻을 것이요, 만일 듣지 않거든 한두 사람을 데리고 가서 두세 증인의 입으로 말마다 확증하게 하라." (마태복음 18장 15-16절)

16) F. C. Shults & S. J. Sandage (2003), p. 158.

가 하나님의 용서에 대해서 배우고 아는 것은 중요하다. 하지만 이러한 지식이 우리의 머릿속에 머무르지 않고 우리의 가슴으로 내려와야 한다. 우리의 심장이 반응해야 우리의 삶 구석구석에서 예수님의 용서를 실천하면서 살 수 있을 것이다.

용서, 회개 그리고 화해

용서의 문제를 다룰 때 우리는 반드시 어려운 질문에 맞닥뜨리게 된다. 가해자가 회개하지 않는데 용서가 가능한가? 용서했다면 반드시 화해로 나가야 하는가? 만약 용서가 화해의 필요조건이 아니라면 용서에 있어서 회개는 불필요한 요소인가? 일방적인 용서와 상호적인 용서는 어떻게 다른가?

많은 기독교인이 자신에게 상처를 준 사람을 무조건적으로 받아들이고 용서하는 것이 기독교인의 참 미덕이라는 믿음을 가지고 회개를 용서의 과정에서 분리해서 생각하려는 경향이 있는 것 같다. 용서를 무조건적인 사랑(unconditional love)과 같은 것으로 여긴다. 그런데 정말 용서(forgiveness)와 사랑(love)은 같은 것인가? Ausgburger 교수는 회개의 단계를 무시하고 그냥 넘어가는 반응은 무조건적인 사랑이지 용서가 아니라고 말한다.[17] 용서를 할 때는 상대방을 긍휼히 여기는 '무조건적인 사랑'이 반드시 필요하다. 하지만 무조건적인

17) D. W. Augsburger (1981), p. 66.

사랑은 용서를 향한 첫 번째 단계이지 완성이 아니다. 이 주장은 상처를 입한 사람이 회개할 때까지 용서를 할 수 없고 또 용서를 해서도 안 된다는 말인가? 상대방의 회개가 없이도 용서가 불가능하다는 말인가?

상대방이 회개를 거부하고 있어도 우리가 용서해야 한다고 주장하면 우리는 이렇게 생각할 것이다. '용서는 불공평한 일이다. 용서는 정의롭지 못하다. 용서는 인간의 논리와 이성을 무시하는 것이다. 가해자가 참회하지 않는다면 용서를 거론하지 말라. 용서에는 조건이 따른다. 잘못을 뉘우쳐야 용서가 가능하다.' 만일 상대방이 회개하지 않는다면 우리는 어떻게 해야 하는가? 우리는 용서를 거두어야 하는가? 우리를 향한 하나님의 용서를 인간관계에 동일하게 적용하는 것이 적절한지, 우리가 하나님처럼 용서할 수 있는지에 대해서 여러 가지 논란이 있지만, 우리가 예수 그리스도의 용서를 기꺼이 받아들인다면 우리도 그분처럼 용서하는 사람이 되는 것이 맞을 것이다. 회개하는 사람을 용서하는 것이 더 논리적으로 보이겠지만 예수님은 우리에게 더 높고 깊은 수준의 용서를 요구한다. 분명히 상대방이 자신이 저지른 잘못을 시인하지 않더라도 용서는 가능하다. 하지만 그 용서는 분명히 완전하지는 않다. 이런 의미에서 David Stoop은 무조건적인 용서와 수동적인 희생자가 되는 것을 동일시해야 하는가에 대해서 질문한다.[18]

Augsburger는 진정한 용서는 나에게 일어난 일에 대한 분명한 인

---

18) D. Stoop (2005), p. 85.

식을 가지고, 내 안에 있는 고통과 상처를 부인하지 않고 내 것으로 그대로 받아들이며, 나에게 상처를 준 상대와 진실하게 만나고, 진정성을 가지고 서로가 새로운 미래를 소망하는 것이라고 말한다.[19] 진정한 용서가 일어나기 위해서 회개의 단계는 중요한 작업이다. 여기서 말하는 회개는 단순히 어떤 관계가 나빠졌거나 어떤 기회를 놓쳤다고 슬퍼하는 것이 아니다. 진정한 용서에 필요한 회개는 내가 한 악한 행동을 인정하고, 잘못된 것을 버리고 새로운 행동을 선택하고, 미래를 향한 나의 새로운 각오를 표현하는 행동이다. 이러한 회개에는 깨진 관계를 다시 연결하려는 시도가 있다. 물론 회개가 있어야지만 용서가 가능한 것은 아니지만, 진정한 회개가 용서를 향한 첫걸음이 되어야 함은 분명하다.

　　Marie M. Fortune은 치유로 나아가는 데 있어서 용서는 첫 번째 단계(first step)가 아닌 마지막 단계(last step)여야 한다고 주장한다.[20] 그녀는 계속해서 "정의를 추구하기 전에 용서하는 것은 값싼 은혜(cheap grace)로, 피해자나 가해자가 온전하게 회복되고 치유되는 데 도움이 되지 않는다."고 말한다.[21] 이러한 '미성숙한(premature)' 용서는 오히려 치유 과정을 더 힘들게 하고, 가해자로 하여금 그의 폭력적인 행동에 대해서 책임을 회피하게 함으로써 그가 온전히 회복되는 것을 방해한다는 것이다. Augsburger 교수는 신약성경의 문맥에서 용서는 '사랑'이라는 단어보다 '화해'라는 단어에 더 가깝다는

---

19) D. W. Augsburger (1981), p, 66.
20) M. M. Fortune (1988), p. 215.
21) Ibid., p. 216.

사실을 알려 준다.[22] 물론 용서의 헬라어 단어의 뜻은 '해방시키다, 자유를 주다, 은혜라는 선물을 주다'로 번역이 된다. 하지만 용서가 사용된 전체적인 문맥을 함께 고려하여 그 의미를 살펴보면, 개인적으로 다른 사람을 풀어 주고 사적으로 은혜를 베푸는 것보다는 관계적인 의미가 더 크다.[23] 예수 그리스도 안에서 보인 우리를 향한 하나님의 용서는 하나님과 우리의 관계를 회복하시기 위함이었다. 하나님은 그 화목하게 하시는 말씀을 우리에게 부탁하셨다(고린도후서 5장 19-20절).[24]

성경적인 관점에서 봐도 '미성숙한' 용서는 온전한 용서가 아니다. 성경은 용서의 최종 목표를 형제와 자매를 얻는 것이라고 말하고 있다는 사실을 이미 밝힌 바 있다. 불행하게도, 용서에 대한 교회의 가르침은 주로 용서를 베푸는 자가 어떻게 하면 무조건적으로 사랑을 베풀어서 내면의 자유를 얻고, 도덕적으로 더 옳은 일을 하고, 더 좋은 기독교인이 되는가에 초점을 맞추고 있다. 이러한 용서에 대한 미성숙한 신학은 피해자가 자기중심적인 태도 안에 갇히게 하는 한편, 가해자에게는 그의 폭력적이고 학대적인 행동을 계속하게 만듦으로써 그 안에 참다운 변화가 일어나지 않도록 방해하게 될 것

---

22) D. W. Augsburger (1988), p. 24.

23) Ibid., p. 24.

24) "하나님께서 그리스도 안에 계시사 세상을 자기와 화목하게 하시며 저희 죄를 저희에게 돌리지 아니하시고 화목하게 하는 말씀을 우리에게 부탁하셨느니라 이러므로 우리가 그리스도를 대신하여 사신이 되어 하나님이 우리로 너희를 권면하시는 것같이 그리스도를 대신하여 간구하노니 너희는 하나님과 화목하라." (고린도후서 5장 19-20절)

이다. Fortune이 잘 지적했듯이, 정의(justice)가 없는 용서는 알맹이가 없는 행동(empty exercise)과 같다.[25] 신약성경의 누가복음에서 예수님은 우리가 가해자의 행동에 대해서 먼저 분명한 입장을 취한 다음 그가 회개하면 몇 번이든지 용서하는 마음을 가져야 한다고 가르치신다.[26]

성경에 나타나는 용서를 살펴보면서 Fortune은 가해자나 피해자가 자유롭게 용서할 수 있도록 용서하기 전에 필요한 단계가 있다고 제안한다. 이는 '고백' '회개' 그리고 '보상'이다.[27] 첫 번째 단계는 '고백(confession)'으로, 자신이 상대방에게 행한 잘못을 솔직히 시인하는 것이다. 두 번째 단계는 '회개(repentance)'로, 단순한 후회가 아닌 근본적인 변화를 말한다.[28] 세 번째 단계는 '보상(restitution)'으로, 만약 가해자가 물질적으로 피해를 주었다면 그것을 갚아야 하는 책임이 있다는 것이다. 물론 보상을 한다는 것 자체가 아무 일도 일어나지 않은 것처럼 과거를 지워 버릴 수는 없지만, 보상의 책임을 진다는 것은 가해자가 피해자가 당한 상처를 그대로 인정해 주는 것이고, 잘못된 것을 다시 올바르게 돌려놓겠다는 노력과 의지를 보여주는 것이다.

더 나아가서 Alan Richardson은 회개에 대한 성경적인 의미를 설

---

25) M. M. Fortune (1988), p. 216.

26) 너희는 스스로 조심하라. 만일 네 형제가 죄를 범하거든 경고하고 회개하거든 용서하라. 만일 하루에 일곱 번이라도 네게 죄를 짓고 일곱 번 네게 돌아와 내가 회개하노라 하거든 너는 용서하라 하시더라." (누가복음 17장 3-4절)

27) M. M. Fortune (1988), pp. 216-217.

28) 여기서 회개라는 말은 metanoia, 즉 근본적인 변화라는 말에서 나왔다.

명한다. 그는 "용서라는 단어는 구약과 신약에서 거의 비슷한 의미로 쓰여 있는데, 그 의미에는 생각과 의도의 변화가 반드시 포함되어야 한다."고 말했다.[29] 계속해서 그는 "예수 그리스도에게 그리고 모든 기독교인에게는 용서가 한계가 없지만, 용서는 용서가 주어지는 사람 안에 진실한 회개가 있다는 것을 전제로 한다."고 주장했다.[30] 회개는 잘못된 것을 바르게 하고 그것을 바로잡기 위해서 필요한 변화가 무엇이든지 해야 하는 것을 의미하기 때문에, 진정한 용서의 과정에는 어떤 상해가 있었는지를 밝히고 그것에 대한 고백이 있어야 한다는 것이다. 하지만 이러한 변화는 단지 좋은 의도와 동기만을 가지고서는 이루기가 불가능하다. 진정한 용서를 이루기 위해서는 반드시 시간이 필요하고, 힘든 노력이 필요하고, 심지어 치료의 과정이 필요하다.

일방적인 용서와 상호적인 용서

일반적으로 상대방이 회개하지 않아도 우리는 무조건적인 용서를 통해 관대하고 사려 깊고 자기희생적인 사랑을 보여 줄 수 있다. 이런 일방적인 용서는 진정한 용서로 나아가는 데 첫 번째 단계일 수는 있지만 피해자와 가해자의 관계를 회복하는 데 충분하지는 않

---

29) A. Richardson (1950), p. 86.
30) Ibid., p. 86.

다. 이 단계에서는 두 사람이 진정으로 만나는 대면은 절대로 일어나지 않는다.

Augsburger 교수는 일방적인(one way) 용서에서 상호적인(two way) 용서로 나아가기 위해서는 회개의 단계가 필요하다는 것을 보여 준다.[31] 이 단계는 용서를 좀 더 깊이 이해하는 데 도움이 된다.

Augsburger 교수가 제시한 모델에서 첫 번째 단계는 우리가 할 수 있는 용서의 가장 초보적인 단계다. 이 단계에서 피해자는 가해자의 잘못된 행동에도 불구하고 그를 가치 있는 사람으로 바라보고 그에게 일방적인 사랑을 보여 준다. 하지만 이 단계는 진정한 용서로 나아가는 첫 번째 과정일 뿐, 우리가 궁극적으로 추구해야 하는 화해의 단계로 나아갈 수 없다. 새로운 관계를 시작하고 온전히 화해하기 위해서는 두 번째 단계인 회개의 단계가 필요하다. 가해자가 진정한 회개를 보여 주고, 다시는 똑같은 행동을 하지 않기로 약속하고, 변화된 모습을 보여 줄 때, 피해자는 다시 예전의 관계로 돌아갈 수 있는 모험을 하기로 결정할 수 있다. 이것이 세 번째 단계다. 이 세 번째 단계에서 피해자와 가해자는 치유와 회복을 경험하고, 새롭게 창조된 관계를 함께 축복하고 누릴 수 있다. 결론적으로, Augsburger 교수는 용서의 목적에 대해서 다음과 같이 정리한다.

용서의 목표는 단순한 석방(release)이 아니고 화해에 이르는 것이다. 용서는 관계를 재건하는 것이지, 예의 바르게 후퇴하는 것이 아니다. 우

---

31) D. W. Augsburger (1996), pp. 14-17.

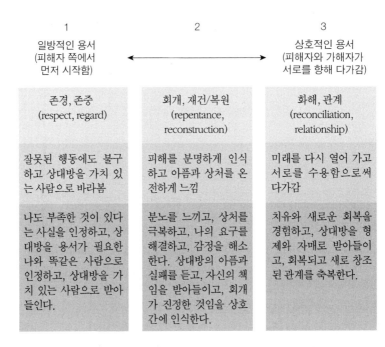

[그림 5-1] 일방적 용서에서 상호적 용서로 가는 단계

리 중에 누구도 혼자서 용서를 할 수는 없다. 우리는 개인적으로 상대방을 사랑으로 대할 수는 있다. 상대방을 존귀하고 가치 있는 사람으로 대할 수 있다. 하지만 우리는 다시 대화를 시도하고, 상대방이 진정한 대화에 참여하도록 초청하고, 우리가 할 수 있는 한 힘을 다해서 다시 한 번 진실된 신뢰의 관계로 나아가는 위험을 감수해야 한다. 이것은 두 사람이 함께 해야 하는 작업이다. 이 작업은 두 사람이 다시 올바른 관계 안으로 들어와야 가능하다. 그것을 혼자서 하는 것은 외로운 싸움이고, 늘 상대방을 기다리게 내버려 두는 것이다.[32]

----

32) D. W. Augsburger (1981), p. 31.

용서의 과정을 통해서 피해자가 상대방이 준 고통을 마주 대하고 자신의 감정을 무시하지 않고 그대로 인정할 때, 그는 비로소 과거의 아픔에서 돌아서서 새로운 용서의 관계로 나아갈 수 있다. 이런 의미에서 용서는 하나의 행동이 아닌 과정이다. 하나의 거래가 아닌 계속 이어지는 단계다. 용서는 한 번에 즉각적으로 완전하게 끝나지 않는다. 또한 개인의 상처로부터 도망치고 부인하는 방식으로 문제를 속히 해결하는 개인적이고 일방적인 방법이 아니며, 관계적이고 상호적인 만남이다. 용서는 배신, 학대, 인격 손상, 불성실, 물질적 혹은 정신적 가해로 인해 개인의 내면이나 상호관계 안에 존재하는 상처, 분노, 슬픔을 무시하지 않고, 그대로 인정하고 받아들이고, 가해자와 피해자가 용서의 과정을 함께 걸어감으로써 새롭게 열린 미래를 함께 바라보는 것이다.

목회자와 목회상담자를 위한 제안

목회상담의 가장 중요한 역할 중 하나는 바로 연결(connection)과 화해(reconciliation)다. Augsburger 교수는 용서의 과정을 다리의 역할에 비유해서 "용서는 다리처럼 삶의 오고 가는 무게를 견디게 하고, 피해자와 가해자의 양쪽 끝을 연결시켜 주고, 새로운 길을 만들어 준다."고 이야기한다.[33] 목회자나 목회상담자는 수많은 상처와

---

33) D. W. Augsburger (1996), pp. 6-7.

원망과 죄로 인해 무너진 인간관계를 연결하는 다리의 역할을 하는 사람들이다.

이런 의미에서 목회자나 목회상담자가 해야 하는 역할이 크다. 목회자나 목회상담자는 무엇보다 용서에 대한 올바른 성경적인 지식과 건강한 신학을 가지는 것이 중요하다. 그들의 책임과 사명은 하나님과의 인격적인 교제를 통해서 스스로가 먼저 하나님의 용서를 경험하고, 그들을 찾아오는 성도나 내담자에게 예수 그리스도의 생명을 보여 주고, 용서에 대한 올바른 시각을 가르쳐 주고, 실제적으로 삶에서 용서를 실천할 수 있는 구체적인 방법을 알려 주고, 용서에 대한 새로운 시각에서 용서의 과정을 다시 시작할 용기를 가지게 도와주는 것이다. 이를 위해서 목회자나 목회상담자가 알아야 할 몇 가지를 제안하겠다.

첫째, 목회의 실제 현장에서 목회자와 목회상담자가 가지고 있는 어려움 중의 하나는 그들이 직접 다루어야 하는 용서의 내용이 때로는 너무 심각하기도 하고, 많은 시간이 걸리는 어려운 작업이기 때문에 용서를 쉽고 빠르게 다루려고 하는 유혹이 있다는 것이다. 예를 들면, 가해자가 목회자를 찾아와서 자신의 잘못을 뉘우치고 용서를 구할 때, 목회자는 그를 위해서 기도해 주고 하나님이 회개하는 자를 용서해 주신다는 것을 확인시켜 주고 나서 그냥 집으로 돌려보내는 경우가 있다. 이렇게 하면 가해자는 자신의 잘못에 대한 책임이 벗겨졌다는 느낌이 들게 된다. 당시에는 다시는 죄를 반복하지 않겠다는 다짐을 하겠지만, 이것은 진정한 회심이 아닐 것이다.

그렇다면 이런 경우 목회자나 목회상담자는 어떻게 해야 하는가?

그들은 목회적 권위(pastoral authority)를 사용해서 가해자를 올바른 방향으로 지도해 주어야 한다. 가해자 자신이 용서받은 자로서 책임을 피하는 것이 아니라 잘못된 행동의 결과에 대한 책임을 그대로 받아들이고 그 행동을 고치려는 노력을 할 수 있도록 도와주어야 하고, 필요하다면 장기간의 회복과 치료의 과정을 거칠 수 있도록 격려해 주어야 한다. 또한 가해자가 일주일에 한 번 여는 회복 프로그램에 참여할 수 있도록 권유하고, 믿음의 공동체에서 제공하는 성경공부나 기도 모임, 예배에 참석할 수 있도록 필요한 자원을 알려 줄 필요가 있다. 목회자나 목회상담자는 믿음의 공동체 안에서 가해자가 이런 힘든 과정을 겪어야 온전한 치유를 경험할 수 있다고 말해 줄 수 있는 권위를 가진 유일한 사람들이기 때문이다.

둘째, 목회자나 목회상담자는 용서에 대한 다양한 조망을 가지고 있어야 한다. 목회자나 목회상담자가 용서에 대해서 좁고 비뚤어진 시각을 갖고 있다면, 그들을 찾아오는 내담자에게는 아무런 도움이 되지 않을 것이다. 잘못된 목회적 권위를 내세우면서 피해자에게 용서를 강요하고 가해자에게 쉽게 용서를 베풀어 주는 것은 피해자, 가해자 그리고 공동체를 올바르게 세우는 일이 절대로 아니다. 물론 목회자나 목회상담자는 하나님이 회개하는 자를 용서하신다는 사실과 하나님의 무조건적인 사랑이 언제나 유효하다는 사실을 알려 줄 책임 또한 있다. 미움과 증오와 원망의 감옥에서 해방되기 위해서 반드시 용서가 필요하다는 사실도 강조해야 한다. 그리고 용서를 베풀 수 있도록 간절히 함께 기도해야 한다.

하지만 그런 사실을 말해 준 다음에는 어떻게 해야 하는가? 목회

자나 목회상담자는 피해자나 가해자들이 용서의 과정이나 회개의
단계를 거치도록 도와주어야 한다. 목회자나 목회상담자가 용서의
과정에 대한 다양한 시각과 실천 방향을 알고 있다면, 내담자를 더
욱 효과적으로 도와줄 수 있을 것이다. Augsburger는 목회자가 용서
에 대한 다양한 조망을 가질 수 있도록 하기 위해 〈표 5-1〉과 같이
단계적이고 연속적인 관점을 제시해 준다.[34]

　이러한 관점을 가지고, 목회자나 목회상담자는 그들을 찾아오는
내담자와 함께 지금 현재 그들이 처해 있는 상황에 대해서 이야기를
시작할 수 있을 것이다. 또한 내담자가 가장 선호하는 용서에 대한
이해와 목표가 무엇인지 나누어 보면서, 그들이 진정한 용서의 목표
를 다시 설정하도록 도와줄 수 있을 것이다. 만약 내담자들이 현재
처해 있는 상황이 예의바름이나 참음 그리고 일방적인 받아들임과
사면의 단계라면, 용서에 대한 더욱 폭넓은 이해를 보여 주고, 그들
의 잘못된 용서에 대한 인식을 바로잡아 주고, 부인되고 숨겨진 상
처와 아픔을 꺼내서 정직하게 바라볼 수 있도록 도와주고, 그 아픔
을 슬퍼하고, 아픔을 넘어 다시 새로운 관계를 열어 가는 진정한 용
서의 여행을 함께 떠나도록 용기를 북돋아 줄 필요가 있다.

　또한 목회자나 목회상담자에게는 Lewis Smedes가 제시한 용서의
네 가지 단계가 용서의 과정을 이해하는 데 많은 도움이 될 것이
다.[35] 용서의 첫 단계는 상처(hurt)를 인식하는 것이다. 누군가가 부

---

34) D. W. Augsburger (2004), pp. 234-253.
35) L. B. Smeddes (2004), pp. 23-82.

표 5-1 용서를 바라보는 다양한 시각들

예의바름 (Civility)	참음 (Tolerance)	받아들임 (Acceptance)	사면 (Pardon)	함께 살아감 (Co-humanity)	과정 (Process)	연결(Connection)
정중함, 예의, 친절	부인, 묵인, 마음을 닫음	무조건적으로 받아들이고 존중해 주는 자비	일방적인 사면과 풀어 줌	서로가 똑같은 인간임을 인정	다가가고 위험을 감수하고 해결하려고 서로 노력함	다시 연결되고 다시 관계를 만들고 화해를 이룸
죄에 대해서 책임을 묻지 않고 즉시 예의 바르게 대함	누가 잘못인지 판단하기를 거부하면서 모욕이나 상해를 간과함. 그냥 관계를 마무리하라고 노력함. 그냥 문제를 멀리 던져 놓음	상대방을 실수할 수 있는 사람으로 인정하며, 가치 있는 사람으로 받아들임.("당신이 잘못했지만 나는 우리 두 사람의 평화를 위해서 그것을 못 본 체하려고 함.")	피해자가 요구할 수 있는 빚을 청산해 줌. 가해자는 문제를 다시 바라보고 자신의 행동으로부터 일어나는 원망으로부터 자신을 자유롭게 함	인간에의 회복. 그 사람이 과거에 실패했음에도 불구하고 나와 같은 인간임을 인정함	상호 간의 의도, 행위를 통해서 한쪽이나 양쪽 모두가 화해의 단계에 참여함	서로 간의 화해가 진정한 것임을 확인하고, 올바른 관계가 재구성되어 시각적 관계가 새롭게 시작되었음을 인식하고 구축함

당하게 우리의 마음을 아프게 했을 때, 도저히 잊을 수 없을 정도로 마음에 깊은 상처를 안겨 주었을 때, 우리는 '용서'라는 중대한 상황의 첫 단계로 떠밀려 들어가게 된다. 만약 그렇게 심한 상처가 아니라면, 그냥 넘어가도 된다. 두 번째 단계는 미움(hate)이다. 우리는 상처에 대한 기억을 잊을 수 없다. 상처를 준 사람이 잘되기를 바라는 것은 더욱 힘들다. 우리가 아픈 만큼 상대방도 아파야 한다는 것은 당연한 생각이다. 용서한다고 해서 내가 아프지 않아야 하는 것은 아니다. 용서를 결정하기 전에 어쩌면 우리는 아파야 하고, 상대방이 나에게 준 그 상처를 그대로 느껴야 한다. 그러고 나서 용서를 결정해야 한다. 세 번째 단계는 치유(healing)다. 우리에게 상처를 입힌 상대방을 새로운 시각으로 보는 것이다. 과거의 기억이 치유를 받는다. 쓰라린 고통의 지류를 역류시켜 자유로워진다. 네 번째 단계는 연합(the coming together)이다. 상처를 입힌 상대방을 나의 인생에 다시 초대한다. 만일 그 사람이 정직한 마음으로 우리의 인생에 다시 들어온다면 두 사람은 새로워지고 치유된 인간관계를 향해 함께 나아갈 것이다. 하지만 연합은 상처를 입힌 상대방의 태도에 많이 좌우된다. 때로는 상대방이 우리의 초대를 거절할 수 있다. 그러면 우리는 혼자서라도 치유를 받을 수밖에 없다. 우리는 지금 어느 단계에 머물러 있는지 살펴볼 필요가 있다. 만약 우리가 첫 번째 혹은 두 번째 단계에 머물러 있다면 세 번째 단계로 나아갈 수 있는 방법을 찾아야 한다. 그러지 않으면 우리의 인생은 거기서 머무르게 될지도 모른다.

셋째, 목회자나 목회상담자는 용서의 문제를 너무 조급하게 다루어서는 안 된다. 용서는 치유의 과정에서 가장 중요한 요소임에 분명하지만 최우선적으로 다루어져야 할 것은 아니다. 용서를 제일 먼저 다루게 되면, 피해자의 경우 더 큰 상처를 받게 되고 정신적·정서적으로 충분히 치유되고 성장할 기회를 박탈당할 수 있다.[36] 그리고 가해자의 경우는 용서를 충분히 파괴적으로 악용할 가능성을 줄 수 있다는 것을 주의할 필요가 있다. 이러한 의미에서 Fortune은 피해자가 올바른 용서를 선택할 때까지, 피해자가 용서할 준비가 될 때까지, 그리고 가해자가 진정한 회개의 자리로 나아갈 때까지 인내하면서 기다려 주는 것이 우리가 그들에게 줄 수 있는, 목회자나 목회상담자가 베풀 수 있는 최고의 배려가 될 것이라고 말한다.[37]

목회자나 목회상담자는 내담자에게 피해의 심각성을 충분히 이해할 시간이나 때로는 분노할 시간을 주어야 한다. 관계가 깨진 것에 대해 슬퍼할 시간을 주어야 한다. 신뢰가 무너진 것에 대해 애통할 시간을 주어야 한다. 피해자가 용서를 서두르지 않도록 도와주어야 한다. 힘든 용서의 과정들을 거치면서 내담자는 겸손하고, 자신의 현재의 모습을 정직하게 바라보고, 관계를 새롭게 열어 갈 용기와 신뢰를 얻게 될 것이다.

목회자나 목회상담자는 끝까지 피해자의 이야기를 경청해 주고 기다려 주는 자세가 필요하다. 그들은 피해자의 주장과 불평과 울부짖음을 있는 그대로 진실하게 경청해야 한다. 물론 목회자나 목회상

---

36) G. Martin (1988), p. 103.
37) M. M. Fortune (1988), p. 220.

담자가 피해자가 하는 이야기의 세세한 부분까지 다 동의할 수는 없을지도 모른다. 하지만 피해자가 그들의 마음을 털어놓을 수 있도록 먼저 다가가야 한다. 그들이 느끼는 상처를 있는 그대로 느낄 수 있는 공감의 능력이 필요하다. 피해자의 자리에 함께 머물러 있을 수 있는 목회적 임재(pastoral presence)가 필요하다. 그 자리에 함께 있어 주는 임재를 통해서 피해자는 하나님의 위로와 소망을 발견할 수 있을 것이다.

저자는 많은 사람을 상담하면서 이 목회적 임재의 힘을 많이 경험했다. 목회자나 목회상담자에게 피해자가 자신의 이야기를, 심지어 가장 수치스럽고 아픈 이야기를 서슴없이 들려준다는 것이 얼마나 큰 특권인가! 피해자가 들려주는 이야기를 통해 그들의 삶에 참여할 수 있는 그 시간은 가장 강력한 치유의 순간이다. 피해자가 용서하고 싶어도 용서하지 못해서 가지고 있는 그 마음의 응어리, 수치심, 죄책감, 분노, 상실감, 절망 등에 관한 모든 이야기를 말하기 시작할 때, 치유의 과정은 시작된다. 때로 다른 사람의 고통과 상처를 들어 주는 것은 아주 힘든 작업이다. 하지만 앞서 이야기한 것처럼 피해자의 고통스러운 삶의 중심에 초청되어서 함께 치유의 여정을 걸을 수 있다는 것은 목회자와 목회상담자의 특권이다. 진정한 목회적 돌봄은 바로 이런 목회적 임재에서 비롯되는 신뢰의 관계에서 나오는 것이다.

넷째, 목회자나 목회상담자는 성령의 도우심이 필요하다는 사실을 인정해야 한다. 기독교인은 용서가 불가능해 보이는 상황에서도 하나님의 치유에 대한 소망을 가지고 기도로 하나님 앞에 나아갈 수 있다. 용서를 다룰 때에도, 반드시 성령의 역사를 위해 기도해야 한다. 성령의 역사는 용서를 상상하기도 힘든 상황에서, 화해를 시도하기가 너무 어려운 상황에서도 용서와 치유의 기도를 시작할 수 있게 한다.[38] 성령의 능력은 실제적으로 치유를 일으킬 수 있다. 성령은 피해자로 하여금 과거를 놓아주고 용서를 할 수 있는 힘을 주신다. 성령은 가해자로 하여금 회개를 할 수 있는 용기를 주시고 변화를 시도할 수 있는 힘을 주신다. 성령은 교회로 하여금 용서하지 못해서 힘들어하는 많은 사람을 도와주도록 힘을 주신다.

이러한 성령의 능력은 우리의 기도를 통해서 온다. 우리가 기도할 때, 성령은 우리의 내면적인 변화의 역사를 시작하신다. 상담을 하다 보면 이런 부탁을 받을 때가 있다. "목사님, 저는 제게 상처를 준 그 사람을 위해서 도저히 기도할 자신이 없지만, 저를 대신해서 그 사람을 위해 기도해 주실 수 있나요?" 우리가 성령의 도우심으로 용서를 위해서 기도하기 시작할 수 있다면, 즉각적인 회복과 화해가 일어나지는 않는다 하더라도 자기 내면 안에서 새로운 변화가 시작될 수 있다고 믿는다. 게다가 혹시 너무 힘이 들어서 기도할 힘조차 없을 때라도, 우리는 우리를 위해서 중보기도하는 자들에게 부탁할 수 있다.

야고보서 5장 13-16절은 우리에게 기도와 치유와 용서가 어떻게 연결되는지 가르쳐 준다.[39] 야고보서는 우리가 치유를 위해 구할 때 특별히 서로의 죄를 고백하라고 말해 준다. 이 고백에는 단지 우리

---

38) 마태복음 5장 44절, 마태복음 6장 9절, 골로새서 3장 13-17절

가 다른 사람에게 잘못을 한 행위뿐만 아니라 우리의 내면 안에 있는 분노와 상처에 대한 고백도 포함된다. 이러한 고백과 용서가 우리의 기도 속에 스며들 때, 성령께서 우리의 몸과 영혼을 치유해 주시는 것이다. 이러한 고백은 단지 하나님과 나 사이의 개인적인 고백이 아니고, 공동체 안에서 서로의 연약함을 함께 고백함으로써 서로에 대한 책임을 지는 성령의 공동체를 이루는 것이다. 사도 바울은 기독교인이 서로를 위해 기도하는 것을 강조하는데, 특히 화해와 용서를 위해서 서로 기도하라고 강조했다.[40]

기독교인은 삼위일체의 하나님과 교제하도록 창조되었다. 그리스도의 용서를 통해 회복된 하나님과의 친밀한 교제는 우리를 위로하시고 인도하시는 성령의 도우심으로 가능하다. 성령의 역사로 인해 우리도 서로서로 용서를 나누어 주는 교제를 회복할 수 있다. 기독교인은 서로서로의 짐을 지면서 그리스도의 법을 성취하라는 부르심을 받은 사람들이기 때문에(갈라디아서 6장 2절) 서로가 용서를 나누는 교제를 회복해야 한다.

다섯째, 목회자와 목회상담자는 용서를 하는 과정에서 가해자와 피해자의 진정한 만남이 일어나도록 도와주어야 한다. 피해자가 용서를 하기로 결정하는 것은 용서를 베푸는 가해자를 다시 한 번 신뢰하는 위험을 감수하는 것이기 때문이다. 물론 용서한다고 해서 자동적으로 가해자와의 신뢰가 회복되고, 반드시 이전의 관계로 다시

---

39) L. G. Jones (1995), pp. 197-204.
40) Ibid., p. 200.

돌아가지는 않는다. 심각하게 손상된 신뢰는 회복하는 데 시간이 필요하다.

목회자나 목회상담자는 피해자가 스스로에게 이런 질문을 할 수 있도록 도와줄 필요가 있다. '나는 가해자가 다시는 그런 잘못된 행동을 하지 않는다고 진심으로 믿을 수 있는가?' '나는 얼마만큼 가해자를 다시 신뢰할 수 있는 위험을 감수할 것인가?' 이러한 질문들은 피해자가 이전의 관계로 돌아가기 전에 자신에게 반드시 물어보아야 할 것들이다. Augsburger는 믿음의 공동체 안에서 용서가 어떻게 이해될 수 있고, 가해자와 피해자가 어떻게 다시 만날 수 있는지를 알려 준다.

용서는 형제 대 형제, 자매 대 자매 간의 서로 다른 점을 해결하기 위한 상호 간의 관계이며 똑같은 가치를 가진 사람들 사이에 관계를 창조하는 일이다. 회개는 과거에 일어났던 일에 대해 완전히 인정하고 앞으로 어떤 행동을 할 것인가에 대한 책임을 지기로 선택하는 것이다. 회개를 통해서 피해자와 가해자는 과거에 일어났던 상처를 인정하고, 미래의 행동이 진정한 것임을 신뢰하게 되고, 서로 간의 올바른 관계를 보고 경험하게 된다.[41]

---

41) D. W. Augsburger (1996), p. 34.

결 론

지금까지 살펴본 대로, 용서는 한 번의 의지적인 결단을 가지고 즉각적으로 완전하게 끝나는 하나의 거래가 아니다. 용서는 하나의 과정이고 긴 여행과 같다. 용서는 상처로부터 도망치는 행위가 아니고, 문제를 속히 해결하는 방법도 아니다. 용서는 상처와 분노, 슬픔을 무시하지 않고, 서로를 새로운 눈으로 바라보고, 오랜 시간이 걸려도 열린 미래를 같이 바라보는 것이다. 그렇게 함으로써 자기 자신을 살리고, 우리가 살아가는 데 꼭 필요한 관계를 유지하고 회복한다. 우리가 용서에 대한 올바른 신학을 갖는 것은 우리의 삶에 이토록 중요하다.

용서에 대한 잘못된 신학, 신념, 실천 때문에 피해자가 오히려 더 큰 피해자가 되고, 용서하지 못한다는 죄책감에 빠져 좌절하고, 용서를 하긴 했지만 여전히 분노와 원한을 갖고 살아간다. 우리는 이런 현실을 그대로 인정하고 용서에 대한 새로운 시각을 가져야 한다.

우리가 용서에 대한 건강하고 올바른 신학을 가질 때, 그것은 우리로 하여금 서로에 대한 책임을 가지게 하고, 비록 우리의 죄로 인해서 상처 난 관계이지만 더 깊은 수준의 신뢰와 친밀감을 경험할 수 있는 가능성을 열어 줄 것이다. 그리고 용서할 때 우리는 언제나 화해의 가능성을 찾고, 잘못한 것이 있다면 찾아가서 잘못을 바로잡으려고 노력하게 될 것이다.

이러한 올바른 용서의 신학이 우리 가정에, 직장에, 교회에, 사회 구석구석에 스며들 때, 우리는 예수 그리스도의 용서의 복음에 합당한 삶을 구체적으로 실천하면서 살게 될 것이다.

제6장
임상적 연구에서 나타난 관계 속
자기희생의 실제

　우리는 지금까지 한국 사람들의 자기희생의 실천과 신학의 역학 관계를 풀어 나가는 데 있어서 문화적 덕목들, 결혼관계, 성평등, 가정폭력 그리고 용서에 대한 신학적인 의미들을 살펴보았고, 또한 그것들을 어떻게 삶에 적용할지를 살펴보았다. 이 장에서는 과거에 연구되었던 자기희생에 대한 실제 사례들을 신학적인 관점에서 살펴보려고 한다. 그리고 나서 한국 사람이 직접 말하는 자기희생에 대한 태도, 신념 그리고 동기를 질적·양적 연구를 통해 알아보려고 한다. 한국 사람에게 자기희생이란 무엇인가? 그들은 자기희생을 어떻게 이해하고 정의하는가? 어떠한 관계가 그들로 하여금 더욱 자기희생을 치르게 하는가? 무엇이 그들로 하여금 자기희생을 하게 하는가? 이러한 질문들을 통해서 한국 사람이 자기희생에 대해서 어떤 생각을 갖고 있고, 왜 자기희생을 선택하고, 어떤 방식으로 자기희생을 하는지를 구체적으로 살펴볼 것이다.

자기희생에 관한 기존 연구와 그에 대한 찬반론

Clements와 Mitchell은 모든 크고 작은 희생에는 세 가지의 중요한 유사점이 존재한다고 말했다.[1] 첫째, 어떠한 관계 안에서 희생이 이루어지기 위해서는 상대방을 위해 또는 관계의 유익을 위해 자신의 가치 있는 무언가를 '내어 주는 일'이 일어나야 하며, 내어 주는 그 무언가는 자신에게 소중한 가치와 의미가 있는 것이라는 점이다. 둘째, 희생은 '선택'으로 이루어진다는 점이다. 상대방을 위해 자신의 무언가를 내어 주기로 한 것이 선택이 아닌 사회적인 의무감에서 비롯되었다면 그것은 희생이라고 할 수 없다. 셋째, 본질적으로 희생이란 '다른 사람의 유익'을 위한 것이며 자기 자신을 위한 것일 수 없다는 점이다. 다시 말해, 무언가를 내어 주는 사람은 진정으로 남을 돕고자 하는 마음에서 그렇게 해야 하며, 무엇인가를 내어 줌으로써 상대방에게 미안함을 느끼게 하거나 미래에 어떠한 대가를 바라거나 강요하기 위한 숨은 의도가 있어서는 희생이 될 수 없다. 이렇듯 희생은 상대방을 향한 순수한 관심에서 자신이 선택해서 자신의 가치 있는 무엇인가를 포기하고 내어 주는 것이어야 하며, 이러

---

1) M. L. Clements & A. E. Mitchell (2005), pp. 93-94.

한 자신의 이타적인 행동을 누군가에게 인정받기 위한 것이어서는 안 된다. 만일 자기희생을 하는 것이 자발적 동기에서가 아닌 남에게 강요된 것이거나 의무감 때문이라면, 그것은 진정한 희생이라고 볼 수 없는 것이다.

자기희생의 긍정적 측면

자기희생은 인간적인 사랑에서도, 기독교인의 사랑에서도 아주 중요하고 핵심적인 부분이다. 그래서 자기희생은 좀 더 성숙한 사람이 되기 위해 피해 갈 수 없는 주제다. 우리는 기독교인으로서 서로를 사랑하고 섬기라고 부름 받았고, "하나님을 사랑하고 네 이웃을 네 몸과 같이 사랑하라."(마태복음 22장 37-40절)는 예수님의 명령을 받았다. 예수님의 명령이 아니더라도 희생은 가족을 사랑하는 데 있어 꼭 필요한 요소다. 부부간의 서로를 향한 박애적인 사랑 그리고 부모와 자녀를 향한 이타적인 사랑도 인간의 도덕과 윤리 중 가장 중심적인 부분이다. 더 나아가 어떤 공동체를 건강하게 세우기 위해서는 어느 정도의 희생이 꼭 필요하다. 공동체에서 화목하고 원만한 관계들을 유지하기 위해서는 자원하는 희생정신이 중요하기 때문이다.

Lange와 동료들의 연구를 보면, 계속적으로 가깝게 지내는 관계라는 맥락에서 상대방을 위해 자진해서 희생하려는 마음, 상대방의 유익을 위해 자기 자신의 관심과 유익을 내려놓으려는 의지와 의향은 인간관계의 기본이 된다.[2] 상대방을 향한 약속과 헌신 또한 관계를 지속시키는 중요한 요소다. 헌신하고 약속하는 마음은 그 관계에 속해 있는 사람들에게 관계를 위해 희생하고자 하는 의지를 불러오는 중요한 동기가 된다.[3] 부부관계 혹은 우리가 속해 있는 공동체에서 희생하고자 하는 마음은 그 관계를 오랫동안 지속하게 하고, 그 관계에 더 많은 시간과 마음을 투자하게 하여 그 관계나 공동체가 더 기능적으로 작동하게 하는 것이다.

또한 Whitton과 동료들은 자기희생에 대한 폭넓은 심리학 문헌들을 살펴보면서, 관계의 강도가 높아질수록 상대방을 위해 희생할 가능성이 높아지고, 데이트 상대나 룸메이트와의 관계처럼 캐주얼한 관계보다는 부부나 부모자녀 관계처럼 사랑하고 헌신하는 관계에서 희생을 할 가능성이 더 많다고 말했다.[4] 우리의 다른 사람들을 위한 희생은 가족과 공동체를 서로 붙여 주는 접착제 같은 역할을 한다. 이러한 접착제 없이는 가족과 공동체 안에 무책임한 낙태, 성급한 이혼, 반복되는 가정폭력, 버려진 한부모와 같은 문제들이 팽배할 것이다. 오래 지속되는 관계와 안정된 사회적 질서는 결정적인 순간에 보다 더 큰 선과 유익을 위해 얼마나 자신의 개인적인 필요를 희생할 의지가 있는가에 달려 있다고 말해도 과언은 아닐 것이다.

Kathleen S. Bahr는 오늘날 너무나 많은 문헌이 자기희생을 잘못되고 건강하지 않은 정신으로 정의해 버린다고 비판하고 있다.[5] 오

---

2) P. A. M. Lange et al. (1997), pp. 1373-1395.
3) Ibid., p. 1374.
4) M. L. Clements & A. E. Mitchell (2005), p. 94.
5) K. S. Bahr (2001), pp. 30-35.

늘날 우리는 나 자신의 필요와 자아에 집중하는 언어에만 너무나 친숙해져 있어서 자신을 사랑하고 자신을 존중하는 것이 마치 우리의 권리인 것처럼 말한다. 그리고 자신보다 다른 사람을 더 귀하게 여기는 것은 잘못된 것이라고 생각한다. 평등이라는 가치가 보다 중요시되고 희생이나 내려놓음은 덜 강조되고 있다.

Bellah와 동료들은 심지어 보수적인 기독교인조차도 희생이라는 개념을 불편해한다는 사실을 지적한다.

> 그들은 오랫동안 지속되는 관계를 유지하기를 원하기는 하지만 그 관계 안에 상대방의 소망을 넘어서는 의무감이 포함되는 것에는 반대를 표한다. …… 그들은 희생이라는 개념이 들어간 자기부인에 대해서 어려운 감정을 느낀다. …… 선한 것을 측정하는 유일한 기준은 그것이 자신에게 선한 것인가다. 자신에게 부담이 되는 무언가는 사랑의 한 부분이 될 수는 없다. …… 사람들은 왜 다른 사람들과의 진정한 연결 안에 희생, 상실, 상처의 위험이 들어가야 하는지에 대해서 의문을 갖는다.[6]

지난 10여 년간 우리는 합리적인 사고와 미디어에서 표현된 인간관계 모델에 영향을 받아 두 개인의 자율적인 필요에 근거한 관계, 자기희생을 전혀 필요로 하지 않는 편안한 관계를 추구하는 데 익숙해 왔다. 그러한 관계에서는 어떠한 종류의 책임도 부담이 될 수 있고, 사랑은 느낌을 바탕으로 한 하나의 감정 상태가 되어 버린다. 과거에는 우리 사회에서 상대방을 위한 이타적인 배려가 가장 소중한

---

6) R. N. Bellah et al. (1985), p. 109.

미덕이었는데, 요즘은 자아에 대한 충실함이 가장 중요한 가치가 되어 버렸다.

물론 자아에 대한 관심과 추구는 무조건 나쁘고 희생과 배려는 언제나 좋은 것이라고 주장하는 것이 아니다. 희생이나 배려의 모습 속에도 부정적이고 병적인 측면이 있을 수 있다는 사실을 인정한다. 하지만 그러한 부정적인 측면 때문에 우리 관계를 오랫동안 유지시키는 데 꼭 필요한 희생과 배려라는 개념에 관심을 두지 않고 등한시하려는 것은 분명 문제가 있다. 우리의 삶 속에서 소중한 사람과 연결되고 그와의 관계가 더 깊어지게 하기 위해서 자신의 시간과 삶을 투자하는 것은 아주 가치 있는 일이기 때문이다.

우리는 자주 너무 많이 희생하는 사람들을 비판적인 시각으로 볼 때가 있다. 다른 사람을 위해 그렇게까지 희생하는 동기가 무엇인지에 대해서도 비판을 하지만, 정작 우리는 자기 자신을 위한 희생에는 비판의 시각으로 보지 않는다. 정직하게 우리 자신을 곰곰이 살펴보자. 우리는 어디엔가 우리 자신의 것을 희생하고 있다. 무슨 말인가? 즉, 우리의 희생의 방향은 우리 자신에게 향해 있다는 것이다. 우리는 가족과 사회 공동체의 유익을 위해서 희생하기보다는 텔레비전, 돈, 명예, 권력, 인기 그리고 인터넷에 빠져 우리 자신을 잃어버리고 있다.[7] 아무도 우리의 이러한 행동을 자기희생이라고 말하지 않을 것이다. 하지만 그것은 아주 이기적인 '자기만을 위한' 희생의 행위다. 이렇게 '자기 자신만을' 위한 희생은 아까워하지 않으면

---

7) Ibid., p. 35. (Bahr는 이것을 자신을 어디엔가 잃어버리는 것이라고 설명했다)

서 다른 사람들을 위해 희생하는 사람들을 보면 저렇게까지 해야 하느냐고 비판하기보다는 공동체의 유익과 더 큰 선을 위해서 희생하는 것이 더 나은 일이 아닐까?

미국인의 삶 속에서 나타난 개인주의와 헌신에 대한 연구에서 Bellah와 동료들은, 복음주의 기독교인이 사랑의 즉흥적이고 감정적인 면과 의무적인 면을 어떻게 연합시킬 수 있을지에 대해 고민해야 한다고 말한다.[8] 기독교에서 바라보는 기독교적인 사랑은 자유의지적인 면과 의무적인 면이 함께할 수는 있지만, 단순한 느낌과 감정, 말보다는 의무가 먼저 와야 하는 것임을 강조한다. 기독교인에게 사랑이란 하나의 의지적인 결단이고 행동이며 약속이다. 기독교에서 말하는 사랑이란 다른 사람을 위해 기꺼이 희생하고자 하는 마음이다. 그것은 이리저리 감정에 떠밀려 다니는 것이 아니라, 의무와 책임을 더 우선시하고 다른 사람을 위해 자신의 유익을 자발적으로 희생하려는 것이다.

이러한 사랑에 대한 견해는 기독교인이 결혼의 영원성을 믿고 그것을 위해 끝까지 헌신하고자 하는 이유를 잘 설명해 준다. 그런데 우리가 살아가고 있는 이 시대가 말하는 사랑에서는 영원한 헌신과 약속보다는 불타는 감정이나 로맨틱한 분위기가 더 중요하다. 많은 젊은이가 결혼을 언약이 아닌 계약으로 취급해 버린다. 상대에게서 자신의 기대와 욕구가 채워지지 않으면 실망하고 너무나 쉽게 결혼 관계를 포기해 버린다. 마치 계약서를 파기하는 것처럼 말이다.

----

8) Ibid., pp. 93-97.

기독교인에게 결혼은 서로를 향한 헌신이다. 이 헌신은 그리스도의 사랑에 순종하는 행위로 그분을 향한 헌신이다. 그것은 감정이 아닌 결단과 행동에 근거한다. 진정한 사랑은 자신의 약속을 지키기 위해 마음에 드는 감정과 느낌을 뒤로 밀쳐 버리는 감정적 자기부인을 요구한다. 물론 이 말은 자신의 감정이나 서로의 감정이 중요하지 않다는 것이 아니다. 기독교인의 결혼생활에서는 서로 간의 나눔과 소통, 친밀감이 너무나 중요하다.

로맨틱한 분위기도 중요하다. 낭만적인 사랑도 필요하다. 하지만 그러한 가치들은 내가 상대방에게 헌신하기 위한 어떠한 조건이나 이유가 아닌 헌신하기로 약속한 관계의 틀 안에서 추구되고 찾아져야 한다. 우리는 자기갈망이나 자기만족을 넘어 보다 더 높은 것에 대한 헌신을 통해서만 영원한 사랑의 관계를 이루어 나갈 수 있다. 이러한 헌신과 약속은 하나님의 사랑에 근거한, 완전히 자발적인 사랑의 약속이다. 만약 그렇지 않다면 서로에 대한 약속은 은혜와 긍휼이 없는, 서로에게 묶여 있고 의무에 근거한 계약적 관계가 되어 버리고 만다.

자기희생의 부정적 측면

이렇게 분명한 희생의 유익함에도 불구하고 인간관계에서 희생의 역할에 대해서는 아직도 많은 논란이 있다. 희생에 대한 비판과 부정적 의견은 대체로 희생이 한쪽으로 기울어질 수 있다는 것에 관한 것이다. 분명 어떤 종류의 희생은 자기 자신에게 악영향을 미칠 수 있다. 예를 들어, 저자가 오랜 미국생활을 정리하고 한국으로 다시 돌아와서 느낀 것 중의 하나는 한국 가정의 대부분 자녀를 중심으로 돌아가고 있다는 것이다. 가정에서 이루어지는 중요한 의사결정에는 자녀들이 가장 중요한 요소로 작용하고, 부모는 종종 자녀를 위해서 모든 것을 희생하는 것처럼 보였다. 부모는 자녀들을 위해서 모든 것을 희생한다고 말했다. 하지만 그러한 주장 속에는 자식들이 그들의 희생을 잘 알아주지 않고 감사해하지 않는 것에 대한 원망과 슬픔이 묻어 있는 것 같았다.

이에 대한 극단적인 사례로, '기러기 아버지'가 자신이 가족으로부터 배신을 당했다고 느낀 후에 자신의 딸을 성폭행한 사건을 들 수 있다. 이 아버지는 외국에 나가 있는 아내와 딸을 뒷바라지하기 위해서 자신이 희생을 했다고 믿고 있었는데, 가족이 그러한 자신의 희생을 알아주지 않는다고 생각하자 스스로가 이용당하고 거절당했다고 느꼈던 것이다. 이렇듯 딸에게 갖고 있던 기대가 무너지자 아내와 딸에게 분노하여 보복을 하려는 마음을 먹은 것으로 경찰 조사 끝에 드러났다. 이 아버지가 보여 주었던 자기희생은 딸을 위한 자신의 희생이 진정한 희생이 아니었음을 보여 준다. 그는 딸을 위해 희생을 많이 했는데, 그 희생에 대한 대가가 없다는 것에 분노가 치밀었다. 이러한 분노는 자신의 실패를 숨기기 위해 나타나고, 자녀에게 부당한 감정을 갖게 하며, 우울증과 실망감, 욕구불만을 일으켰다. 그리고 결정적으로 자신이 희생을 했다고 생각하는 가족 구성원이 당사자를 향해 앙심을 품고 보복을 시도하게 했던 것이다.

한편, 자녀를 위해 모든 것을 다 해 주는 부모 밑에서 자란 자녀들은 부모에게 지나치게 의지하게 된다. 만일 부모가 자신의 기대를 만족시키거나 채워 주지 못할 경우, 그들은 부모를 향해 분노의 감정을 갖게 된다. 부모가 자신에게 베푼 사랑에 대한 감사는 무시하고 부모가 자신에게 해 주지 못한 것에 대한 불평이 더 크게 자리 잡는 것이다.

이와는 반대로, 일방적인 부모의 희생을 보고 자란 자녀들은 부모에 대한 무거운 책임감을 갖게 된다. 반드시 성공해서 부모의 기쁨이 되어야 한다는 강박적인 의무감이 마음속에 자리 잡게 된다. 그들은 실패하지 않아야 한다는 불안과 두려움 속에서 다른 사람들을 의식하면서 살아갈 수 있다. 이러한 일방적인 부모-자녀 관계 속에서는 신뢰와 솔직함이 허락되지 않는다. 오히려 실패의 아픔이나 실망과 상처가 마음속에 고스란히 남게 된다. 부모는 자녀를 위해 대가를 바라지 않고 자기희생을 해야만 하는 역할을 하는 사람이 되고, 자녀는 그 희생을 갚아야 하는 책임이 있는 사람이 된다. 이러한 관계에서는 자신의 한계와 실패, 좌절감을 자기희생이라는 이름 아래 숨기게 된다. 우리는 이것이 진정한 자기희생인가 하는 것을 묻지 않을 수 없다.

게다가 가까운 관계에서의 행동에 대한 몇몇 이론은 자기희생이 건강한 커플의 작용을 방해한다고 말한다.[9] 여성주의 이론가는 여성이 관계 안에서 희생을 하도록 교육받았다고 주장한다.[10] 관계 중

---

9) P. A. M. Van Lange et al. (1997), pp. 1373-1395.
10) M. L. Clements & A. E. Mitchell (2005), p. 94.

심적인 가정에서 자란 여성은 헌신이나 희생이 가족관계의 가장 중
요한 동기이자 원동력이라고 배우면서 자란다. 하버드 대학교의 심
리학자인 Carol Gilligan과 웰즐리 대학의 정신과의 Jean Baker
Miller 박사는 "여성의 삶을 이끌어 나가는 원칙은 가까운 관계를 만
들고 유지해 나가는 중대성에 있다."고 했다.[11] 이 말은 여성은 성공
적인 관계를 만들기 위해 자신의 꿈과 흥미 등 그 무엇이라도 포기
할 준비가 되어 있다는 것이다. 반대로, 남성 중심적인 사회의 표준
에 반기를 드는 것은 여성스러움을 잃어버리고, 좋은 아내와 여성스
러운 여자가 받는 사회의 인정―많은 경우 사랑과 애착, 그리고 남
편의 경제적 지원―을 받을 수 없게 하는 것이다. 이러한 견해로 볼
때 사실상 거의 모든 여성에게는 선택의 여지가 없는 것과 같다. 이
와 더불어 이러한 사회화 교육은 여성에게 해로운 경우에도 자기희
생을 하도록 만들 수 있다.

　　Paula Caplan도 여성 혐오적인 사회가 여성을 불행하게 하는 무수
한 상황을 만들어 냈다고 주장한다.[12] 이러한 사회는 '여성 피학증
신화'를 사용하여 여성이 불행에 대해 스스로를 탓하도록 만든다. 이
러한 사회에서는 다른 사람이나 사회를 탓하지 않고 자책하는 것이
여성스러운 것이기 때문에 자신을 자책하는 행위가 여성들에게 공
통적으로 나타나는 현상이다. 관계에서 무언가 잘못되거나 자녀들
에게 해를 입혔을 때, 여성은 남성보다 훨씬 더 많이 그에 대한 책임

---

11) P. J. Caplan (1985), p. 10.
12) Ibid., pp. 9-10.

을 추궁당하게 된다. Caplan은 이러한 현상이 '책임전가'의 성향을 띠고 있다고 말한다.[13]

가족관계를 회복하기 위해 자발적으로 희생양의 역할을 맡는 여성의 행동에는 나름대로의 이점이 있지만, 그러기 위해 여성이 고립감, 거절감, 수치심과 죄책감을 감내해야 하는 것은 극히 높은 대가를 지불하는 것이라고 할 수 있다. 자신에게 중요한 감정적 관계일뿐 아니라 생존의 문제이기도 한 결혼이 자신의 변화로 인해 깨지는 것을 두려워하는 이상, 여성은 자기 자신을 돌볼 수 없다. 재정적인 의존 때문에 관계를 깨트린다는 것은 어렵거나 아예 불가능할 것이다. 여성의 자기희생은 그 관계의 틀 안에서만 유지되어야 한다. 이러한 면들을 고려해 볼 때, 여성은 가족관계에서 자기희생적인 역할을 하도록 만드는 감정과 신념 그리고 동기에 대한 이해가 필요하고, 그러한 요소들을 살펴보고 자문해 볼 필요가 있다. 그래야만 여성은 자신이 관계를 유지하기 위해 하는 모든 일과 행동의 동기를 이해하기 시작할 것이다.

Harriet Goldnor Lerner는 여성이 지나치게 '자신을 낮추는 행위'를 문제로 지적한다.[14] 그에 따르면 원가족에서 시작된 여성의 지나친 자기희생적 성향은 남성과의 관계에서 가장 두드러지게 나타난다. 남성과의 관계를 유지하기 위해서 여성은 스스로를 계속해서 낮추어야 한다는 것이다. 왜냐하면 더 적극적으로 자신의 생각을 분명

---

13) Ibid., p. 11.
14) H. G. Lerner (1988), p. 227.

하게 표현한다는 것은 상대 남성을 위협하는 행위가 되어 버리기 때문이다.

물론 감정적인 연결감은 인간의 기본적인 필요이자 힘이다. 문제는 여성이 관계를 중히 여기는 것이 아니고, 관계 안에서 여성에게 어떤 일이 일어나느냐다. 오래전부터 만들어진 성역할뿐만 아니라 여성의 종속적이고도 낮은 신분에 대한 이미지와 인식은 여성이 원가족과 결혼관계에서 상처받기 쉬운 위치에 놓이는 데 큰 영향을 미쳤다.[15] 여성이 어떠한 선택의 여지도 없이 자신의 믿음과 가치 그리고 자신의 꿈과 반대되는 어떤 관계에 있어야 하거나 불공평한 상황에 맞서 싸워야 하는 경우, 그리고 사회가 만들어 놓은 잔소리 많고 불만스러우며 파괴적인 여성에 대한 고정관념대로 행동하게 되는 것을 발견하는 순간, 그들은 우울증, 낮은 자존감, 자기배신을 피할 수 없고 자기혐오감마저 갖게 된다.[16] 만일 이러한 상황에서 한국 여성이 자기 자신을 향한 감정적 반응인 '한'만을 품게 된다면, 그들은 스스로의 문제를 파악할 수 없고 관계적 패턴 또한 바꿀 수 없다. 그렇기 때문에 전통적인 가족 구조 속에서 여성이 받아 온 고통은 자기희생의 역기능적인 문제와 따로 분리해서 생각할 수 없는 것이다.

Gill-Austern은 여성에게 부정적인 영향을 미치고 자신을 낮추는 행동을 하게 만드는 사회적 환경과 불평등한 제도를 지적한다.[17] 그

---

15) Ibid., p. 250.
16) Ibid., p. 248.
17) Brita L. Gill-Austern (1996), pp. 310-315.

녀의 주장을 살펴보면, 첫째, 자기희생 방법으로 사랑을 주는 데 익숙한 여성은 보통 자기 자신의 필요와 바람은 잊고 산다. 둘째, 그러한 성향은 여성으로 하여금 자아의식과 자신의 목소리를 잃게 만든다. 셋째, 여성은 자기희생에 대한 환멸을 느끼면서 원망과 씁쓸함 그리고 분을 품게 되고 점점 더 피해의식을 느끼게 된다. 넷째, 자기희생을 통한 사랑은 남을 위해 지나치게 많은 일을 하고 자기 자신의 필요는 누르면서 자존감과 자기 자신의 방향을 잃게 되는 경우를 자주 만든다. 다섯째, 자기희생을 하는 사랑은 진정한 상호관계와 친밀감을 약화시킬 수 있다. 여섯째, 자기희생을 통한 사랑과 자기부인은 엄청난 스트레스와 중압감을 준다. 일곱째, 자기희생으로 이해된 사랑은 여성으로 하여금 공동체와 공익을 위해 하나님으로부터 주어진 자신의 은사를 사용해야만 하는 책임을 지게 한다. 여덟째, 자기희생적인 사랑은 부지불식간에 관계 안에서 더 힘이 센 쪽이 착취하도록 만들 수 있다.

만약 우리가 사랑을 자기희생적으로만 이해한다면, 그 관계 속에서는 상호적인 사랑과 배려를 기대하기가 힘들다. 그리고 만일 자기희생에 내포된 책임감만이 과도하게 강조되고 자기희생이 인간관계에서 가장 중요한 덕목이라는 사실만 부추긴다면, 자기희생적 사랑은 사람들을 이용하는 데 사용되고, 자기희생의 주체자인 자기 자신을 잃어버리게 만들 것이다. 이러한 자기희생적인 사랑은 자기희생을 바라고 요구하는 사람들에게 오히려 원망하고 분노하는 마음을 갖게 할 것이다. 만일 이러한 자기희생이 지속된다면, 희생은 서로를 위한 헌신이 아니라 자신과 관계를 파괴하는 해로운 영향을 가져오게 될 것이다.

　다른 학자들도 정의가 무시된 자기희생의 윤리 속에 위험이 있다고 주장한다. Annemie Dillen은 사랑을 단지 1·2인칭적 관계로 (나와 너의 관계) 생각하는 것은 상대방을 향한 끊임없는 사랑과 헌신을 가정하는 것이라고 말한다.[18]

> 　이것(1·2인칭적 자기희생)은 '나 자신에도 불구하고'의 자기희생의 한 가지 형태로 보일 수 있다. 하지만 중요한 것은 제삼자 안에 있는 책임이다. 이것은 구체적인 상대방(즉, 너와 나의 1·2인칭적인)을 위한 책임이기도 하지만 또한 모든 다른 사람, 즉 제삼자를 위한 책임이다. 이것(제삼자를 위한 책임)은 정의(justice)를 요구한다.…… 정의는 사랑을 아주 심각하게 받아들인다. 왜냐하면 사랑은 단지 어떤 독특한 한 사람을 중요하게 생각하기도 하지만, 또한 다른 모든 사람을 포함해야 하기 때문이다. 그래서 사랑은 좀 더 우주적인 것이 된다.[19]

　Dillen이 말하듯, 정당성이 없는 희생, 습관적인 희생은 '나 자신에도 불구하고'의 자기희생이다. 만일 어떤 사람이 자기 가족의 필요만을 돌아보고 다른 사람들의 필요는 무시한다면, 자기희생의 사회적인 의미를 잃게 된다. 저자가 미국에 거주하다가 한국으로 돌아와서 보니, 한국 가정에서 일반적으로 보이는 자기희생은 주로 자신의 가족과 친구들만 돌아보는 것이었다. 자신의 개인적인 관계밖에

---

18) A. Dillen (2006), pp. 269-270.
19) Ibid.

있는 사람들의 필요는 쉽게 무시되는 경향이 있었다. 공동체와 이웃과의 관계를 중시했던 우리의 모습은 사라져 가는 것 같다는 생각이 든다. 뉴스에서는 자주 '묻지마' 폭행 사건이 보도되고, 나와 상관없는 제삼자는 쉽게 무시해도 되는 권리가 나에게 있는 양 그렇게 살아가고 있다. 이러한 현상에는 문제가 있다. 그렇기에 자기희생에 대한 우리의 관점은 1·2인칭(나-너)에서 나아가 제삼자에게까지 확장되어야 한다. 다시 말해, 우리의 희생이 우리의 핵가족에 한정되지 않고 필요에 따라 더욱 세계적인 관점으로 확장되어야 한다.

자기희생을 비판하는 시각 중에 다른 사람을 지나치게 돌보는 것은 부정적인 것이라고 주장하는 부류가 있다. 우리는 어려서부터 자신보다 못한 사람들을 도우면서, 자신이 갖고 있는 것을 나누어 주는 것이 옳은 일이라고 배웠다. 때로는 자신의 고통을 참아 내고 가족들을 위해서 그리고 우리 사회와 민족을 위해서 자신을 내어 놓아야 한다고 배웠다. 특히 기독교의 가르침은 우리를 그렇게 훈련시켜 왔다. 하지만 자신을 내어 놓는 헌신만이 강조되면서, 우리는 자신의 감정을 어떻게 살피고 다루어야 하는지는 배우지 못했다. 그래서 자기 자신의 필요를 위해서 시간을 갖는 것이 다른 사람을 돌보지 않거나 그들에 대한 책임을 다하지 않는 것 같은 죄책감을 갖게 한다. 상대방을 위해서 열심히 자신의 시간과 물질을 내어 놓는데도 정작 자신의 헌신은 인정받지 못하거나 사람들이 자신의 진가를 제대로 알아주지 못한다고 불평하는 경우가 많다.

이렇게 자신보다 남을 먼저 챙기는 성향을 '메시야 함정'이라고 부른다.[20] 메시야 함정에 빠져 있는 사람들은 사랑을 단순히 다른 사람을 위해 희생하는 것이라고 본다. 다른 사람을 위해 희생하는 것이 자신의 가치를 인정받는 하나의 수단이 되는 것이다. 이러한 경우, 남을 돌보는 것이 자기 자신에게 해를 끼치고 자신을 희생에 옭아매는 하나의 중독적인 삶의 방식이 된다. 남을 항상 기쁘게 하려고 하고 만족시키려고 하는 것이 하나의 의무가 된다. 이런 사람들은 다른 사람들의 행복이 자신의 책임이라고 생각하기 때문에, 상대방이 기뻐하지 않을 때 죄책감과 실패감을 갖게 된다. 그들은 자연스럽게 다른 사람들을 편안하게 해 주려고 노력하는 사람이 되고(people pleaser), 끊임없이 다른 사람들을 위해 무언가를 해야 한다. 다른 누구를 실망시키는 것보다 자신이 고통을 받는 쪽을 택한다. 자신의 속마음은 부인한 채 다른 사람들의 기대에 맞춰 인생을 살면서 불만과 좌절감을 갖게 된다. 다른 사람의 문제는 내 문제가 되고, 힘들지만 다른 사람의 짐을 내가 지고 가는 것이다.

물론 다른 사람을 위해 희생하는 것은 선한 행위다. 하지만 단지 의무감 때문에 희생해야 한다고 느낀다면 그것은 더 이상 주는 행위가 아닌 의무를 다하는 행위일 뿐이다. 다른 사람을 위해 진정으로 내어 주는 것이 아닌 죄책감이 희생의 동기가 되는 것이다. 만일 어떤 사람에게 희생하는 것 외에 다른 선택의 여지가 없다면, 그것은 더 이상 주는 것이 아니라 이용당하는 것이다. 이용당했다고 느낄 때, 주는 기쁨은 원망스러움과 덫에 빠진 것 같은 느낌으로 바뀌게 된다. 그러므로 진정한 자기희생의 전제 조건 중 하나는 자기 자신

----
20) C. R. Berry (2003), pp. 13-21.

에게 힘이 있다고 생각하는 의식, 선택의 여지 그리고 자유의사다. 사랑은 통합적인 의미에서 공평하고 균형 있고, 남용하지 않으며, 서로를 돌보며, 강하고 풍요로운 것이다. 사랑은 풍성하고 전체적이며 모든 사람을 다 품을 수 있을 만큼 크기 때문에 사랑하는 사람 사이에는 경쟁이 없고, 이것과 저것 사이의 선택이 없다.

자기희생의 신학적 측면: 사랑과 공의 사이를 중재하는 아가페

우리는 현재까지 자기희생의 두 가지 측면을 살펴보았다. 하나는 사회의 가장 작은 단위에 꼭 필요한, 사회에 유익을 주는 도덕적인 측면이고, 다른 하나는 일방적이고, 의무적이며, 교묘하고, 가족관계에 해로운 병리적인 측면이다. 이 두 가지 측면의 자기희생을 신학적 관점과 통찰을 통해 살펴보기로 하자. 여기서 우리는 과연 사랑과 공의에 대한 토론 없이 자기희생을 논할 수 있을지에 대한 질문을 할 필요가 있다. 일반적으로 사랑은 자신을 부인하고 무조건적이고 일방적으로 주어야 하는 것으로 여겨지는 반면, 공의는 정확하고, 공평하고, 균형 잡혀 있고, 계산적이고, 명확하다고 생각된다. 그래서 우리는 자기희생이란 주제를 논할 때 사랑이나 공의 중 한쪽으로 치우치려는 본질적 성향이 있다. 하지만 사랑과 공의는 반대되거나 배타적인 개념이 아니라 서로 연결되는 개념이라는 것을 알아야 한다.

Gene Outka는 사랑과 공의 사이를 중재하는 초점이 바로 '아가페'라고 말한다.[21] 사랑은 규범적이고 윤리적인 원칙이고, 아가페는 이웃 사랑의 이해에 직접적인 영향을 미친다. 아가페의 가장 중요한 측면 중 하나는 그것이 이웃에 대한 배려이고 독자적이고 변하지 않는 성격을 지닌다는 것이다. Outka에 따르면, "이웃 사랑이 개인 각자가 가지고 있는 인간 존재 자체를 위한 배려다."[22] 아가페는 기본적으로 동등성(equality)이라는 특성을 가지고 있고 거기서부터 이웃에 대한 배려는 시작된다. 그것은 다른 사람도 나와 같은 가치가 있다는 것을 인정하는 것이다.

하지만 Outka는 유대-그리스도교 전통의 역사, 윤리적 관심의 많은 것이 '사랑의 언어'에 암축되어 있다는 것을 확신하고 사랑의 언어가 무엇을 의미하는지 정확히 이해할 필요가 있다고 믿었다.[23] 그래서 그는 Niebuhr의 주장을 인용하면서 사랑의 완벽함을 유지하기 위해서는 자신들이 가진 책임성까지 저버려야 한다고 보는, 자신의 사랑이 완전하다고 증명하려 했던 기독교 완전주의자에 대해서 염려를 내비쳤다.[24] 더 나아가서 Outka는 우리가 신약성서의 윤리를 하나의 완전주의적 윤리로 축소시키는 것을 비난한다. 그렇게 축소된 윤리는 우리가 우리의 원수를 사랑하는 이유가 원수를 사랑하면 그가 더 이상 우리를 괴롭히지 않을 것이고, 만약 우리가 충분히 고

---

21) G. Outka (1972), p. 9.
22) Ibid., p. 9.
23) Ibid., p. 5.
24) Ibid., p. 28.

통을 감내하면 그것이 세상을 변화시켜 더 이상 아무도 고통받지 않는 인생의 조화를 만들 것이라는 식의 내용을 담고 있기 때문이다.[25]

사랑에 관한 문헌들을 잘 살펴본 후에, Outka는 아가페란 "상대방의 어떠한 행동과 상관없이 이웃의 잘됨을 위해 적극적인 관심을 갖는 것"이라고 잠정적인 결론을 내린다.[26] 이것은 부분적으로 사람과 사람 사이의 어떠한 차이나 불평등한 조건들이 서로를 향한 기본적인 태도에 영향을 미치지 못하도록 해야 함을 의미한다.

우리가 만일 아가페의 정수를 자기희생이라고 이해한다면 여러 가지 문제가 생겨날 수 있다. Outka는 "자기희생을 가장 순수하고 가장 완벽한 아가페의 모습이라고 평가하는 대신에 아가페를 보여주는 하나의 증거라고 여겨야 하고, 자기희생은 언제나 다른 사람들의 잘됨을 위한 목적이 있어야 하고, 단지 자신의 어떠한 표현을 위한 것이 되어서는 안 되는 것"이라고 말한다.[27] 다른 사람을 위하고 존중하는 것은 어떠한 목적을 달성하려는 수단이 되어서는 안 되며, 그 사람은 바로 하나님이 만드신 창조물이라는 믿음에 바탕을 두어야 한다. 또한 Outka에 따르면 아가페가 개인적인 것을 넘어서 사회적 관계를 포함하기 때문에 다른 사람에 대한 존중과 사회적 협조는 반드시 겹치는 부분이 있다. 이렇게 보았을 때, 자기희생은 아가페의 전부가 아닌 아가페에 꼭 필요한 한 측면이라고 볼 수 있다. 다시 말해, 자기희생은 아가페의 정의가 아닌 아가페의 한

---

25) Ibid.
26) Ibid., p. 260.
27) Ibid., p. 278.

부분인 것이다.

바울의 가르침: 일방적 복종에서 상호 간의 복종으로

Outka가 주장하듯이, 우리는 아가페를 일방적인 복종과 자기존중의 부재, 그리고 가부장적인 문화에서 오는 의무감에의 굴복이라는 정의에서 벗어나서 더욱 상호적인 사랑에 대한 이해를 가지고 접근해야 한다. 사실 상호적인 사랑과 동등함, 동일한 존중과 같은 개념은 기독교에서만 주장하는 것이 아니다. 상호적인 사랑이 명백히 기독교적이 되려면, 하나님을 닮은 인간의 모습에 근거를 둔 희생적인 사랑, 그리스도의 드라마와 하나님의 열정을 재설하는 사랑이 회복되어야만 한다.[28]

신약성경에 나오는 사랑에 대한 명령은 모두에게 적용되는 말씀이다.[29] 이 말씀은 하나님을 사랑하는 것에 대한 구약성경의 신명기 6장 5절의 말씀과 함께 자주 사용되면서 하나님과 이웃을 모두 사랑해야 한다는 이중 계명으로 선포된다(마태복음 22장 37-39절, 마가복음 12장 30절, 누가복음 10장 27절).[30] 에베소서 5장 28-29절은 "이와 같이 남편들도 자기 아내 사랑하기를 자기 자신과 같이 할지니 자기 아내를 사랑하는 자는 자기를 사랑하는 것이라. 누구든지 언제나 자

---

28) Ibid., p. 273.
29) "네 이웃을 네 몸같이 사랑하라." (마태복음 22장 39절)
30) Ibid., p. 273.

기 육체를 미워하지 않고 오직 양육하여 보호하기를 그리스도께서 교회에게 함과 같이 하나니."라고 말하고 있다. "그리스도를 경외함으로 피차 복종하라."는 말씀에서는 사랑하라는 계명의 상호성이 잘 나타나 있다.[31]

에베소서 5장을 해석함에 있어서, Craig S. Keener는 재미있는 사실을 이야기한다. 바울은 에베소서 5장에서 아내가 남편에게 복종하는 것보다 남편이 아내를 사랑할 것을 더 많은 지면을 할애해 간곡히 권고했는데, 당시에 이렇게 주장하는 사람들은 소수에 불과했다.[32] 바울은 그렇게도 피하고 싶고 원치 않았던 반대파들이 들고 일어설 수 있는 위험에도 불구하고, 남편의 역할을 당시 시대 문화와는 다르게 정의한다.[33] 그는 아내의 복종에 대한 남편의 역할에 대해서 언급하지 않았고, 남편이 아내에게 복종을 주입하도록 권면하지 않았다. 남편을 향한 바울의 유일한 가르침은 예수 그리스도가 교회를 위해 자신을 내어 주신 것처럼 아내를 사랑하라는 것이었고, 창세기 2장 24절에서 말씀하신 것처럼 남편과 아내는 '한 몸'이기에 남편이 아내를 자신의 몸과 같이 사랑하라고 가르친 것이었다.[34]

이러한 가르침을 통해 바울은 사랑과 복종이 서로 어떻게 표현되어야 하는지에 대한 모델을 보여 준다. 예수 그리스도와 그의 교회의 관계는 남편과 그의 아내의 관계와 같다. 에베소서 5장 25-27절

----

31) Ibid., p. 274.
32) C. S. Keener (1992), p. 167.
33) Ibid., p. 166.
34) Ibid., p. 167.

에서 그리스도의 사랑이 그의 권위가 아닌 자기희생적인 섬김에 있었음이 분명하게 보이기 때문에, 남편은 그리스도가 교회를 위해 하신 것처럼 자신의 역할이 사랑하고 섬기는 데 있음을 깨달아야 한다.

나아가서 Keener는 '복종'이라는 단어의 의미에 대해 세심한 주의를 기울일 것을 권유한다. 그는 복종(submit)한다는 것은 '양보(give in)'하거나 '협동(cooperate)'하는 것의 의미가 될 수 있으며, 꼭 '명령에 순종(obey)'한다는 뜻일 필요는 없다고 말한다. 이러한 맥락에서 바울이 썼던 '복종'과 가장 가까운 의미의 단어가 있다면 5장 33절에서 아내들을 향한 자신의 권고를 요약하면서 썼던 '존경(respect)'이라는 단어일 것이다.[35] 이런 의미에서 모든 기독교인은 한쪽이 일방적으로 복종하지 않고 서로에게 복종해야 한다. 만일 아내가 남편에게 복종해야 한다면, 마찬가지로 남편도 아내에게 복종해야 하는 것이다. 에베소서 5장 22-33절은 여성의 일방적 복종이나 권위와 계층에 따른 순종이 아닌 '상호적인' 복종을 말하고 있다.

또한 Scott Bartchy는 고린도전서 7장 4-5절을 살펴본 후 바울은 기독교인의 결혼이 완전한 상호관계에 관한 것이라고 이해했다고 주장한다. 헬라어로 호모이스(homois)라는 단어는 '동일한(likewise)'이라고 번역할 수 있는데, 에베소서 5장 28절의 '이와 같이(in the very same way)'에 대한 의미를 잘 설명해 주는 가장 강력한 표현이라고 할 수 있다.[36] 계속해서 Bartchy는 다음과 같이 이야기한다.

---

35) Ibid., p. 168.

사도 바울은 (성도들에게) 가장 완벽한 상호적인(two-sidedness) 것을 요구하고 있는데, 상호적인 것은 에베소서 5장에서 언급된 대화(communication)나 동의(agreement)의 개념을 포함한다. 동의라고 번역된 단어는 symphonia인데, 이 단어에서 우리가 사용하는 교향곡(symphony), 즉 '한 목소리로'라는 의미의 단어가 나왔다. 바울이 "그리스도 안에는 남성이나 여성이 없다."라고 말한 것은 인간의 성이 중요하지 않다는 것이 아니고, 성역할의 차이가 없다는 것이 아니다. 이 말은 남자가 여성에게 명령해도 된다는 것을 허가해 준 것, 여성은 남성에게 복종해야 한다는 전통적인 성역할은 폐기되어야 하고, 여성과 남성이 서로에게 민감하게 반응하는 것에 기초한 '상호적인' 결정을 추구해야 한다는 말이다.[37]

이 글을 통해 우리는 성경에서 이야기하고 있는 복종(submission)은 일방적이고 계급적 차원에서의 복종이 아닌, 기독교인의 결혼과 가정에 대한 사도바울의 견해를 뒷받침해 주는 상호복종의 원칙에서 나온 것임을 알 수 있다(에베소서 5장 21절, 고린도전서 7장 3-4절, 11장 1-12절, 갈라디아서 3장 28절). 이러한 모델은 남편과 아내, 부모와 자녀 그리고 가족 관계가 반드시 상호적 존경, 보호 그리고 온유함을 바탕으로 이루어져 갈 것을 권고한다. 또한 이러한 생활양식은

---

36) "아내는 자기 몸을 주장하지 못하고 오직 그 남편이 하여 남편도 그와 같이 자기 몸을 주장하지 못하고 오직 그 아내가 하나니"(고린도전서 7장 4절, 개역개정). S. Scott Bartchy (1978), p. 88.

37) Ibid.

하나님을 공경하고 사람을 존중하도록 해 준다. 목회자가 만일 관계에 대한 이러한 성경적인 관점을 지지한다면, 교회는 가족관계에서 상처받기 쉬운 여성이나 아이들을 보호해 줄 수 있는 지원 시스템을 만들 수 있을 것이다.

자기희생에 대한 올바른 이해는 자기사랑과 자기배려 혹은 자기만족을 무조건 나쁜 것으로 배제하지 않는다. 오히려 자기만족을 추구하는 만큼이나 상대방을 향한 동일한 배려와 사려 깊음이 필요하다고 보는 것이다. 예수님도 이웃 사랑을 강조할 때, '네 몸과 같이' 네 이웃을 사랑하라고 말씀하신다. 우리의 이웃을 진정으로 사랑하려면, 이웃을 위해서 기쁨으로 헌신하려면 그 전에 나 자신을 받아들이고 수용할 필요가 있다. 그렇게 하지 못한다면, 우리의 섬김 행위는 상대방을 위한 것이 아니라 나 자신의 가치를 인정받으려는 보상을 위한 것이 될 수 있다. 나 자신을 사랑하는 만큼 남을 배려하고 사랑할 줄 알고, 다른 사람을 위해 나 자신을 내어 주는 만큼 나 자신을 돌볼 수 있는 능력을 키워야 한다. 이것이 성경이 말하는 이웃 사랑이고 자기사랑이다.

폭력의 소용돌이로부터의 해방: Girard와 예수님의 고난

하나님께서는 예수님의 고난을 통하여 인류의 고난에 동참하셨다. 이 말은 인간의 존엄성을 더욱 확인시켜 주고 상대방을 향한 동일한 관심과 배려의 중요성을 더해 준다.[38] 그래서 우리가 기독교의 전통 그리고 예수님의 고난을 어떻게 해석하느냐는 매우 중요하다. Rene Girard의 이론에 대해서 Annemie Dillen과 Water Wink가 어떻게 이야기하고 있는지 진지하게 생각해 볼 필요가 있다.

먼저, Dillen은 다음과 같이 말한다.

> 그의 생애의 마지막까지 자신을 다 주셨던 예수님의 희생에 대한 믿음은 우리를 자유롭게 한다. 그 이유는 그의 희생이 우리에게 아름다운 모델이 되기 때문이 아니고, 완벽해야만(being perfect) 한다는 과업에서 인간을 자유롭게 하기 때문이다. 십자가를 믿는 믿음은 사람들로 하여금 어떤 행위를 해야 한다고 요구하지 않는다. 오히려 그것은 하나님을 믿는 믿음에서 비롯되는 우리의 영적인 헌신으로 우리를 인도한다. 우리는 우리의 모든 미래를 다 결정하지 않고서도 우리 자신을 드릴 수 있다.[39]

우리는 십자가를 생각할 때에 많은 경우 예수 그리스도의 고난과 온전한 희생을 강조하면서, 우리의 삶 속에서 예수님의 본을 따라 어떻게 그러한 온전한 희생을 해낼 수 있는지에 대해 집착하곤 한다. 그런데 우리가 예수님의 온전한 희생을 묵상하면 할수록 우리의 연약함을 바라보게 된다. 예수님의 온전한 희생을 따라가야 한다는 강박관념을 갖기보다는 우리의 부족함과 실패에도 불구하고, 아니, 오히려 부족함과 연약함을 통하여 우리가 믿음으로써 진정한 성숙

---

38) D. S. Browning et al. (2000), p. 281.
39) A. Dillen (2006), p. 270.

을 이루어 그리스도께 더욱 가까이 다가갈 수 있다. 우리는 우리의
부족함 가운데 일하시는 하나님의 은혜를 더욱더 사모하게 되고, 그
안에서 우리 자신을 기쁨으로 드릴 수 있다. 그리스도의 희생에 대
한 이러한 새로운 관점은 우리에게 그리스도의 온전한 희생의 본을
따르라는 요구와 부담 대신 우리에게 소망과 자유 그리고 해방을 준
다. 복음, 즉 좋은 소식은 진정 '좋은' 소식이 되고, 우리가 하나님을
예배하는 이유를 잃지 않게 된다.

  이와 같이 새롭게 이해된 십자가의 신학은 자녀들을 위해서 모든
것을 다 희생하려고 하는 한국 부모에게 분명히 좋은 소식이 될 것
이다. 대부분의 한국 부모는 은퇴 후 삶에 대한 걱정이나 염려에도
불구하고 대부분의 수입을 거의 다 자녀들의 교육에 쓰고 있다. 자
녀들을 뒷바라지하기 위해 자신의 커리어를 포기하거나 희생하는
것이 그다지 큰 고민거리나 문제가 되지 않는다. 자녀들의 교육을
위해서 한국생활을 과감히 정리하고 미국으로의 이민을 결정하는
부모가 꽤 많은 것이 사실이다. 1983년도에 실시된 한 갤럽 여론조
사에 의하면, '자녀들의 빚과 결혼 비용을 기꺼이 갚아 주겠는가'에
대해 한국 부모가 최상위를 기록했다는 결과가 나왔다.[40] 그런데 불
행하게도, 자녀들은 이러한 부모의 희생을 당연히 받아들이기 때문
에, 부모가 최선의 노력을 다해도 자녀 자신들의 성공이 보장되지
않을 경우 부모를 향한 원망과 분노 그리고 삶에 대한 불안함을 느
끼게 된다. 부모 또한 자녀들을 위해 이제까지 해 준 것보다 더 이상

---

40) V. C. Kim & S. H. Choi (2014), pp. 242-243.

줄 것이 없음에 대한 부담과 죄책감을 느끼게 된다. 이러한 패턴은 이제까지 치러진 희생과 앞으로 치러질 희생에도 불구하고 가족관계를 악화시키는 자멸적인 악순환으로 이어지게 된다.

예수님의 희생과 그 의미에 대한 전체적인 이해를 통해 한국 부모는 자녀들의 삶 전부를 책임져 주어야 한다는 비현실적인 책임감으로부터 벗어나 진정한 부모-자녀의 관계를 맺을 수 있다. 희생에 대한 새로운 접근은 한국 가정에 큰 자유와 치유, 새로운 소망과 용기를 주는 모델이라고 할 수 있다. 부모는 어려운 상황 속에서 자신들의 능력에 한계를 깨달으며 하나님의 손에 의지하게 될 것이고, 그럴 때 어려운 위기 상황들을 더욱 순조롭게 극복해 나가며 넘어져도 다시 일어날 수 있는 회복성을 갖게 될 것이다.

Dillen은 또한 십자가와 부활에 대한 믿음이 사람들에게 서로 간에 완벽히 친밀하게 살려는('perfect' inlimate life) 열심('frenetic' effort)과 의무로부터의 자유를 줄 수 있고, 고난과 악에 맞서 싸우고 견딜 수 있는 동기를 줄 수 있다고 말한다.[41] 예수님이 우리를 위해 십자가에서 돌아가신 것을 믿는 믿음은 나 자신을 무조건 희생해야 한다는 논리를 무효화시키고, 고난과 갈등 자체가 우리에게 최고의 선이 될 수 없다는 것을 말해 준다.[42]

Water Wink도 Dillen의 관점에 동의하며 이렇게 말한다. "하나님은 희생제물을 요구하는 분이 아닌, 희생제물이 되신 분이다. 창세

---

41) A. Dillen (2006), p. 270.

42) Ibid.

기부터 요한계시록까지 피해자들은 세상의 신화로부터 공의와 구원을 부르짖었다. 피해자들은 마침내 십자가에서 자신들의 정당성을 입증받았다." [43] Wink의 주장을 좀 더 살펴 보자.

> 예수님은 절대로 가해자의 입장에 굴복하지 않으셨다. …… 예수님은 폭력에 대해서 긍정적으로든지 부정적으로든지 완전히 침묵하시는 듯하다(total absence). 예수님은 십자가에서의 죽음으로 마침내 온 세상이 누군가를 희생시키는 기제(scapegoating mechanism)를 보도록 하셨다. [44]

하지만 기독교의 대속에 관해 많은 이론가가 오랫동안 주장한 바는, 하나님은 권리를 침해 당한 당사자이시며 피제사를 통해 달래 드려야 할 분인 동시에 예수님을 어린 희생양으로 보내신 당사자이시라는 것이다. 즉, 하나님은 자신이 희생을 받으셔야 할 분인 동시에 희생제물이 되신 분이다. 이론가들은 이렇게 묻는다. '만일 하나님이 무조건 사랑하시고 용서하시며 폭력적이지 않으신 분이라면, 왜 그러한 피제사들이 필요한가? 하나님은 우리를 위해 자기 아들의 죽음을 필요로 하시는 분인가?' Wink가 말하듯, 하나님에 대한 이러한 잘못된 이해는 고난을 하나의 폭력이나 처벌로 인식하게 한다. [45] 사실 힘을 남용해 상대방을 희생시키는 것은 하나님 자신이

---

43) W. Wink (1992), p. 147.
44) Ibid., p. 148.
45) Ibid., p. 149.

아닌 바로 사람들이다. "하나님은 보상(reparation)을 필요로 하지 않으신다. 우리가 하나님이 값없이 주시는 사랑의 선물을 받아들일 수 있으려면, 우리 자신의 감옥으로부터 누군가 구해 주어야만 한다. …… 하나님을 달래 드려야 하는 것이 아니라, 우리가 하나님을 멸시하는 것으로부터 구원을 받아야 한다."[46]

　　예수님이 받으신 십자가에서의 고통은 폭력의 지배하에 이루어진 희생의 형태를 거스른다. "만일 당신이 모두가 폭력을 사용하는 세상에서 폭력을 사용하지 않는 단 한 사람이라면, 폭력의 피해자가 되어 버린다. 하지만 예수님이 희생양의 역할을 받아들이신 것은 고난이나 죽음을 원하셨기 때문이 아니라, 바로 희생양이라는 현상을 폐기하고 배격하시기 위한, 그것을 아예 불가능하고 견딜 수 없는 일로 만드시기 위한 것이었다."[47] 또한 Wink는 다음과 같이 말한다.

　　예수의 십자가는 이 땅의 희생 제도의 본질을 발가벗겨 놓았다. 이것은 누군가를 대신 죽여야 하는 필요를 하나님께로 돌려놓은 것이다. 수많은 동물을 죽여서 분노를 누그러뜨리려는 시도는 절대로 만족을 주지 못한다. 이 희생 제도에서 인간의 희생도 요구된다. 하지만 예수는 또 한 명의 결백한 피해자가 아니었다. 예수는 그 자신의 삶을 자발적이고 자유롭게 의도적으로 주었다. 교회는 그의 행위를 모든 희생제사를 끝낼 수 있는 희생으로 이해했다. 예수의 희생은 희생양 기제(scapegoating mechanism)를 온 세상이 볼 수 있도록 노출시켰다. 그가 그의 몸과 피를

---

46) Ibid., p. 151.
47) A. Dillen (2006), p. 271.

줌으로써 새로운 언약을 인봉하게 되었다. 이것은 바꿀 수도 없고 영원히
지속되는 언약이다. 이 언약 속에서 과거의 제도는 죽고, 이제는 새로운 언
약이 다시 태어나게 된다(마가복음 14장 22-25절; 로마서 6장 1-11절).[48]

 예수님의 죽음은 전통적인 제사의 형태를 무너뜨렸다. 하나님 앞
에 더 이상 새로운 희생이 요구되지 않는다는 것이다. 십자가 위에
매달려 계실 때마저 예수님은 잘못한 자들을 용서해 달라고 하나님
께 기도하셨다. 폭력의 소용돌이는 바로 그 십자가에서 멈추게 되는
것이다. 예수님을 통해서 희생양 기제가 드러나게 되었고, 적어도 개
념적으로 우리는 권세적이고 지배적인 체계의 영역에서 벗어나 하
나님의 무조건적인 사랑과 은혜의 영역과 범위 안으로 들어가게 되
었다. 우리는 이제 비슷한 폭력과 희생양을 통한 책임 전가 행위를
멈추는 것을 배워야 한다.[49] 예수님이 "이제 이 세상에 대한 심판이
이르렀으니 이 세상의 임금이 쫓겨나리라."(요한복음 12장 31절)고 말
씀하신 그때가 바로 지금이다.

 Yoder는 기독교인이 예수님을 본받는 것—십자가를 지는 것—
에 대한 구체적인 부르심을 받았다고 주장한다.[50] 그는 기독교인이
지고자 하는 십자가는 어떤 종류든지 고통이나 핍박이 아니다. 그것
은 오히려 사회의 불의에 순응하지 않으려는 것에 대한 대가다. 예
수님은 우리가 세상에서 예수님의 말씀을 따라 살아갈 때 핍박이 있

48) W. Wink (1992), p. 126.
49) Ibid., p. 152.
50) J. H. Yoder (1994), p. 95.

을 것이라고 예견하셨다. 이미 시작된 하나님 나라를 대표하면서 폭력의 합법적인 사용을 거부하는 대신에 비폭력을 보여 주려고 하면, 예수님의 제자들은 예수님 자신이 그러셨던 것처럼 세상의 적대감을 만나게 될 것이다.[51] 우리가 너무 십자가 신학만을 강조하고 그 속에서 희생과 고통을 강조하는 것은 오히려 폭력을 합법화하고 타인을 지배하고 희생양을 만드는 옛 제도로 다시 돌아가려고 시도하는 것과도 같다는 것을 인식해야 한다. 십자가 신학이 잘못되었다는 것이 아니다. 문제는 십자가 신학에서 보이는 고통과 희생만을 강조하는 것이다. 우리에게는 이제 균형 잡힌 신학이 필요하다.

힘의 올바른 사용: 비폭력과 강압

이 절에서도 자기희생 속에서 보이는 힘의 사용에 대해서 살펴보겠다. 한국 가정에서는 희생이 주로 힘의 불균형에서 나온다. 힘에 대한 불평등과 강압은 주로 부모와 자녀의 관계 혹은 형과 동생의 관계에서 온다. 심지어 기독교 가정에서도 남자는 가족을 다스리는 모든 힘이 있다고 그려진다. 그 이유는 하나님이 남자를 가정의 머리로 지명하셨다고 믿기 때문이다. 이런 믿음에 대해서 Clements와 Mitchell은 가족관계, 특히 부모-자녀 관계에서 희생은 힘에 대해서 서로 존중하는 방식으로 사용되어야 한다고 주장한다.

---

51) Ibid., 96.

강압적이지 않고 폭력적이지 않다는 말은 힘의 사용을 제한하는 것같이 보이지만, 사실 희생은 자신이 가진 힘을 자발적으로 포기하는 것을 의미한다. 희생을 한다는 것은 상대방을 위해서, 상대방과의 관계를 더 좋게 하기 위해서 자신이 소중하게 생각하는 어떤 것을 포기하기로 선택하는 것이다. 이러한 희생을 보여 주는 최고의 모델이 바로 부모가 자녀를 위해서 자신이 가진 힘을 존중하는 방식으로 사용하는 것이다 (respectful use of power). 부모가 서로를 위해서 희생하고, 자녀들을 위해서 희생할 때, 자녀들은 부모의 희생방식을 보게 되고 그들 자신도 자신을 내려놓게 된다. 이러한 희생은 자녀들이 자신들의 힘을 어떻게 존중하는 방식으로 사용하는가에 대한 결정적인 역할을 하게 된다. 그리고 나중에 상대방과 관계를 맺으면서 폭력이나 강압을 사용하지 않게 되는 데 중요한 역할을 한다.[52]

앞의 말은 부모-자녀 관계에서 부모가 자녀들의 삶에 어떠한 제한이나 강압을 하지 말아야 함을 의미하는 것이 아니다. 부모와 자녀의 관계에는 분명 어떤 경계선이 필요하다. 부모가 자녀들에게 분명한 권위를 사용해야 할 때가 있다. 아니, 부모는 자녀들을 향한 권위가 분명히 있어야 한다. 저자가 미국에서 20년 만에 한국으로 왔을 때 놀란 것 중의 하나는 한국 가정이 너무 자녀 중심으로 돌아가고 있다는 것이었다. 특히 교육 때문이라면 부모는 자녀들의 눈치를 보면서 자녀들에게 절절 매는 것처럼 보였다. 가정생활의 중요한 결정은 모두 자녀 중심으로 이루어지고 있는 것이다. 물론 자녀들을

---

52) M. L. Clements & A. E. Mitchell (2005), p. 97.

소중히 여기고 자녀들의 의견을 들어 줄 필요는 있다. 하지만 지나
치게 자녀들 중심으로 돌아가다 보니까 부모가 권위를 잃어버리는
것은 아닌지 염려가 되는 것도 사실이다. 부부의 하나됨 속에 자녀
들이 너무 많이 침투해 들어오는 것은 아닌지 걱정스럽기도 하다.

　저자는 강의를 가는 곳마다 외치는 말이 있다. 성경적 가정의 중
심은 자녀가 아닌 부부라는 것이다. 부부가 하나님 안에서 한 팀이
되면 자녀들은 부모의 하나됨 안에서 안정감을 누리고, 부모의 신앙
과 부모의 조언을 듣게 된다. 다시 말하지만, 부모는 자녀의 삶에 권
위를 가져야 한다. 그러나 부모는 그 권위를 함부로 사용하지 말아
야 한다. 부모는 따뜻하고 사랑스러운 관계 속에서 자신이 가진 힘
과 통제를 사용할 수 있어야 한다. 부드러운 말투와 태도를 가지고
자녀들에게 다가가고, 그들의 삶에 부모와 자녀 사이의 경계선이 있
다는 것을 말해 주어야 한다. 그래야 효과적인 자녀양육을 할 수가
있다. 만약 거친 말투와 태도, 때로는 폭력을 사용해서 자녀들을 가
르치려고 한다면, 자녀들은 부모 앞에서는 순종하는 것처럼 보여도
부모를 존경하지 않을뿐더러 부모의 말에 귀 기울이지 않을 것이 분
명하다.

　예수님은 이 시대를 살아가는 우리에게 우리가 가진 힘을 어떻게
사용하고 우리가 일방적으로 희생하면서 만족하는 모습에 대해서
자세히 살펴보라고 요구하신다. 마가복음 10장 42-43절을 인용하면
서, Bartchy는 예수님이 남성 중심의 힘과 지배에 대해서 어떻게 대
응하셨는지에 주목했다.[53] 예수님은 누군가를 통제하려고 힘을 사
용하는 것을 거부하셨다. 야고보와 요한은 예수님이 이 땅을 통치하

실 때 자신들이 그의 좌우편에 앉을 수 있다면 어떠한 고통도 감내
할 준비가 되었다고 주장한다. 이에 대해서 예수님은 누군가를 통제
하기 위한 힘의 사용을 거부하셨다.[54]

마가복음 10장 42-45절에서, "너희는 그렇지 않다."는 구절은 현
재형으로 쓰여 있다. 현재형을 사용한 것은 우리로 하여금 예수님이
함께 계실 그 상황에서 세상이 가지고 있었던 힘은 착취적이고 조작
적이고 경쟁적이었지만 그러한 힘의 사용은 불필요하고 부적절하다
는 것을 이해하도록 하기 위함이다.[55] 예수님은 삶과 사역에서 사랑
을 선택했지 강압적인 힘의 사용을 선택하지 않았다. 그는 고통을 선
택했지 인정받는 승리를 선택하지 않았다. 그는 상호적 섬김을 사용
했지 지배와 통제를 사용하지 않았다. 그는 우리에게 우리가 살아가
는 시대의 가치에 대해서 의문을 제기해 보라고 부르신다. 이런 점을
강조해서 Kraybill은 하나님의 나라는 우리가 살고 있는 사회의 가치
를 완전히 뒤집어엎는 것(upside down)이라고 말한다.[56]

---

53) S. S. Bartchy (1978).
54) "예수께서 불러다가 이르시되 이방인의 집권자들이 그들을 임의로 주관하고 그
고관들이 그들에게 권세를 부리는 줄을 너희가 알거니와 너희 중에는 그렇지 않
을지니 너희 중에 누구든지 크고자 하는 자는 너희를 섬기는 자가 되고 너희 중
에 누구든지 으뜸이 되고자 하는 자는 모든 사람의 종이 되어야 하리라. 인자가
온 것은 섬김을 받으려 함이 아니라 도리어 섬기려 하고 자기 목숨을 많은 사람
의 대속물로 주려 함이니라." (마가복음 10장 42-45절)
55) S. S. Bartchy (1978).
56) D. B. Kraybill (1990), pp. 9-10.

미국 교민의 자기희생에 대한 실증적 연구

지금까지 우리는 자기희생에 대한 이론적이고 신학적인 측면들을 살펴보았다. 그렇다면 이제부터 우리가 실제 생활에서 자기희생에 대하여 어떠한 사고를 갖고 살아가며 어떤 식으로 자기희생을 치르며 살고 있는가를 살펴보려고 한다. 한국인이 자기희생을 하는 주동기와 자기희생을 하게 하는 사고의 원동력을 실증적인 방법론을 가지고 살펴보기로 하자. 이 연구는 저자가 미국에서 생활할 때 미국에 살고 있는 한국 이민자를 대상으로 한 연구결과다.

한국인은 가족을 위해 희생해야 한다는 신념이 일상 속에 배어 있다. 하지만 앞에서 언급했듯이 만약 자기희생이 강압에 따른 책임감이나 의무감에서 비롯되었거나 수치감, 죄책감 혹은 자기 자신의 명예 때문에 이루어진다면, 그러한 자기희생은 자기 자신을 내어 주는 것도 아니고 섬기는 것도 아니며 상호 간의 이익을 위한 것도 아닐 것이다. 더구나 내어 주는(giving) 것에는 '누군가의 밑'이라는 의미가 있어서 자신의 주어진 위치에서 늘 희생하는 역할을 해야 한다는 함의가 있다. 예를 들면, 아들은 아버지에 대한, 아내는 남편에 대한, 종업원은 주인에 대한, 교인은 목사에 대한, 학생은 선생에 대한 자신의 역할이 정해지는데, 그 역할이 늘 주는 것이고 희생하는 것일 수 있다. 그래서 여러 상황 속에서 한국 사람은 실제적으로 어떻게 자기희생을 하는지, 자기희생의 실제 동기는 무엇인지를 살펴보는 것이 중요하다.

이 연구를 진행하면서 가족관계 속 자기희생과 동기에 대한 선행 연구를 찾아보려고 했으나 쉽지 않았다. 그래서 이 실증적 연구는 한국인의 여러 가지 관계에서 자기희생에 대한 동기, 특히 가족관계에서의 자기희생의 면모를 이해하기 위해 필요한 기초를 세우는 데 도움이 될 것이라 믿는다. 저자는 이 실증적 연구 자료들이 상담자와 목회자 그리고 교육자에게 보살핌과 상호의존적 관계 속 사고방식의 특성과 기능을 알아 가는 데 실용적인 자료가 되기를 바란다. 이와 더불어 한국인의 자기희생에 대한 태도와 신념, 동기를 더 자세하게 파악함으로써 그들이 건강치 못한 자기희생의 관습에서 벗어나 더욱 자발적이고 진정으로 배려하고 보살피는 마음으로 주고받는 사람 모두에게 건강하고 유익한 희생을 할 수 있도록 도움을 주고 싶다. 나아가 목회자와 목회상담자가 성도들과 내담자들을 만날 때, 특히 가정폭력으로 인해 자기희생의 의무적인 동기에서 헤어나오지 못하는 피해자를 상담할 때 필요한 가치 있는 자료가 되기를 바란다. 마지막으로, 그것이 한국 가정 안에 평등하고 상호적인 관계의 새로운 비전과 모형을 제시하기를 기대한다.

연 구

미국에 살고 있는 교민의 가정생활 속 자기희생 뒤에 숨어 있는 동기와 신념 그리고 태도를 연구하기 위해서 저자는 그들을 위한 특별 인터뷰 자료를 만들었다. 이 자료는 ① 한국인들이 생각하는 자기희생에 대한 정의와 이해를 묻고, ② 자기희생의 다양한 동기를 여섯 가지 다른 관계에서 알아보고 또한 가족이나 가까운 관계 외의 관계에서 자기희생을 할 가능성을 알아보고, ③ 자기희생을 하고 있는 사람들의 실제 감정들을 살펴 보여 주고, 마지막으로 이 자료를 통해서 ④ 평등하고 상호적인 관계를 지향하는 새롭고 건강한 자기희생의 모델을 제시하기 위함이다.

저자는 연구를 진행하기 전에, 한국인의 자기희생의 의미와 태도 속에 다음과 같은 면을 보일 것이라고 예상했다. 구체적으로, ① 남녀와 세대 간에, 특히 이민 1세와 2세 간에 자기희생의 동기와 신념, 태도에 대한 차이가 클 것이다. 기성세대가 그다음 세대에 비해 희생을 보다 일방적으로 생각하는 경향이 있을 것이다. 2세들은 자기희생에 대해 보다 상호적으로 접근하려 할 것이며, 여성이 남성보다 자기희생을 더 많이 할 것이다. ② 자기희생에 대한 한국 이민자들의 태도와 감정은 부정적일 것이다. ③ 가족 바깥의 사람들에게 희생하려는 의지는 보다 적을 것이다. ④ 한국 이민자의 자기희생은 다른 어떤 관계(부부, 친구, 직장과 종교적인 단체)에서보다 부모-자녀 관계에서 이루어질 가능성이 많을 것이다. ⑤ 한국 이민자의 자기희생 동기는 유교적인 가르침(무조건적인 사랑이나 상호적인 유익이 아닌 다른 사람의 평판과 의무감)에 깊은 영향을 받았을 것이다. ⑥ 한국 이민자, 특히 1세들은 상호적인 섬김에 따른 자기희생이 아닌 의무감과 책임감에 따른 자기희생의 가능성이 더 많을 것이다.

참가자

이 연구에 참가한 사람들은 모두 현재 미국에 거주하고 있는 교민이다. 참가자들은 남녀 구분 없이 18세 이상의 성인으로 모집하였다. 참가자들은 모두 남자 41명, 여자 43명(총 84명)으로, 4개의 지역교회에서 모집되었다. 나이는 20세부터 67세까지였고, 중간연령은 38.63세였다. 그중 이민 1세가 56명, 1.5세가 20명, 2세가 8명이었다. 84명의 참가자 중 79명은 한국에서, 5명은 미국에서 태어났다. 한국어가 자신의 모국어라고 한 참가자들은 총 63명이었고, 나머지 21명은 영어가 자신의 주 언어라고 대답하였다. 나눠 준 84개의 설문지 중 21개는 영어로, 63개는 한글로 답해 왔다.

이 연구를 위해 참가자들을 모집한 교회들은 미국 남가주에 위치한 교회들 중 임의로 선택되었다. 한 교회는 로스앤젤레스 한인타운에 위치한 교회이고, 한 교회는 샌디에이고에 위치한 교회이며, 두 교회는 오렌지카운티 근교에 위치한 교회다.

이 네 교회는 사회경제적 조건과 거주하는 환경의 다양성 등 이민자들의 차이를 고려하여 선택되었다. 한 교회는 모두 2세들로만 이루어진 영어교회이며, 두 교회는 하나님의 성회(순복음교회), 한 교회는 장로교회, 그리고 다른 한 교회는 독립교단이다. 자기희생이라는 주제를 논하며 교파와 신학적인 관점의 차이에 초점을 둔 연구가나온다면 유용하겠지만, 현재 이 연구는 교파와 신학적인 관점의 차이를 두지 않는다는 한계를 설정해 두기로 했다.

연구 절차

설문지가 배부되는 날짜와 장소를 네 교회의 담임목사로부터 받았다. 날짜와 장소를 확인한 후 그 교회들을 방문하여 참가자들의 질문을 받고 설문지를 나누어 주었다. 약정서는 추후에 수집되었다. 참가자들을 만나기 전에 우선 담임목사를 만났고, 담임목사가 예비 참가자들에게 연구자에 대해 소개한 후, 연구와 설문조사에 대해서 간략히 설명하였다. 예비 참가자들은 주일학교 교사진, 성경공부 그룹, 남성 친교부, 여성 친교부 등 지역교회의 여러 가지 사역에 속한 성도들이었는데, 모임 가운데 이 연구에 참가하는 것에 대한 약간의 부담이 주어졌을 것으로 보인다. 설문지는 성도들이 이러한 모임을 갖는 교회 라운지나 친교실 그리고 교회 안 커뮤니티 센터와 같은 곳에서 배부되었다.

설명회 시간에는 예비 참가자들이 자기희생에 대한 정의와 느낌 그리고 그들이 믿고 있는 신념을 나누도록 했다. 또한 참가자들은 부모와 자녀 관계, 부부관계, 직장관계, 목회자와 성도의 관계, 교사와 학생의 관계 그리고 친구관계에서 자신의 개인적인 목표나 관심사 그리고 활동을 포기하고 희생하는 것이 얼마나 어려운지 혹은 쉬운지 각각 점수를 매기도록 하였다. 이어서 참가자들에게 앞의 여섯 가지 관계에서 희생을 하는 동기에 관해 물었다. 또한 통계분석을 위해 나이나 성별과 같은 기본 정보들은 추후에 받을 것이고, 개인적으로 식별 가능한 정보는 받지 않을 것임을 미리 알려 주었다. 마지막으로, 설문지를 마치는 데는 약 15~20분 정도 소요될 것임을 알려 주었다.

이후, 동의서와 설문지를 나누어 주면서 동의서를 꼭 먼저 읽어 보도록 지시하였다. 설문지는 동의서를 읽은 후 참가하기 원하는 사람들만 답하도록 하였다. 이 연구나 설문조사에 관해 질문이 있을 경우, 연구자에게 물어보도록 하였고, 연구자의 전화번호를 동의서에 제시해 세션이 끝난 후에도 연구자에게 연락하여 질문할 수 있도록 하였다. 설문지를 마친 참가자들은 미리 정해진 박스에 설문지를 넣도록 하였다. 시간이 더 필요한 사람들이나 개인적으로 공간이 필요한 사람들은 나중에 우편으로 제출할 수 있도록 허락하였고, 이러한 참가자들에게는 받는 사람의 주소가 적혀 있는 우표가 붙여진 편지봉투를 나누어 주었다. 이러한 절차들은 참가자들에게 이 설문지에 답해야만 하는 어떠한 부담이나 의무감을 주지 않으려는 배려, 즉 반드시 정해진 시간과 장소 혹은 연구자의 감시 아래서가 아닌, 참가자들이 충분히 필요한 시간을 갖고 편안한 환경 가운데 자신의 견해를 답에 담을 수 있도록 하려는 의도에서 이루어졌다.

이러한 연구설계는 풀러 신학교 심리대학원의 연구윤리심사위원회(Human Subject Review Commmitee)로부터 검토와 승인을 받았다. 이 연구는 인간을 주제로 할 때 요구되는 윤리적 대우 기준을 충족시키는 연구로 인정받았다.

설문지

다양한 관계(부모-자녀, 부부, 직장, 교회, 학교 그리고 친구)에서 희

생하고자 하는 의지를 측정하기 위해 시간, 돈, 일, 명예를 지키는
일, 리더십을 포기하는 일, 대화할 때 상대방에게 주도권을 양보하
는 일, 자기 자신의 목표를 양보하는 일 등 대부분 개인이 중요하다
고 생각하는 목표와 관심사를 목록화하고 각 참가자에게 그것들을
1~5점으로 평정하도록 하였다. 앞의 관계에서 이루어지는 자기희
생의 동기를 측정하기 위해서, 자기희생의 중요성 뒤에 숨어 있는
동기를 1점(전혀 중요하지 않다)에서 5점(매우 중요하다)까지로 매기
게 하여 이를 열 가지 다른 범주에서 측정하였다. 자기희생에 대한
태도와 신념을 발견하기 위해서는 자기희생에 관한 참가자의 일반
적 느낌에 대해 물었다. 교민들이 갖고 있는 자기희생에 대한 정의
를 더 구체적으로 알아보기 위해서는 참가자들에게 그들이 생각하
는 정의 중 자신들이 공감할 수 있는 세 가지 정의를 뽑도록 하였다.
(부록에 수록되어 있는 설문지를 보라.)

기술적 분석

자기희생에 대한 일반적 느낌

"자기희생의 경험에 대한 당신의 일반적 느낌은 무엇입니까?"라
는 질문에서, 응답자들이 자기희생에 대한 자신의 느낌과 감정을
'매우 긍정적(5)'에서 '매우 부정적(1)'까지 매기도록 하였다.

전반적으로, 대부분의 참가자(평균 3.68, 표준편차 0.763)는 자기희
생에 대하여 긍정적인 느낌을 갖고 있었다. 〈표 6-2〉에서 볼 수 있
듯, 남성 참가자들(3.68)은 자기희생에 대하여 긍정적인 느낌을 갖고

표 6-1 자기희생에 대한 일반적 느낌(총 84명 응답자)

수	최소	최대	평균	표준편차
84	2	5	3.68	0.763

주: 1＝매우 부정적, 2＝부정적, 3＝중간, 4＝긍정적, 5＝매우 긍정적

표 6-2 성별에 따른 자기희생에 대한 일반적 느낌(그룹 통계)

성별	수	평균	표준편차	평균표준오차
남성	41	3.68	0.722	0.113
여성	43	3.67	0.808	0.123

주: 1＝매우 부정적, 2＝부정적, 3＝중간, 4＝긍정적, 5＝매우 긍정적

표 6-3 주어별 자기희생에 대한 일반적 느낌(그룹 통계)

주어	수	평균	표준편차	평균표준오차
한글	63	3.60	.794	0.100
영어	21	3.90	.625	0.136

주: 1＝매우 부정적, 2＝부정적, 3＝중간, 4＝긍정적, 5＝매우 긍정적

표 6-4 세대별 자기희생에 대한 일반적 느낌(그룹 통계)

세대	수	평균	표준편차	평균표준오차
1세	57	3.56	0.802	0.106
1.5세와 2세	27	3.93	0.616	0.118

주: 1＝매우 부정적, 2＝부정적, 3＝중간, 4＝긍정적, 5＝매우 긍정적

있었고, 여성 참가자들(3.67) 또한 자기희생에 대하여 긍정적인 느낌을 갖고 있었다. 예상 외로 남성과 여성 모두가 자기희생에 관하여

비슷한 감정을 갖고 있다는 것을 알 수 있었다.

주로 한글을 쓰는 참가자들도 자기희생에 대하여 일반적으로 긍정적인 감정을 가지고 있었지만(평균 3.60), 주로 영어를 쓰는 참가자들이 자기희생에 대해 좀 더 긍정적인 감정을 갖고 있는 것으로 드러났다(평균 3.90). 언어별 차이의 결과와 마찬가지로, 자기희생에 대한 감정은 이민 1세들은 3.56, 1.5~2세들은 3.93으로, 미국에서 태어난 2세나 어렸을 때 이민 온 자녀들이 자기희생에 대하여 더 긍정적인 감정을 가지고 있다는 것을 알려 주었다(〈표 6-4〉 참조).

자기희생의 정의

참가자들에게 자기희생을 정의하는 다섯 가지의 단어 중에 세 단어를 뽑아 순서를 매기도록 했는데(1~3), 그 결과는 〈표 6-5〉와 같다.

남성과 여성 참가자들 모두 2번의 정의에 크게 공감하였다. 한글을 쓰는 참가자들이 주로 2번의 정의에 공감하였다. 그에 비해 영어

표 6-5 자기희생의 정의와 이해 정도

〈설문지 질문〉

"당신은 자기희생은 어떤 것이라고 생각합니까?"	
정의 1	다른 사람의 필요를 고려해서, 내가 하고 싶은 것을 잠시 나중으로 미루는 것
정의 2	서로 상호적인 유익을 위해 하는 자기희생적인 행동(self-giving)
정의 3	기독교인이라는 의무 때문에 다른 사람에게 베푸는 사랑과 친절
정의 4	더 큰 목적을 성취하기 위해서 지금 나의 목표를 다른 사람에게 양보하는 것
정의 5	나 자신보다 다른 사람이 더 커 보여서 하는 행동

성별	정의 1	정의 2	정의 3	정의 4	정의 5
남	8	10	4	1	5
여	8	15	3	3	3
모국어	정의 1	정의 2	정의 3	정의 4	정의 5
한글	6	23	5	2	7
영어	10	2	2	2	1
세대	정의 1	정의 2	정의 3	정의 4	정의 5
1세	6	18	3	2	5
2세	10	7	4	2	3

를 쓰는 참가자들에게는 1번의 정의가 제일 강하게 다가온 것을 볼 수 있다. 한국말을 하는 참가자들의 결과와 마찬가지로, 이민 1세들이 2번의 정의를 최우선으로 꼽은 것을 볼 수 있었고, 1.5~2세들은 1번의 정의를 뽑은 것을 볼 수 있다.

자기희생의 동기

〈표 6-6〉은 앞의 여섯 가지 관계(부모-자녀, 부부, 직장, 교회, 학교, 친구) 속 자기희생의 열 가지 동기에 대한 점수를 보여 준다.[57] 이를

---

57) 〈설문지 질문〉
"여러분이 가장 최근에 여러분 자신의 필요를 포기해야 했던 상황을 떠올려 보십시오. 아래에는 각 관계 속에서 여러분이 희생을 해야겠다고 생각했을 것 같은 동기나 이유를 열 가지로 나누어 놓았습니다. 아래의 각 문항에 점수를 매겨 주세요. 각 문항을 보고, 여러분 자신이 희생을 선택한 가장 중요하지 않는 이유라고 생각되면 1점을, 가장 중요한 이유라고 생각되면 5점을 매겨 주십시오."
동기 1: 갈등을 피하고 화목을 유지하고 싶어서

통해(총 84명 중) 83명의 참가자가 자기희생의 동기에 대해 답변한 것을 알 수 있다. 〈표 6-7〉은 53명의 참가자들의 부부관계 속 자기희생의 동기를 보여 준다. 부부관계에 대한 답변은 싱글인 참가자들이 많았던 관계로 생각보다 적은 수가 참여하게 되었다. 직장과 교회, 학교 그리고 친구 관계 속 자기희생의 동기에 대한 표는 부록에 첨부하였다.

동기 2: 가족이나 사회를 위해 해야 하는 어쩔 수 없는 의무감 때문에
동기 3: 가족이나 다른 사람들에 대한 책임감 때문에
동기 4: 다른 사람에게 무조건적인 사랑을 베푸는 것이 중요하기 때문에
동기 5: 나의 개인적인 자존심과 품위를 지키고 싶어서
동기 6: 다른 사람에게 관대하고 나누어 주는 사람으로 보이고 싶어서
동기 7: 내가 원래 다른 사람에게 잘 양보하는 성격을 가지고 있어서
동기 8: 나는 희생이 일방적인 것이 아니라 상호적이고 서로 섬기는 것이라고 생각하기 때문에
동기 9: 나의 종교적인 믿음 때문에 다른 사람의 필요를 늘 먼저 생각해야 하기 때문에
동기 10: 나는 유교적인 문화에서 자라서 그 영향으로 잘 양보하는 편이기 때문에

표 6-6 부모-자녀 관계 속 자기희생의 동기

	갈등 회피 (avoiding conflict)	의무감 (obligation)	책임감 (respon-sibility)	아가페 사랑 (agape)	자기명예 (personal honor)	개인적 평판 (reputation)	개인적 성격 (personality)	상호적 (mutual)	종교적 믿음 (religion)	전통 (tradition)
유효한 표본 (N valid)	83	83	83	83	83	83	83	83	83	83
유효하지 않은 표본 (missing)	1	1	1	1	1	1	1	1	1	1
평균	4.27	3.58	3.98	3.71	2.55	2.49	3.08	3.63	3.61	2.41
표준편차	0.717	0.912	0.869	0.994	0.978	1.097	1.118	1.090	1.102	1.093
최소치	2	1	1	1	1	1	1	1	1	1
최대치	5	5	5	5	5	5	5	5	5	5

주: 1 = 전혀 중요하지 않다, 2 = 중요하지 않다, 3 = 조금 중요하다, 4 = 중요하다, 5 = 매우 중요하다

표 6-7 부모관계 속 자기희생의 동기

	갈등 회피 (avoiding conflict)	의무감 (obligation)	책임감 (respon- sibility)	아가페 사랑 (agape)	자기 명예 (personal honor)	개인적 평판 (reputation)	개인적 성격 (personality)	상호적 (mutual)	종교적 믿음 (religion)	전통 (tradition)
유효한 표본 (N valid)	53	53	52	52	52	52	52	52	52	52
유효하지 않은 표본 (missing)	31	31	32	32	32	32	32	32	32	32
평균	4.36	3.64	4.13	3.67	2.88	2.56	2.96	3.58	3.58	2.58
표준편차	0.623	0.922	0.864	0.985	1.114	1.092	1.137	1.073	1.177	1.258
최소치	3	1	1	2	1	1	1	1	1	1
최대치	5	5	5	5	5	5	5	5	5	5

주: 1 = 전혀 중요하지 않다, 2 = 중요하지 않다, 3 = 조금 중요하지 않다, 4 = 중요하다, 5 = 매우 중요하다

부모-자녀 관계

질문에 답한 83명의 참가자 중에서 89.2%(평균 4.36)가 부모-자녀 관계에서 이루어지는 자기희생의 가장 중요한 동기로 갈등회피를 꼽았다. 가족과 다른 사람들에 대한 책임감이 81.9%(평균 4.13)로 두 번째로 중요한 동기였고, 그다음에는 상호적인 섬김과 보살핌이 66.3%, 무조건적인 사랑(아가페)이 65.1%, 부모로서의 의무감이 62.6% 순으로 높았다. 전통과 문화(18.7%), 자기명예(20.5%), 체면과 평판(22.9%)은 참가자들이 자기희생을 하는 동기 중 비교적 중요하지 않은 것으로 나타났다.

부부관계

84명의 참가자 중 52명의 참가자가 부부관계에서 이루어지는 자기희생의 동기에 대한 질문에 답하였는데, 92.5%가 가장 중요한 동기로 갈등을 피하고 가정 안의 화목을 이루기 위함을 꼽았다. 그다음에는 책임감 86.5%, 의무감 69.9%, 무조건적인 사랑(아가페) 61.6%, 상호적인 섬김과 보살핌 61.6%의 순이었다. 성격(19%)과 사람들의 평판(25%)은 (코리언 아메리칸) 부부관계에서 별로 중요하지 않은 동기로 나타났다. 참가자들이 꼽은 가장 중요하지 않은 동기는 전통과 문화적 가치였다(17.9%).

이상의 결과들은 코리언 아메리칸들이 가정에서 갈등을 피하고 화목을 이루는 것에 얼마나 큰 중요성을 두는지를 확실하고 분명하게 보여 준다. 책임감도 부모-자녀 관계 그리고 부부관계에서 자기희생을 하게 하는 높은 원동력으로 나타났다. 많은 응답자는 또한 기독교인으로서 자신들의 믿음을 따라 무조건적인 사랑(아가페)을 자기희생의 높은 동기로 꼽았다(65.1%).

직장관계

76명의 참가자가 직장관계 속 자기희생의 동기에 관해 답하였다. 참가자들이 가장 중요한 동기로 꼽은 것은 역시 갈등을 피하고 관계 안에 조화를 유지하기 위함(84%)이었다. 책임감이 73.3%, 상호적인 섬김이 69.7%, 의무감이 67.2%로 그 뒤를 이었다. 부모-자녀 관계, 부부관계와 마찬가지로 전통적 가치가 자기희생을 하는 동기 중 가장 중요하지 않은 것으로 나타났다(22.4%). 예상대로 갈등과 충돌을 피하는 것과 책임감이 직장관계에서 자기희생을 하게 하는 가장 중요한 동기임을 알 수 있었다. 흥미로운 점은, 상호적인 섬김과 보살핌이 69.7%로 자기명예(63.2%)나 사람들의 평판(46.1%)보다 높은 점수가 나왔다는 것이다.

교우관계

성도들 간 자기희생의 동기에 관해서는 총 82명이 답을 했으며 예상대로 갈등을 피하고 조화를 이루기 위함이 가장 높은 동기로 나타났다(90.2%). 책임감(78.3%), 무조건적인 사랑(아가페)(73.2%), 종교(69.5%), 의무감(68.3%)이 그 뒤를 이었고, 가장 낮은 동기는 전통과 문화적 가치(19.5%)로 나타났다. 교우관계에서는 예상대로 무조건적인 사랑(아가페)과 종교(믿음)가 자기희생의 중요한 동기로 나타났다. 사람들의 평판(28.1%)은 의외로 자기희생의 큰 동기로 나타나지 않았는데, 코리언 아메리칸들이 얼마나 사람들의 시선과 자신들의 체면 유지에 신경 쓰는지를 헤아려 볼 때 이러한 결과는 자신들의 솔직한 감정을 숨기고 싶어 하는 한국 사람의 성향을 반영한 것일 수 있다는 추측도 가능하다.

학업관계

학업관계 속 자기희생의 동기에 관해서는 84명 중 총 69명의 참가자가 답을 해 왔다. 가장 중요한 동기는 갈등을 피하고 조화를 이루기 위함(85.7%)이었고, 그다음은 책임감(61.5%), 상호적 섬김 (63.7%), 종교(믿음)(53.6%), 무조건적인 사랑(아가페)(50%), 자기명예 (40%)의 순이었다. 학업관계에서도 전통과 문화적인 이유가 자기희생의 가장 낮은 동기로 나타났다(14.5%). 자기명예(41.6%)가 자기희생의 중요한 동기로 나왔고, 갈등을 피하고 조화를 유지하기 위한 동기 이외의 다른 동기들은 모두 20~30%로 응답자들에게 별로 중요하지 않은 것으로 여겨졌다. 흥미롭게도, 학업관계 속 자기희생의 동기에서 높게 평가되었을 것 같은 의무감은 6위로 나왔다. 또한 책임감이 의무감보다 더 높은 자기희생의 동기로 여겨지고 있음도 알 수 있었다.

친구관계

84명의 참가자 중 83명이 친구관계 속 자기희생의 동기에 대해 답해 왔다. 가장 중요한 동기는 역시 갈등을 피하고 조화를 유지하기 위함(94%)이었고, 그다음은 책임감(71.1%), 상호적 섬김(68.7%), 종교(믿음)(65.1%), 의무감(62.6%), 무조건적인 사랑(아가페)(60.3%) 의 순이었다. 가장 덜 중요하게 여긴 동기로는 전통과 문화적인 이유(19.3%)였다. 친구관계에서의 결과에서 흥미로웠던 점은 모든 동기가 부모-자녀 관계와 부부관계에서처럼 높은 비율로 나타났다는 것이었다.

그룹 비교

이 연구의 참가자들은 나이와 언어 그리고 문화적인 면(한국, 미국 혹은 양쪽 문화권)에서 다양한 개인을 대표하는 사람들로 구성되어 있기 때문에, 전체 표본의 평균점수에 다양한 그룹 간의 차이가 가려질 수도 있다. 그래서 앞서 제시한 열 가지 자기희생 동기는 또한 성별, 세대, 주 언어(한국어와 영어)라는 범주 속에서 분석되었다.[58] 응답자 중 자신을 2세로 표시한 사람들은 비교적 적은 수였기에 장래에 미국 이민 2세만을 대상으로 한 자기희생의 견해에 대한 연구가 나온다면 매우 가치가 있을 것이다. 마찬가지로 향후 이민 1세만을 대상으로 한 연구가 나온다면 2세의 견해와의 더 자세한 비교분석이 가능할 것이다.

---

58) 독립변인 측정 t-test는 성별, 세대별, 언어의 차이를 알아보기 위해서 사용되었다.

일반적인 느낌: 성별, 주 언어, 세대

희생에 대한 일반적인 느낌에 대한 결과를 성별, 주 언어, 세대별로 분석해 보았을 때, 성별과 주 언어 사이에 그리 큰 차이는 없었다. 하지만 나이 든 세대와 젊은 세대는 결과에서 차이를 보였다.[59)]

성별과 자기희생의 동기

자기희생의 동기에 대한 답변에서 남성과 여성 응답자들은 열 가지 동기 모두에서 그리 큰 차이를 보이지 않았다. 여섯 가지의 관계 속 자기희생의 동기 중 갈등을 피하고 조화를 유지하는 것을 남녀 모두 가장 중요한 것으로 꼽았다. 남성 참가자들의 경우, 친구관계에서 갈등을 피하고 조화를 유지하는 것이 자기희생의 가장 중요한 동기로 나타났고(n=40, 평균=4.30), 부부관계 속 책임감이 그 뒤를 이었다(n=40, 평균=4.26). 여성 참가자들의 경우는 거의 모두에게 갈등을 피하고 조화를 유지하기 위함이 가장 중요한 동기로 나타났다. 특히 부모-자녀 관계와 부부관계에서 거의 4.5 정도로 높은 점수를 보였다(부모-자녀 관계 평균=4.42, 부부관계 평균=4.48).

---

59) 구세대(old generation)와 젊은 세대(younger generation) 사이의 평균 차이는 $p<0.5$ 수준에서 유의미하였다[1세대 표본(n)=57, 평균(mean)=3.56; 2세대 표본(n)=27, 평균(mean)=3.93; t(84)=-2.291].

주 언어와 자기희생의 동기

주 언어가 한국어든지 영어든지, 자기명예와 사람들의 평판이 중요한 동기라는 것이 드러났다.[60] 가장 큰 차이를 보인 것은 갈등을 피하는 것과 아가페 사랑이었다.[61] 한국어가 주 언어인 참가자들에게는 갈등을 피하는 것이 더 높게 나왔고, 영어가 주 언어인 참가자들에게는 아가페 사랑이 더 높게 나왔다. 또한 한국어가 주 언어인 사람들은 조화를 유지하는 것을 높은 동기로 꼽은 반면, 영어가 주 언어인 사람들은 책임감, 자기명예 그리고 사람들의 평판을 높은 동기로 꼽았다.

세대와 자기희생의 동기

예상 밖으로 자기희생의 동기에 관하여 세대 간에 큰 차이는 없었다. 한 가지 주목할 만한 차이는 전통에 관한 것이었는데, 두 세대 간의 평균차가 무려 2점이나 되었다.[62] 이민 1세대는 갈등을 피하는

---

60) 자기명예의 동기에 관해서는 주 언어가 한국어인 사람들은 표본(n) = 50, 평균(mean) = 14.24, 주 언어가 영어인 사람들은 표본(n) = 16, 평균(mean) = 16.75; t(66) = -2.609, p<0.5로 나타났다. 개인적 평판의 동기에 관해서는 주 언어가 한국어인 사람들은 표본(n) = 50, 평균(mean) = 13.18, 주 언어가 영어인 사람들은 표본(n) = 16, 평균(mean) = 16.12; t(66) = -2.416, p<0.5로 나타났다.

61) 갈등회피의 동기에 관해서는 주 언어가 한국어인 사람들은 표본(n) = 49, 평균(mean) = 21.12, 주 언어가 영어인 사람들은 표본(n) = 16, 평균(mean) = 19.68로 나타났고, 아가페의 동기에 관해서는 주 언어가 한국어인 사람들은 표본(n) = 50, 평균(mean) = 17.36, 주 언어가 영어인 사람들은 표본(n) = 16, 평균(mean) = 19.37로 나타났다.

62) 동기가 전통인 경우 구세대는 표본(n) = 43, 평균(mean) = 12.6, 2세대는 표본(n) = 27, 평균(mean) = 10.7로 나타났다.

것(평균 4.40)이 부모-자녀 관계에서 높은 점수로 나왔고, 자기명예(평균=2.60), 평판(평균=2.46), 전통적인 가치(평균=2.46)는 별로 중요하지 않은 것으로 나타났다. 상호적 섬김(평균=3.54)은 비교적 중요한 것으로 나타났다. 부부관계에서는 갈등을 피하는 것(평균=4.45)과 책임감(평균=4.07)이 중요하게 나타났고, 자기명예(평균=2.84), 평판(평균=2.47), 전통적 가치(평균=2.53)는 중요치 않은 것으로 나왔다.

직장관계에서는 갈등을 피하는 것이 가장 높게 나왔고(평균=4.06), 전통적 가치(평균=2.60)와 평판은(평균=2.74) 낮은 점수가 나왔다. 교회 안의 관계에서는 갈등을 피하는 것이 가장 중요한 자기희생의 동기로 나왔으며(평균=4.28), 자기명예(평균=2.75), 평판(평균=2.47), 전통적 가치(평균=2.33)가 낮은 동기로 나타났다. 학우관계와 친구관계에서도 비슷한 결과가 나왔다.[63]

이민 1.5세와 2세들은 책임감을 부모-자녀 관계 속 자기희생의 가장 높은 동기로 꼽았고(평균=4.35), 갈등을 피하는 것(평균=3.96), 무조건적인 사랑(아가페)(평균=3.81), 상호적 섬김(평균=3.81)이 그 뒤를 이었다. 전통과 문화적 가치는 1.5세와 2세들에게 가장 중요하지 않은 것으로 나타났다(평균=2.29). 부부관계에서는 마찬가지로 책임감(평균=4.44)이 가장 중요한 동기였고, 그다음은 무조건적인 사랑(아가페)(평균=4.00), 상호적 섬김(평균=3.78) 순으로 나타났다.

---

63) 학우관계의 경우 갈등회피(평균=4.24), 전통(평균=2.47), 자기명예(평균=2.72)의 순이었고, 친구관계의 경우는 갈등회피(평균=4.44), 자기명예(평균=2.88), 개인적 평판(평균=2.67), 전통(평균=2.44)의 순이었다.

1세대에 비해 상호적 섬김(평균=3.53)이 꽤 높은 동기로 나온 것을 볼 수 있었다.

직장관계에서는 갈등을 피하는 것(평균=4.15)과 책임감(평균=3.69)이 가장 중요한 것으로 나왔다. 전통과 문화적(평균=2.35) 그리고 성격(평균=3.04)은 중요하지 않은 것으로 나왔다. 교회 안의 관계에서는 갈등을 피하는 것(평균=4.20)이 역시 가장 높았고, 그다음은 책임감(평균=4.12), 무조건적인 사랑(아가페)(평균=3.92), 종교(믿음)(평균=3.96), 상호적 돌봄과 섬김(평균=3.80) 순으로 나타났다. 사람들의 평판(평균=2.88), 자기명예(평균=2.96), 전통적 가치(평균=2.24)는 낮은 순위로 나왔다. 재미있는 것은 학업관계 속 자기희생의 동기들 중 응답자들이 중요하다고 생각한 동기가 없었다는 것이다(모든 동기가 4점 이하였다). 갈등을 피하는 것(평균=3.71)이 가장 높았고, 전통적 가치(평균=2.04)는 가장 낮았다. 친구관계에서도 갈등을 피하는 것(평균=4.12)이 가장 높게 나왔고, 다른 동기들은 별로 중요하지 않은 것으로 나타났다. 사람들의 평판(평균=2.73)과 자기명예(평균=2.92)가 낮은 동기로 나타났다.

연구의 중요한 함의

이 연구의 목적은 자기희생의 태도, 신념, 동기가 무엇인지를 밝혀내는 것이었다. 저자는 연구를 진행하기 전에 몇 가지 가설을 세웠다. ① 성별과 세대에 따라 자기희생의 태도, 신념 그리고 동기 면에서 상당한 차이가 있을 것이다. ② 젊은 세대보다는 구세대가 자기희생에 대해서 좀 더 부정적인 시각을 가지고 있을 것이다. 그리고 구세대들은 자기희생을 일방적이라고 생각할 것이고 젊은 세대들은 자기희생을 좀 더 상호적인 것으로 이해할 것이다. ③ 이민자들은 자기희생에 대해서 분명하게 부정적인 시각을 가지고 있을 것이다. ④ 이민자들은 가족 외에 다른 사람을 위해서는 자기희생을 덜 할 것이다. ⑤ 이민자들이 가지고 있는 자기희생의 동기는 유교의 영향을 많이 받았을 것이다(체면, 의무감). ⑥ 이민자들은 자기희생을 할 때 상호적 섬김보다는 의무감이나 책임감으로 할 것이다

이 연구를 통해서 저자는 한국인이 하는 자기희생을 이해하는 데 중요하고 흥미로운 여섯 가지 사실을 발견했다.

첫째, 처음에는 이민자들의 경우 자기희생의 가장 중요한 동기가 책임감이 아닐까 예상을 했다. 그런데 놀랍게도 참가자들은 여섯 가지 관계 모두에서 갈등을 피하고 화목을 유지하는 것이 자기희생의 가장 중요한 동기라고 답변했다. 하지만 책임감은 여전히 자기희생의 동기 중에 두 번째로 높은 동기였다.

반대로, 상호섬김과 무조건적인 사랑(아가페)은 그렇게 중요하지 않은 동기로 나타났다. 구세대보다는 1.5세나 2세들이 자기희생에 있어서 상호섬김이나 상호돌봄이 더 중요하다고 답변한 것은 놀랍지 않았다. 1.5세대나 2세대들이 이렇게 대답한 이유는 아마도 그들이 미국의 개인주의적 문화에 좀 더 익숙하기 때문일 것이다.

저자는 이민자의 삶의 현장 속에서 연구의 결과를 살펴보고 싶다. 이민자들은 그들의 일상 속에서 문화적으로 세대 간의 갈등을 깊이 경험한다. 이민자로서 미국에서 새로운 문화나 언어에 익숙해 가는

것은 쉬운 일이 아니다. 그 과정은 모든 가족을 포함하는 아주 혁명적인 변화의 과정이라고 할 수 있다. 가족들은 최대한 짧은 시간에 새로운 환경, 문화, 언어에 익숙해져야 한다. 영어를 배워야 하고, 병원에 가는 것, 물건을 사는 것, 자녀를 학교에 보내는 것, 각종 공과금을 내는 것 등 모든 것을 새롭게 배워야 한다. 물론 주위에서 도와주는 사람들이 있지만 이는 그들 자신이 감당해야 할 몫이다. 하지만 여전히 이민자들의 삶 속에는 한국 문화가 중요한 위치를 차지하고 있다. 새로운 문화 속에서 살아가지만 여전히 한국 문화 속에서 살아가는 것이다.

저자가 미국에 있을 때 한 선배가 이런 말을 한 적이 있다. 미국에서 살고 있는 한국 사람은 한편으로는 가장 넓은 세상에서 살고 있지만, 다른 한편으로는 가장 좁은 공간에서 살아가는 사람들이라는 것이다. 이 말이 주는 의미는 크다. 미국에 살고 있는 한국 사람들은 넓은 미국 땅에서 살아가지만 그들의 마음은 여전히 그들이 떠나 온 한국 땅에 있다는 것이다. 만약 그들이 1950년대에 한국 땅을 떠나서 미국으로 이민을 왔다면 한 세대가 지나도 그들은 여전히 한국의 1950년대의 문화를 살아가고 있을지도 모른다.

가족관계도 마찬가지다. 이민자들은 미국의 자유로운 문화 속에서 살고 있지만 가족관계는 여전히 전통적인 한국의 성역할에 영향을 받고 있다. 여전히 가족 구성원이 그들의 삶에서 최우선적인 위치에 놓인다. 이처럼 두 문화에서 살아가는 것이 가족관계에서 갈등으로 작용한다. 그래서 앞의 연구 결과에서 보이듯이 이민자들에게는 갈등을 피하는 것이 자기희생의 가장 중요한 동기일지 모른다.

갈등을 마주치기가 힘들고 피곤해서 그들이 선택하는 것은 자신을 포기하고 희생하는 것이다. 하지만 이러한 수동적인 회피는 관계를 원만하게 해 주는 것이 아니라 가정폭력으로 이끌고 다른 문제로 확대된다. 가정폭력의 문제는 실제적으로 이민사회에서 아주 중요한 이슈다.

특히 전통적인 한국 가족의 부모와 자녀의 관계에서는 부모가 어떤 행동을 하든지 간에 갈등을 피하는 쪽은 언제나 자녀들의 책임이었다. 자녀들은 부모가 하는 말이나 행동이 부적절하더라도 부모의 말에 대꾸를 하면 되지 않았다. 자녀들이 할 수 있는 것은 받아들이고 참고 피하는 것이었다. 이러한 관계 패턴은 대부분의 전통적인 한국 가족에서 볼 수 있다. 미국에 살고 있는 한국 가족의 경우도 마찬가지다. 자녀들은 자신들을 위해서 밤늦게까지 일하는 부모의 얼굴에 먹칠을 하지 않아야 한다는 부담을 가지고 살아간다. 그래서 부모의 기대에 어긋나지 않으려고, 부모의 마음을 상하게 하지 않으려고 무지 노력을 한다. 그리고 자신들의 필요를 희생시켜서라도 좋은 관계를 유지하려고 한다. 이러한 패턴은 부모와의 관계를 넘어서 다른 모든 관계에서도 보인다.

하지만 만약 자기희생이 단지 갈등을 피하고 조화를 유지하기 위한 것이라면, 그것은 건강하지 못하고 일방적인 희생으로 전락하기 쉽다. 자신의 필요를 건강하게 말하지 못하고 늘 일방적으로 참고 견디고 희생하는 것은 또 다른 문제를 낳는다. 이 연구를 통해서 저자는 한국인이 좀 더 건강한 자기희생, 즉 서로에게 유익이 되는 상호적인 자기희생에 대해서 진지하게 고민할 것을 제안한다.

둘째, 자기희생의 태도, 신념 그리고 동기 면에서 남녀의 차이가 있을 것이라고 예상했다. 특히 여성이 자기희생에 대해 좀 더 익숙하고 부정적일 것이라고 생각했다. 이렇게 생각한 이유는 한국의 전통적인 유교 문화는 여성의 역할을 섬기는 역할로 규정하고 있기 때문이다. 그런데 앞의 연구 결과에 따르면 남녀 사이에 중요한 차이가 없었다. 이것은 미국에 살고 있는 이민자들은 부부가 함께 일하면서 서로를 동등한 파트너로 인식하고 있다는 것을 보여 준다. 여전히 한국 문화가 중요하기는 하지만 현실적으로 남녀는 함께 일하고 함께 희생하고 있기 때문이다.

셋째, 미국에 살고 있는 2세들에게는 부모와 자녀 관계 그리고 부부관계 속 자기희생의 동기 중에 가장 중요한 것이 책임감으로 나타났다. 이민자들에게 이민을 온 이유를 물어보면 많은 경우 자녀들의 교육 때문이라고 대답한다. 부모는 자녀들의 교육을 그들의 삶에서 가장 중요한 위치에 놓는다. 자녀들이 좋은 대학에 가는 것을 위해서 부모는 모든 것을 기꺼이 희생한다. 자녀들은 부모가 자신을 위해서 이렇게 희생하는 것을 보면서 자란다. 그래서 그들의 마음속에서 열심히 공부해서 좋은 대학에 가고, 좋은 직장을 얻고, 소위 성공해서 부모에게 효도를 해야 한다는 생각이 크게 자리 잡게 된다. 쉽게 이야기하면, 자녀들은 부모에게 그렇게 빚을 갚아야 한다고 강한 책임감을 가지게 된다.

실제로 미국에 살고 있는 아시아계 학생들은 평균적으로 공부를 아주 잘한다. 아니, 열심히 한다. 저자의 아들이 미국에서 고등학교를 다닐 때 농구부에 들어가려고 신청서를 낸 적이 있다. 그때 한 미국 학생이 이렇게 물었다고 한다. "너는 한국 학생인데 공부는 안 하고 왜 농구부에 들려고 하니?" 미국 아이들의 눈에는 한국 학생이나 아시아계 학생은 열심히 공부만 하는 아이로 비춰졌나 보다.

넷째, 저자의 예상과는 다르게 많은 이민자가 자기희생에 대해서 긍정적인 시각을 가지고 있었다. 특히 미국에 오래 살수록 자기희생에 대해서 긍정적인 생각을 더 많이 가지고 있었다. 그리고 젊은 세대일수록 자기희생에 대해서 더욱 긍정적인 시각을 가지고 있었다. 그들은 자신의 부모가 자신을 위해 희생하고, 이전 세대가 나라를 위해서 희생하는 영웅적인 희생을 보면서 자랐다. 그들에게는 희생이 자신을 나누어 주는 숭고한 행위로 보였을 것이다. 그들은 교회에서 머리로 희생을 배우지 않고 자신의 부모와 어른들의 삶을 통해서 희생을 배웠을 것이다.

하지만 현실적으로 1세대들은 교회를 위해서 모든 것을 다 희생해야 하는 부담을 가지고 있었다. 하루에 10시간 이상 일하면서 일을 마치면 쉬지도 못하고 바로 교회에 와서 교회사역에 동참해야 했다. 그들은 교회에서 하는 모든 프로그램─새벽기도, 수요예배, 금요예배, 주일예배, 성경공부, 소그룹─에 참여해야 했다. 물론 그들은 자발적으로 기쁨으로 교회를 섬겼다. 교회를 섬기면서 보람도 느끼고, 은혜도 받고 영적으로 충만함을 느꼈을 것이다. 하지만 그들이 교회에서 섬기는 그 시간에 자녀들은 혼자 남겨졌고, 가족들이 함께하는 시간은 그만큼 줄어들었다.

이런 면에서 교회는 균형 잡힌 사역의 모델을 제공해야 한다. 교회사역을 등한시하지 않으면서도 가족이 함께할 수 있는, 부부가 함

께할 수 있는 시간을 제공해야 한다. 가정이 함께하는 시간을 가지
도록 더 많이 격려해야 한다. 예를 들면, 주일예배가 끝나면 가족들
이 함께할 수 있는 시간을 의도적으로 만들어야 한다. 비록 언어가
다르지만(자녀들은 영어가 더 편하기 때문에) 온 가족이 함께 예배하는
시간을 만들 필요가 있다. 일 년에 한 번 정도는 부부가 1박 2일 동
안 함께하는 시간을 만들어야 한다. 일주일에 한 번은 부부가 데이
트할 수 있는 시간도 만들어 주면 어떨까? 가정에서 가족이 함께 예
배를 볼 수 있도록 가정예배지를 만들면 어떨까? 이제 더 이상 교회
때문에 가정이 희생당하고, 가정 때문에 교회가 희생당하는 것이 아
니라 교회와 가정이 함께 갈 수 있는 방법을 찾아가다 보면 좀 더 건
강하고 서로가 유익한 새로운 이야기들을 써 갈 수 있을 것이다.

다섯째, 자기희생의 동기에서 전통적이고 문화적인 가치는 가장
낮은 점수를 받았다. 미국에 살고 있는 이민자들은 여전히 한국의
전통 문화에 영향을 받고는 있지만 새로운 미국 문화에 적응해야 하
기 때문에 자신의 옛 문화에 대해서 부정적인 시각을 가지게 되었을
것이다. 예상에서 빗나간 결과로, 자기희생의 동기 중에 체면이 그
렇게 높은 점수를 받지 못했다. 사실 한국인의 사회관계에서 체면은
아주 중요한 요소임에 분명하다. 얼굴은 자신의 신뢰도와 밀접한 관
계가 있다. 만약 공개적으로 망신을 당한다면, 이것은 단순히 창피
한 것이 아니라 자신의 신뢰도에 치명타를 입는 것이고, 자신의 얼
굴을 잃어버리는(losing their face) 것이다. 그래서 한국인에게는 남들
이 자신을 부정적으로 생각하지는 않을까 하는 은밀한 두려움이 크
게 자리 잡고 있다. 하지만 앞의 연구 결과에서는 자기희생의 동기

중에 체면을 유지하는 것보다는 책임감, 가족을 돌볼 의무 그리고 갈등을 피하는 것이 더 중요한 것으로 나타났다.

마지막으로, 저자는 이민자들이 가족 외에 타인들을 위해서는 자기희생을 덜 하려고 할 것이라고 예상했다. 하지만 연구 결과는 가족들뿐만 아니라 친구들과 동료들을 위해서도 자발적으로 희생하려는 그들의 의지가 크다는 것을 말해 주었다. 미국에 살고 있는 이민자들에게는 주위에 살고 있는 동료, 친구, 교회가 가족 이상의 의미를 가지고 있다. 이민자들은 가족과 떨어져 있어서 그들이 힘들고 외롭고 어려운 일을 당할 때 그들의 옆에서 더 큰 힘이 되어 주는 사람은 가족이 아닌 친구들이기 때문이다.

이 연구는 자기희생을 문헌적으로 연구하지 않고, 실제적으로 이민자들이 여러 가지 관계에서 자기희생을 할 때 어떤 태도와 신념과 동기를 가지고 있는가를 살펴보았다는 점에서 의미가 크다. 이 연구 결과에서 밝혀진 자기희생의 동기를 살펴보는 것은 앞으로 한국인이 좀 더 건강하고 균형 잡힌 자기희생의 모델을 발전시켜 나가는 데 아주 중요한 자료가 될 것이다.

제7장
진정한 자기희생의 의미를 찾아가는
고민과 새로운 접근

　지금까지 우리는 자기희생의 이론적, 신학적 그리고 실제적 동기에 대해서 살펴보았다. 이제 목회자와 목회상담자가 반드시 물어야 할 질문은 이것이다. "기독교에서 말하는 상호적인 사랑을 우리가 살고 있는 문화에 적용하여야 하는가? 둘 사이에 보이는 간격을 메울 수 있는 다리를 놓을 수 있을까?" 이 질문에 대한 답은 우리가 자기희생을 이해하는 데 있어서 좀 더 넓고 건강한 접근을 할 수 있도록 인도할 것이다.

유교와 기독교가 이해하는 자기희생에 대한 의미의 간격을 메우는 작업

표면적으로 유교와 기독교 윤리 사이에는 비슷한 양상이 있는 것 같이 보인다. 둘 다 아버지와 아들의 관계를 중요시하고 가족관계를 성스럽게 생각한다. 하지만 이렇게 말하는 것은 유교에서의 가족 개념과 기독교에서의 가족 개념 간의 심각한 차이를 모르기 때문이다. 강남순 박사는 인간의 권리와 평등에 대해서, 즉 인간을 이해하는 데 있어서 두 종교는 중요한 차이가 있다고 주장한다.[1] 기독교는 인간이 가지는 권리에 대해서 개인에 대한 가치를 강조한다. 한 개인은 다른 사람과의 관계로서의 가치가 아닌 개인 그 자체로서의 가치가 있다는 것이다.[2] 그런데 유교에서는 개인에 대한 관점이 없다. 왜냐하면 집단으로서의 가족이 한 개인을 압도해 버리기 때문이다. 유교 전통에서도 개인이라는 개념이 존재하기는 한다. 그러나 고의적으로 부인된다. 그 밑바탕에는 다음과 같은 생각이 있다.

> 개인의 자유와 평등보다는 질서와 조화가 개인의 독립보다는 자아가 없는 협동이, 그리고 개인 양심의 자유보다는 정통적인 진리에 대한 순응이…… 사회의 존재 목적은 개인의 자유를 보존하고 촉진하는 것이 아니라 조화와 위계질서를 유지하는 것이다.[3]

---

1) N. S. Kang (2004), p. 177.
2) H. Kung & J. Moltmann (1990), p. 12.

그래서 유교 전통에서는 가족 구성원 간 관계가 개인보다 훨씬 더 중요하다. 물론 개인 자체가 중요하지 않다고 말하는 것이 아니다. 여기서 문제가 되는 것은 성, 나이, 사회적 지위에 따른 위계적인 질서가 관계를 좌우한다는 것이다. 위계질서라는 틀 속에서 유교가 말하는 인간은 그가 가족 안에서 어떤 위치를 가지느냐에 따라 권위를 갖게 된다.[4] 가족관계에서 개인은 개인으로서의 권리가 아닌 아버지로서, 아들로서, 형제로서의 권리를 가진다. 그러나 여성에게는 한 개인으로서 인간이 가지는 권리가 주어지지 않는다. 심지어 아내로서, 딸로서, 어머니로서 한 인간이 주장할 수 있는 권리는 가정 안에 없다.

반면에, 기독교에서는 하나님의 형상을 한 인간으로서 개인이 가지는 권리에 대한 강력한 의식이 존재한다. 한 인간으로서 모든 사람이 동등한 대우와 존중을 받아야 하다는 사실이 강조된다. 모든 인간은 성, 계급, 인종에 관계없이 같은 가치와 존엄성을 가진 피조물로 대우받아야 한다.[5] 기독교 사랑은 희생과 자기실현을 포함해서 동등한 배려를 의미한다.

그런데 한국의 유교 문화는 기독교 안에서 가부장적인 현실을 촉진하는 힘이 되었을 뿐만 아니라 강력한 가부장적인 문화를 정당화하고 강화시키고 더 나아가 영구화시키는 데 공헌했다.[6] 강남순 박

---

3) L. Henkin (1986), p. 21.
4) N. S. Kang (2004), p. 178.
5) Ibid., p. 180.
6) Ibid., p. 184.

사는 다음과 같이 주장한다.

> 유교는 극단적으로 보수적이고, 지배계급을 후원하고, 권위주의에 대한 이론을 제공해 주고, 성과 나이로 그룹을 나누어서 불평등을 정당화하는 경향이 있다. 이것은 존재하는 사회의 위계 구조를 유지하고 여성이 가족관계, 사회, 심지어 교회에서 화목이라는 이름 아래 남성에게 복종하는 것을 정당화하고 그것을 강화시키는 역할을 했다. 이것은 한국의 기독교 안에 현대의 가부장적 구조를 만들어 내게 했다.[7]

현실적으로 한국의 기독교는 많은 부분에서 유교의 영향을 받아온 것을 인정하지 않을 수 없다. 기독교 안의 가부장적인 요소는 유교의 가부장적인 가치 시스템과 협력해 왔다. 한국 기독교의 유교 문화와의 조합은 자기희생에 대해서 잘못된 개념을 만들어 냈다. 예를 들면, 권위나 연장자에 대한 존경은 오래된 사회적·정치적 위계 질서를 확고히 하는 데 사용되었고, 여성이나 사회적 약자들이 권위적인 사회에서 불평등을 견디어 내도록 하는 방법으로 사용되었다. 심지어 교회에서도 일하는 것이 중요하다고(duty-oriented) 강조되어서 늘 교회와 공동체가 우선이고 그다음이 가정이나 개인이 되었다.

더 나아가 기독교와 유교의 가부장적인 모습의 조합은 한국 교회에서 여성 리더십이 세워지지 못하는 주요한 이유가 되었다.[8] 한국 기독교에서 여성이 차지하는 비율이 70%가 넘음에도 불구하고 여

---

7) Ibid.
8) N. S. Kang (1995), p. 26.

성들은 교회의 요직에서 제외되는 경우가 많았다. 심지어 신학교 교육을 마쳤음에도 불구하고 많은 여성이 교회에서 사역할 자리를 찾는 데 어려움이 많다. 힘들게 교회에서 사역할 기회를 찾았어도, 그들의 역할은 주일학교나 실버사역 그리고 심방사역으로 제한되었다. 물론 이 모든 사역이 교회 교육이나 행정에서 아주 중요한 사역임에 분명하지만, 교회에서 여성의 역할이 제한된다는 것이 문제다. 이에 반해, 남성의 경우는 사역에 거의 제한이 없다. 교회에서 남성이 대부분 중요한 자리를 차지하고, 남은 자리가 여성에게 돌아가는 경우 또한 많다. 교회 밖에서보다 교회 안에서 여성의 위치가 중요하게 여겨지는 것이 사실이지만, 여전히 교회 안에서도 여성의 위치는 제한적이다. 한국 교회에서 여성 리더십이 정착되기 위해서는 아직까지 더 많은 시간이 걸릴 것이다.

저자는 지금까지 논의한 것을 토대로 앞으로 변화가 일어나기를 기대해 본다. 그것이 아주 작은 변화라도 좋다. 이러한 변화를 위해서 우리는 사회적으로 조화, 협동, 통합을 강조하고 개인의 가치 또한 존중하는 새로운 접근과 윤리가 필요하다. 1장에서 이미 언급했지만, 오병선 박사는 이것을 '새로운 유교윤리(new confucian ethics)'라고 불렀다. 이 윤리는 서양 문화의 경쟁, 모든 것을 혼자 가지는 개인주의, 개인의 이익과 대조를 이룬다. 오늘날 한국 사회에서 협동과 경쟁의 가치 모두를 통합하려는 시도가 일어나고 있다는 것은 우리가 놓쳐서는 안 될 주요한 현상이다. 단지 협동, 서로 연결된 관계, 조화만을 강조하거나 반대로 개인의 가치나 개인의 성취만을 강조하는 문화는 이 시대에서의 경쟁력이 없다. 이러한 문화에서는 개인이 무시되는 일방적이고 의무화된 자기희생이 강조되거나 아니면 개인의 이익을 위한, 자기만을 위한 희생이 나타날 것이다. 앞으로의 시대를 바라보면서 한국 사회, 공동체, 더 넓게 민족은 상호적인 사랑과 희생이 강조되기를 바란다.

평등과 상호적 섬김에 대한 새로운 접근

David Augsburger는 우리가 섬기는 동기(motivations for service)에는 여섯 가지 유형이 있다고 설명한다. 그의 접근은 자기희생의 동기를 이해하는 데 도움이 될 것이다.

[그림 7-1]에서 착취적(exploitive) 섬김은 자신을 이롭게 하고, 이익을 얻고 도덕적으로 뛰어나다는 것을 입증하고, 힘을 얻고, 정치적인 영향력을 손에 쥐기 위해서만 행해진다. 자기중심적(egocentric) 섬김은 자아의 필요를 채우고, 자존감을 높이고, 주는 사람의 자부심을 정당화하고, 주는 사람을 받는 사람보다 훨씬 높은 위치로 올려주고, 주는 사람이 도덕적인 미덕을 가지고 있다는 사실을 보여 준다. 평등주의적(egalitarian) 섬김은 주는 사람과 받는 사람이 동등한 이익을 얻는다. 순종적(obedient) 섬김은 이웃을 섬겨야만 한다는 도덕적인 의무감으로 섬기고, 도움이 필요한 사람들을 도와주는데 내재되어 있는 의지와 헌신으로 심지어 원수까지도 도와준다. 자비로운(benevolent) 섬김은 자유롭게 주고, 단지 대가를 바라서가 아니라 선물로서 섬김을 나눈다. 그리고 타인들을 돌보고, 자비와 긍휼을 제공

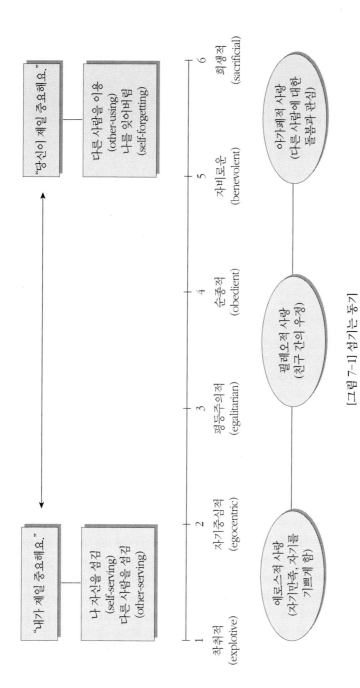

"당신이 제일 중요해요."

다른 사람을 이용
(other-using)
나를 잊어버림
(self-forgetting)

"내가 제일 중요해요."

나 자신을 섬김
(self-serving)
다른 사람을 섬김
(other-serving)

1	2	3	4	5	6
착취적	자기중심적	평등주의적	순종적	자비로운	희생적
(explotive)	(egocentric)	(egalitarian)	(obedient)	(benevolent)	(sacrtficial)

에로스적 사랑
(자기만족, 자기를
기쁘게 함)

필레오적 사랑
(친구 간의 우정)

아가페적 사랑
(다른 사람에 대한
돌봄과 관심)

[그림 7-1] 섬기는 동기

출처: D. W. Augsburger (2006). *Dissident Discipleship*, pp. 147-170.

하는 것으로 만족한다. 희생적(sacrificial) 섬김은 자신을 잊어버리고
다른 사람의 필요를 채워 주는 데 모든 것을 바친다. 그것이 많은 희
생을 필요로 하고 자발적으로 자신을 내어 준다 하더라도 말이다.

　[그림 7-1]을 자세히 살펴보면 양극단 모두 각각의 강점과 약점을
가지고 있다. 각 개인의 삶이 다양한 환경에 노출되어 있기 때문에
한 개인을 한쪽으로 범주화하는 데는 어려움이 있다. 또한 한 개인
의 삶의 발달단계에서 각자의 위치가 변하기도 한다. 즉, 한 개인이
어떤 사람에게는 자기중심적인 섬김을 하기도 하고, 다른 사람에게
는 자비로운 섬김을 하기도 한다. 어떤 관계이고 어떤 상황인가에
따라서 희생의 수준은 달라진다. 심지어 동일한 사람에게도 다른 수
준의 희생을 하게 된다. 예를 들면, 자녀들에게는 희생적인 섬김을
주는 부모라고 할지라도 직장에서 혹은 친구들에게는 그렇지 않을
수 있다. 어떤 사람은 희생적인 가족적 분위기에서 자라서 희생적인
섬김이 편할 수도 있고, 그래서 어떤 사람에게는 아주 대단한 희생
의 행위로 보이는 것이 그 사람에게는 아주 단순한 작은 행위일 수
있다. 어떤 사람은 성품상 자신을 주장하는 것보다 희생하는 것이
더 편할 수 있다. 이렇게 희생의 수준은 개인의 성품이나 관계, 환경
에 따라서 다르게 보이는 아주 복잡한 양상을 띨 것이다.

　[그림 7-1]에 비추어서 나 자신의 희생의 수준과 동기를 살펴보라.
나는 지금 어떤 곳에 위치하고 있는가? 내가 가진 희생의 동기와 수
준은 어떤가? 나 자신을 위해서 다른 사람을 이용하는 위치에 있는
가? 평등하게 서로에게 유익한 희생을 하고 있는가, 아니면 다른 사
람의 인정을 받기 위해서 일방적인 희생에 익숙한가? 나는 정말 기

쁨으로 희생하고 있는가, 아니면 다른 사람과의 친밀한 관계를 유지하기 위해서 희생을 이용하고 있는가? 나는 다른 사람에게 버려지고 상처받을 것이 두려워서 나 자신을 잊어버리고 포기해 버리는가?

섬김과 자기희생의 개념은 한국인에게 아주 중요하다. 한국인은 어려서부터 개인의 성공보다는 가족과 공동체를 위한 희생이 아주 중요하다는 것을 배우면서 자랐다. Augsburger가 제시한 섬김의 수준으로 생각해 보면, 한국인은 주로 의무적이고 착취적인 일방적인 희생에 많이 치우쳐 있다. 5장에서 살펴본 대로 이민자들에게 자기희생의 첫 번째 동기는 바로 갈등을 회피하는 것이었다. 이것은 수동적인 순종이요 희생적인 섬김으로 보이고, 이러한 행위는 상호 보완적인 희생과는 거리가 멀어 보인다. 물론 갈등을 피하고 싶은 것은 다른 사람과의 관계에서 평화를 유지하고 싶은 자비로운 섬김으로 보일 수도 있다. 하지만 이러한 갈등 회피를 통해서 평화를 유지하고 싶었지만 그렇게 하지 못한 경우에는 그 관계가 망가질 것이고 결과적으로 좌절과 잠재적 폭력으로 이어질 수도 있다. 자기희생을 하는 데 있어서 숨겨진 동기는 갈등 회피, 책임감, 의무감, 수치, 죄책감일 수 있고, 그에 따른 희생은 절대로 자신을 내어 주고 서로를 섬기는 희생이 될 수 없다. 이러한 희생의 피해자들은 자신을 자유롭게 내어 주지 못하고 문화적으로 사회적인 위치 때문에 어쩔 수 없이 희생을 하게 된다. 다시 말해, 그들은 희생적인 역할을 하면서 견디는 것이다.

Augsburger가 제시한 섬김의 도표에서 평등한 관계의 사랑, 즉 자비로운 섬김은 한국 문화에서 가장 미약한 부분인 것 같다. 5장에서 살펴본 대로, 미국 교인들은 자기희생의 동기 중에 상호적인 희생(mutual service)을 중요하지 않는 것으로 꼽았다. 한국인에게 유교, 심지어 기독교조차도 사랑과 희생은 스스로를 버리는 희생과 자기부인으로 가르치고 있다. 한국인에게는 부모, 자녀, 가족을 향한 희생이 아주 자연스러워 보인다.

결론적으로, Augsburger는 서로를 섬기는 것은 자발적이고, 내면을 향하고(외부의 영향에 따른 것이 아니고), 때로는 순수한 동기에서, 그리고 온전히 서로 협력하는 것을 의미한다고 주장한다.[9] 하지만 그는 자비로운 섬김과 희생적인 섬김이 '가장 높은 수준의 부르심'이라고 말했다. 그것은 이웃을 향한 깊은 헌신에서 나오고, 다른 사람의 필요를 향한 긍휼의 마음에서 나오고, 자신을 희생해서 이웃을 돕는 행위이기 때문이다. 사랑은 단순한 개념이나 마음의 원함이 아니고, 타인을 향해서 무언가를 행하는 것이다.

Browning과 동료들은 기독교 사랑의 핵심은 자기희생의 사랑이라기보다 상호적인 사랑 혹은 서로를 향한 동등한 존중(equal regards)이라고 주장한다.[10] 서로를 향한 동등한 존중은 아가페 사랑의 중심적인 개념이고 가족 간의 사랑에서 가장 중요한 관점이다.[11] 서로 간의 동등한 존중은 상호성과 자비로운 섬김을 동시에 보여 주고, 희생과 만족이라는 요소를 충족시킨다. 희생에서 서로를 향한 동등한 존중으로, 일방적인 희생에서 자신을 내어 주는 자발적이고 상호

---

9) Ibid., p. 147.
10) D. S. Browning et al. (2000), p. 273.
11) Ibid., pp. 101-102.

적인 사랑을 회복시키는 것이 바로 기독교 사랑을 바라보는 올바른 관점이다.

결 론

저자는 자기희생을 설명하는 데 있어서 서로를 향한 동등한 존중이라는 관점이 한국인에게는 아주 필요하다는 것을 강조하고 싶다. 한국인은 그들 자신이 행하고 있는 자기희생의 동기를 살펴보아야 한다. 강요나 의무감이나 책임감에서가 아니라, 일방적인 희생이나 섬김이 아니라, 상호적이고 서로가 서로에게 유익이 되는 섬김이어야 한다. 남편과 아내, 남성과 여성, 부모와 자녀의 관계에서 상호적인 섬김, 문화적인 강요나 힘에 의해서가 아니라 자유롭게 자신을 내어 주는 섬김, 서로가 서로를 존중하는 상호적인 희생 안에서 자기희생을 이해할 수 있기를 소망해 본다. 일방적인 강요된 희생이 아닌 상호적이고 자발적인 희생의 모습이 기독교의 사랑, 즉 아가페의 사랑이 말해 주는 참다운 메시지이며 사회적으로 약자들을 자유롭게 하고 회복시키는 사회적인 힘이 될 것이다. 물론 희생적인 사랑은 그 자체만으로도 좋은 것이다. 하지만 희생적인 사랑은 자유로이 자비와 긍휼의 선물로서 주어져야 한다. 자기희생에는 일방적으로 한쪽 사람에게 주어지는 것이 아니라 서로를 향한 동등한 존중, 자기 자신을 향한 돌봄, 그리고 사회적·문화적·신학적으로 올바르게 이해되는 균형이 요구된다.

마지막으로, 저자는 한국인이 일방적인 희생, 자기 자신을 존중하지 않고 버리면서 하는 희생, 가부장적 문화에서 의무감으로 마치 폭탄세일처럼 나누어 주는 희생에서 떠나서 서로가 서로를 존중하고 상호적인 책임을 나누는 진정한 의미의 자기희생의 시대를 열어 가기를 소망해 본다.

이제부터 나 자신의 희생의 모습과 동기를 잘 들여다보아야 한다. 지금까지 나의 희생의 모습이 어떠했는지를 알아야 새로운 선택을 할 수가 있다. 나의 모습을 정직하게 들여다보아야 새로운 이야기를 쓸 수 있다. 그래야 우리의 희생과 섬김이 나 자신과 상대방과 하나님과의 관계를 더욱 풍성하게 만들 수 있다. 그리고 새로운 통찰력을 가지고 새로운 사랑과 소망으로 새롭고 아름다운 관계를 맺어 갈 수 있다.

부록: 설문지

Ⅰ. 개인 정보

1. 성별: 남 _____   여 _____
2. 나이: _____ 세
3. 당신이 태어난 곳은 어디입니까?

   한국 _____ 미국 _____ 그 외(나라 이름) _____

   만약에 한국에서 태어나셨다면, 미국 거주하신 기간은? ___ 년 ___ 개월

   한국어와 영어 중 어떤 언어가 더 편하신가요? 한국어 ____ 영어 ____

Ⅱ. 자기희생(self-sacrifice)에 관한 나의 태도와 동기
(다음 질문들에 가능한 정직하고 성실하게 대답해 주십시오.)

1. '자기희생' 이라는 말을 들을 때, 여러분이 가지고 있는 일반적인 느낌은 무엇입니까? 여러분의 일반적인 느낌을 1~5점의 점수로 매겨 주세요. (1점: 아주 부정적인 느낌, 5점: 아주 기분 좋고 긍정적인 느낌)

1	2	3	4	5
아주 부정적	부정적	보통	긍정적	아주 긍정적

2. '자기희생'은 어떤 것이라고 생각하십니까? (다음의 보기 중에 자신이 가장 중요하다고 생각되는 개념을 1~3으로 체크해 주세요. (단, 1을 가장 중요한 개념으로, 이후는 2, 3으로 표시)

_____ 다른 사람의 필요를 고려해서, 내가 하고 싶은 것을 잠시 나중으로 미루는 것

_____ 서로 상호적인 유익을 위해 하는 자기희생적인 행동(self-giving)

_____ 기독교인이라는 의무 때문에, 다른 사람에게 베푸는 사랑과 친절

_____ 더 큰 목적을 성취하기 위해서, 지금 나의 목표를 다른 사람에게 양보하는 것

_____ 나 자신보다 다른 사람의 더 커 보여서 하는 행동

3. 다음에는 여러분이 주로 속해 있는 여섯 가지 다른 관계들이 있습니다. 각각의 관계 속에서 여러분이 하고 싶은 활동이나 목표, 삶의 특정한 부분들을 희생하는 것이 얼마나 쉽습니까? 또는 얼마나 어렵습니까? 각각의 관계 속에서 여러분 자신의 삶의 어떤 부분(예를 들면, 돈, 시간, 육체적 노동 등)을 희생하기가 얼마나 쉬운지, 혹은 어려운지 점수를 매겨주세요. (1점: 희생하기가 너무 쉽다, 5점: 희생하기가 굉장히 힘들다)

A. 부모와 자녀 관계

개인적인 시간(예를 들면, 취미, 휴식, 휴가, 내가 하고 싶은 활동, 기타 등등)	1 아주 쉽다	2 쉽다	3 보통	4 어렵다	5 아주 어렵다
돈(부담이 되는 지출이 요구될 때)	1	2	3	4	5
일이나 노동(육체적으로 힘든 일이 요구될 때)	1	2	3	4	5
나의 명예와 자존심을 지키는 것	1	2	3	4	5
나의 리더십 자리를 넘겨주는 것	1	2	3	4	5
의견을 말할 기회를 주거나 아예 대화의 주도권을 가지게 하는 것	1	2	3	4	5
나 자신의 이익(체면)을 위해서 내 자신의 목표나 야심을 내려놓는 것	1	2	3	4	5

B. 배우자와의 관계(만약 결혼한 상태가 아니라면 이 문항은 뛰어 넘으십시오.)

	1 아주 쉽다	2 쉽다	3 보통	4 어렵다	5 아주 어렵다
개인적인 시간(예를 들면, 취미, 휴식, 휴가, 내가 하고 싶은 활동, 기타 등등)	1	2	3	4	5
돈(부담이 되는 지출이 요구될 때)	1	2	3	4	5
일이나 노동(육체적으로 힘든 일이 요구될 때)	1	2	3	4	5
나의 명예와 자존심을 지키는 것	1	2	3	4	5
나의 리더십 자리를 넘겨주는 것	1	2	3	4	5
의견을 말할 기회를 주거나 아예 대화의 주도권을 가지게 하는 것	1	2	3	4	5
나 자신의 이익(체면)을 위해서 내 자신의 목표나 야심을 내려놓는 것	1	2	3	4	5

C. 직장에서 상사와의 관계

	1 아주 쉽다	2 쉽다	3 보통	4 어렵다	5 아주 어렵다
개인적인 시간(예를 들면, 취미, 휴식, 휴가, 내가 하고 싶은 활동, 기타 등등)	1	2	3	4	5
돈(부담이 되는 지출이 요구될 때)	1	2	3	4	5
일이나 노동(육체적으로 힘든 일이 요구될 때)	1	2	3	4	5
나의 명예와 자존심을 지키는 것	1	2	3	4	5
나의 리더십 자리를 넘겨주는 것	1	2	3	4	5
의견을 말할 기회를 주거나 아예 대화의 주도권을 가지게 하는 것	1	2	3	4	5
나 자신의 이익(체면)을 위해서 내 자신의 목표나 야심을 내려놓는 것	1	2	3	4	5

D. 교회에서 교역자와 성도와의 관계

개인적인 시간(예를 들면, 취미, 휴식, 휴가, 내가 하고 싶은 활동, 기타 등등)	1 아주 쉽다	2 쉽다	3 보통	4 어렵다	5 아주 어렵다
돈(부담이 되는 지출이 요구될 때)	1	2	3	4	5
일이나 노동(육체적으로 힘든 일이 요구될 때)	1	2	3	4	5
나의 명예와 자존심을 지키는 것	1	2	3	4	5
나의 리더십 자리를 넘겨주는 것	1	2	3	4	5
의견을 말할 기회를 주거나 아예 대화의 주도권을 가지게 하는 것	1	2	3	4	5
나 자신의 이익(체면)을 위해서 내 자신의 목표나 야심을 내려놓는 것	1	2	3	4	5

E. 학교에서 교사와 학생과의 관계

개인적인 시간(예를 들면, 취미, 휴식, 휴가, 내가 하고 싶은 활동, 기타 등등)	1 아주 쉽다	2 쉽다	3 보통	4 어렵다	5 아주 어렵다
돈(부담이 되는 지출이 요구될 때)	1	2	3	4	5
일이나 노동(육체적으로 힘든 일이 요구될 때)	1	2	3	4	5
나의 명예와 자존심을 지키는 것	1	2	3	4	5
나의 리더십 자리를 넘겨주는 것	1	2	3	4	5
의견을 말할 기회를 주거나 아예 대화의 주도권을 가지게 하는 것	1	2	3	4	5
나 자신의 이익(체면)을 위해서 내 자신의 목표나 야심을 내려놓는 것	1	2	3	4	5

F. 친구나 동료와의 관계

개인적인 시간(예를 들면, 취미, 휴식, 휴가, 내가 하고 싶은 활동, 기타 등등)	1 아주 쉽다	2 쉽다	3 보통	4 어렵다	5 아주 어렵다
돈(부담이 되는 지출이 요구될 때)	1	2	3	4	5
일이나 노동(육체적으로 힘든 일이 요구될 때)	1	2	3	4	5
나의 명예와 자존심을 지키는 것	1	2	3	4	5
나의 리더십 자리를 넘겨주는 것	1	2	3	4	5
의견을 말할 기회를 주거나 아예 대화의 주도권을 가지게 하는 것	1	2	3	4	5
나 자신의 이익(체면)을 위해서 내 자신의 목표나 야심을 내려놓는 것	1	2	3	4	5

4. 다음에는 여러분이 주로 속해 있는 여섯 가지 다른 관계들이 있습니다. 각각의 관계 속에서 여러분이 가장 최근에 여러분 자신의 필요를 포기해야 했던 상황을 떠올려 보십시오. 다음에는 각 관계 속에서, 여러분이 희생을 해야겠다고 생각했을 것 같은 동기나 이유를 10가지로 나누어 놓았습니다. 다음의 각 문항에 점수를 매겨 주세요. (1점: 여러분 자신이 희생을 선택한 가장 중요하지 않은 이유라고 생각, 5점: 가장 중요한 이유라고 생각)

A. 부모와 자녀 관계

갈등을 피하고, 화목을 유지하고 싶어서	1 전혀 중요하지 않다	2 중요하지 않다	3 보통	4 중요하다	5 아주 중요하다
가족이나 사회를 위해 해야 하는 어쩔 수 없는 의무감 때문에	1	2	3	4	5
가족이나 다른 사람들에 대한 책임감 때문에	1	2	3	4	5
다른 사람에게 무조건적인 사랑을 베푸는 것이 중요하기 때문에	1	2	3	4	5
나의 개인적인 자존심과 품위를 지키고 싶어서	1	2	3	4	5
다른 사람에게 관대하고 나누어 주는 사람으로 보여지고 싶어서	1	2	3	4	5
나는 원래 다른 사람에게 잘 양보하는 성격을 가지고 있어서	1	2	3	4	5
나는 희생이 일방적인 것이 아니라 서로 상호적이고, 서로 섬기는 것이라는 것이라고 생각하기 때문에	1	2	3	4	5
나의 종교적인 믿음 때문에, 다른 사람의 필요를 늘 먼저 생각해야 하기 때문에	1	2	3	4	5
나는 유교적인 문화에서 자라 와서, 그 영향으로 잘 양보하는 편이기 때문에	1	2	3	4	5

B. 배우자와의 관계(만약 결혼한 상태가 아니라면 이 문항은 뛰어 넘으십시오.)

	1 전혀 중요하지 않다	2 중요하지 않다	3 보통	4 중요하다	5 아주 중요하다
갈등을 피하고, 화목을 유지하고 싶어서					
가족이나 사회를 위해 해야 하는 어쩔 수 없는 의무감 때문에	1	2	3	4	5
가족이나 다른 사람들에 대한 책임감 때문에	1	2	3	4	5
다른 사람에게 무조건적인 사랑을 베푸는 것이 중요하기 때문에	1	2	3	4	5
나의 개인적인 자존심과 품위를 지키고 싶어서	1	2	3	4	5
다른 사람에게 관대하고 나누어 주는 사람으로 보여지고 싶어서	1	2	3	4	5
나는 원래 다른 사람에게 잘 양보하는 성격을 가지고 있어서	1	2	3	4	5
나는 희생이 일방적인 것이 아니라 서로 상호적이고, 서로 섬기는 것이라는 것이라고 생각하기 때문에	1	2	3	4	5
나의 종교적인 믿음 때문에, 다른 사람의 필요를 늘 먼저 생각해야 하기 때문에	1	2	3	4	5
나는 유교적인 문화에서 자라 와서, 그 영향으로 잘 양보하는 편이기 때문에	1	2	3	4	5

C. 직장에서 상사와의 관계

갈등을 피하고, 화목을 유지하고 싶어서	1 전혀 중요하지 않다	2 중요하지 않다	3 보통	4 중요하다	5 아주 중요하다
가족이나 사회를 위해 해야 하는 어쩔 수 없는 의무감 때문에	1	2	3	4	5
가족이나 다른 사람들에 대한 책임감 때문에	1	2	3	4	5
다른 사람에게 무조건적인 사랑을 베푸는 것이 중요하기 때문에	1	2	3	4	5
나의 개인적인 자존심과 품위를 지키고 싶어서	1	2	3	4	5
다른 사람에게 관대하고 나누어 주는 사람으로 보여지고 싶어서	1	2	3	4	5
나는 원래 다른 사람에게 잘 양보하는 성격을 가지고 있어서	1	2	3	4	5
나는 희생이 일방적인 것이 아니라 서로 상호적이고, 서로 섬기는 것이라는 것이라고 생각하기 때문에	1	2	3	4	5
나의 종교적인 믿음 때문에, 다른 사람의 필요를 늘 먼저 생각해야 하기 때문에	1	2	3	4	5
나는 유교적인 문화에서 자라 와서, 그 영향으로 잘 양보하는 편이기 때문에	1	2	3	4	5

D. 교회에서 교역자와 성도와의 관계

	1 전혀 중요하지 않다	2 중요하지 않다	3 보통	4 중요하다	5 아주 중요하다
갈등을 피하고, 화목을 유지하고 싶어서					
가족이나 사회를 위해 해야 하는 어쩔 수 없는 의무감 때문에	1	2	3	4	5
가족이나 다른 사람들에 대한 책임감 때문에	1	2	3	4	5
다른 사람에게 무조건적인 사랑을 베푸는 것이 중요하기 때문에	1	2	3	4	5
나의 개인적인 자존심과 품위를 지키고 싶어서	1	2	3	4	5
다른 사람에게 관대하고 나누어 주는 사람으로 보여지고 싶어서	1	2	3	4	5
나는 원래 다른 사람에게 잘 양보하는 성격을 가지고 있어서	1	2	3	4	5
나는 희생이 일방적인 것이 아니라 서로 상호적이고, 서로 섬기는 것이라는 것이라고 생각하기 때문에	1	2	3	4	5
나의 종교적인 믿음 때문에, 다른 사람의 필요를 늘 먼저 생각해야 하기 때문에	1	2	3	4	5
나는 유교적인 문화에서 자라 와서, 그 영향으로 잘 양보하는 편이기 때문에	1	2	3	4	5

E. 학교에서 교사와 학생과의 관계

갈등을 피하고, 화목을 유지하고 싶어서	1 전혀 중요하지 않다	2 중요하지 않다	3 보통	4 중요하다	5 아주 중요하다
가족이나 사회를 위해 해야 하는 어쩔 수 없는 의무감 때문에	1	2	3	4	5
가족이나 다른 사람들에 대한 책임감 때문에	1	2	3	4	5
다른 사람에게 무조건적인 사랑을 베푸는 것이 중요하기 때문에	1	2	3	4	5
나의 개인적인 자존심과 품위를 지키고 싶어서	1	2	3	4	5
다른 사람에게 관대하고 나누어 주는 사람으로 보여지고 싶어서	1	2	3	4	5
나는 원래 다른 사람에게 잘 양보하는 성격을 가지고 있어서	1	2	3	4	5
나는 희생이 일방적인 것이 아니라 서로 상호적이고, 서로 섬기는 것이라는 것이라고 생각하기 때문에	1	2	3	4	5
나의 종교적인 믿음 때문에, 다른 사람의 필요를 늘 먼저 생각해야 하기 때문에	1	2	3	4	5
나는 유교적인 문화에서 자라 와서, 그 영향으로 잘 양보하는 편이기 때문에	1	2	3	4	5

F. 친구나 동료와의 관계

갈등을 피하고, 화목을 유지하고 싶어서	1 전혀 중요하지 않다	2 중요하지 않다	3 보통	4 중요하다	5 아주 중요하다
가족이나 사회를 위해 해야 하는 어쩔 수 없는 의무감 때문에	1	2	3	4	5
가족이나 다른 사람들에 대한 책임감 때문에	1	2	3	4	5
다른 사람에게 무조건적인 사랑을 베푸는 것이 중요하기 때문에	1	2	3	4	5
나의 개인적인 자존심과 품위를 지키고 싶어서	1	2	3	4	5
다른 사람에게 관대하고 나누어 주는 사람으로 보여지고 싶어서	1	2	3	4	5
나는 원래 다른 사람에게 잘 양보하는 성격을 가지고 있어서	1	2	3	4	5
나는 희생이 일방적인 것이 아니라 서로 상호적이고, 서로 섬기는 것이라는 것이라고 생각하기 때문에	1	2	3	4	5
나의 종교적인 믿음 때문에, 다른 사람의 필요를 늘 먼저 생각해야 하기 때문에	1	2	3	4	5
나는 유교적인 문화에서 자라 와서, 그 영향으로 잘 양보하는 편이기 때문에	1	2	3	4	5

| 참고문헌 |

금장태(1994). 한국유학사의 이해. 서울: 민족문화사.

김경일(1999). 공자가 죽어야 나라가 산다. 서울: 바다출판사.

김성진(2011). 가정폭력에 대한 경찰의 초동조치 사례분석 및 효율성 제고방
    안. 한국경찰학회보, 28, 97-131.

김승권(2008). 부부폭력의 실태와 정책과제. 보건복지포럼, 143, 5-15.

김승경, 송미경, 김미경(2014). 가정폭력 피해 아동·청소년 실태 및 대응방안 연
    구. 한국청소년개발원.

김윤택(1998). 한국 종교와 교회성장. 서울: 대한신학대학원 출판부.

김익기 외(1991). 가정폭력의 실태와 대책에 관한 연구. 형사정책연구원 연구총
    서, 11-221.

김재엽, 류정원, 오세헌, 이현(2014). 가정폭력의 세대 간 전이에 관한 연구.
    한국가족복지학, 19(1), 81-101.

김재엽, 최지현, 남보영(2011). 한국 경찰의 가정 폭력 사건 인식에 관한 연구.
    교정복지연구, 23, 1-24.

박민자 외(1995). 새로 본 가족과 한국사회: 변화하는 한국 가족의 삶 읽기. 서울: 경
    문사.

배영미(2014). 가정폭력 피해여성의 체험된 폭력과 정체성에 대한 내러티브 탐구. 한국가족관계학회지, 18(4), 3-33.

변화순 외(1993). 가정 폭력의 예방과 대책에 관한 연구. 한국여성개발원 연구보고서, 1-44

변화순 외(2000). 가정폭력의 예방과 대책. 한국인간관계학보, 1, 289-305.

서인원, 허만형(2015). 반복발생 가정폭력에 대한 경찰개입 연구. 정책분석평가학회보, 25(3), 81-105.

성규탁(2005). 현대 한국인의 효: 전통의 지속과 표현의 변화. 경기: 집문당.

손운산(2008). 용서와 치료. 서울: 이화여자대학교 출판부.

이관직(2012). 개혁주의생명신학과 목회상담. 생명과 말씀, 5, 180.

이규태(1977). 한국인의 의식구조. 서울: 문리사.

이규태(1983). 한국인의 의식구조 2. 서울: 신원 문화사.

이우정(1987). 한국 속담에 나타난 여성의 비인간화. 신학과 여성, 한국여신학자 협의회.

장승수(2014). 각국의 가정 폭력 실태와 경찰의 대응에 따른 한국 경찰의 바람직한 태도에 관한 연구. 자치경찰연구, 7(4), 3-33.

조긍호(1991). 맹자에 나타난 심리학적 함의(1): 인성론을 중심으로. 한국심리학회지: 사회.

채무송(1985). 퇴계 율곡 철학의 비교 연구. 서울: 성균관대학교 출판부.

최준식(2004). 한국종교 문화로 읽는다. 경기: 사계절출판사.

현상윤(1960). 조선 유학사. 서울: 민중서관.

홍숙기(1994). 일과 심리학. 서울: 나남.

황정임 외(2013). 2013년 가정폭력 실태조사. 여성가족부.

Anderson, H., Browning, D. S., Evison, I. S., & Van Leeuwen, M. S. (Eds.) (1998). *The Family Handbook.* Louisville, Kentucky: Westminster John Knox Press.

Anderson, H., Hogue, D., & McCarthy, M. (1995). *Promising Again.* Louisville, Westminster John knox.

Anderson, R. S. (1982). *On Being Human: Essays in Theological*

Anthropology. Pasadena, California: Fuller Seminary Press.

Anderson, R. S. (1997). *The Soul of Ministry: Forming Leaders for God's People.* Louisville, Kentucky: Westminster John Knox Press.

Anderson, R. S. (2001). *The Shape of Practical Theology: Empowering Ministry with Theological Praxis.* Downers Grove, Illinois: InterVarsity Press.

Anderson, R. S., & Guernsey, D. B. (1985). *On Being Family: A Social Theology of the Family.* Grand Rapids, Michigan: William B. Eerdmans Publishing Company.

Asian Women United of California (Eds.). (1989). *Making Waves: An Anthology of Writings by and about Asian American Women.* Boston: Beacon Press.

Augsburger, D. W. (1981). *Caring Enough To Forgive: True Forgiveness.* Regal Books: Ventura.

Augsburger, D. W. (1986). *Pastoral Counseling Across Cultures.* Philadelphia: The Westminster Press.

Augsburger, D. W. (1988). *Freedom of Forgiveness.* Chicago: Moody Press.

Augsburger, D. W. (1988). *Sustaining Love: Healing & Growth in the Passages of Marriage.* Ventura, CA: Regal Books.

Augsburger, D. W. (1992). *Conflict Mediation across Cultures: Pathways and Patterns.* Louisville, Kentucky: Westminster John Knox Press.

Augsburger, D. W. (1996). *Helping People Forgive.* Louisville, Kentucky: Westminster-John Knox Press.

Augsburger, D. W. (2004). *Hate-work: Working through the Pain and Pleasures of Hate.* Louisville, Kentucky: Westminster-John Knox Press.

Augsburger, D. W. (2006). *Dissident Discipleship: A Spirituality of Self-Surrender, Love of God, and Love of Neighbor.* Grand Rapids, Michigan: Brazos Press.

Bahr, H. M., & Bahr, K. S. (2001). Families and Self-Sacrifice: Alternative

Models and Meanings for Family Theory. *Social Forces, 79*(4), 1231–1258.

Bahr, K. S. (2001). Families, Children, and Self-Sacrifice. *World Family Policy Forum, 30*–35. Cited(Nov. 04, 2008). Online: http://www.low 2.byu.ede/wfpc/forum/2001/bahr.pdf.

Balswick, J. O., & Balswick, J. K. (1999). *The Family: A Christian Perspective on the Contemporary Home.* Grand Rapids, Michigan: Baker Books.

Barnett, O. W., Miller-Perrin, C. L., & Perrin, R. D. (1997). *Family Violence across the Lifespan: An Introduction.* Thousand Oaks, CA: Sage.

Bartchy, S. S. (1978). Power, Submission, and Sexual Identity among the Early Christians. In Wetzel, C. R. (Ed.), *Essays on New Testament Christianity.* Cincinnati: Standerd.

Barton, S. C. (Ed.). (1996). *The Family in Theological Perspective.* Edinburgh, Great Britain: T&T Clark.

Beels, C. C., & Newmark, M. (2006). Sacrifice: A Clinical View. *Family Process, 45*(3), 305–309.

Bell, N. W., & Vogel, E. F. (Eds.). (1968). *A Modern Introduction to the Family.* New York: The Free Press.

Bellah, R. N., Madsen, R., Sullivan, W. M., Swidler, A., & Tipton, S. M. (1985). *Habits of the Heart: Individualism and Commitment in American Life.* New York: Harper & Row, Publishers.

Benner, D. G., & Hill, P. C. (Eds.). (1985). *Baker Encyclopedia of Psychology & Counseling.* Grand Rapids, Michigan: Baker Books.

Berry, C. R. (2003). *When Helping You is Hurting Me: Escape the Messiah Trap.* New York: Crossroad Publishing Company.

Bilezikian, G. (1986). *Beyond Sex Roles: What the Bible Says About a Woman's Place in Church and Family.* Grand Rapids, Michigan: Baker Book House.

Bowen, M. (1978). *Family Therapy Clinical Practice.* New York: Aronson.

Brownback, P. (1982). *The Danger of Self-Love: Re-Examining a Popular Myth*. Chicago: The Moody Bible Institute.

Browning, D. S. (1987). *Religious Thought and the Modern Psychology: A Critical Conversation in the Theology of Culture*. Philadelphia: Fortress Press.

Browning, D. S. (1991). *A Fundamental Practical Theology: Descriptive and Strategic Proposals*. Minneapolis: Fortress Press.

Browning, D. S., Miller-McLemore, B. J., Couture, P. D., Lyon, K. B., & Franklin, R. M. (2000). *From Culture Wars to Common Ground: Religion and the American Family Debate* (2nd ed.). Louisville, Kentucky: Westminster John Knox Press.

Buswell, R. E. (Ed.). (2007). *Religions of Korea in Practice*. Princeton: Princeton University Press.

Buzawa, E. S., & Buzawa, C. G. (1996). *Domestic Violence: The Criminal Justice Response* (2nd ed.). Thousand Oak, CA: Sage Publications.

Caplan, P. J. (1985). *The Myth of Women's Masochism*. New York: E.P. Dutton.

Carol, J. A. (1994). *Women-Battering*. Minneapolis: Fortress Press.

Carse, J. P. (June, 1967). Interracial Marriage: A Christian View. *Christian Century, 84,* 779-782.

Cazenave, N. A., & Straus, M. A. (1979). Race, Class, Network Embeddedness and Family Violence: A Search for Parent Support System. *Journal of Comparative Family Studies, 10,* 566-574.

Chantry, W. J. (1981). *The Shadow of the Cross*. Edinburgh: The Banner of Truth & Trust.

Cheung, M. (2005). A Cross-Cultural Comparison of Gender Factors Contributing to Long-Term Marital Satisfaction: A Narrative Analysis. *Journal of Couple & Relationship Therapy , 4,* 51-78.

Ching, J. (1977). *Confucianism and Christianity: A Comparative Study*. Kodansha International: Tokyo.

Christ, C. P., & Plaskow, J. (Eds.). (1979). *Womanspirit Rising: A Feminist Reader in Religion.* New York: Harper & Row, Publishers.

Chun, S. (1982). *Korean Society.* Seoul, Korea: International Cultural Foundation.

Clarke, R. (1986). *Pastoral Care of Battered Women.* Philadelphia: The Westminster Press.

Clements, M. L., & Mitchell, A. E. (2005). Noncoercion, Nonviolence, and Sacrifice. In Dueck & Lee (Eds.), *Why Psychology Needs Theology.*

Clinton, T., & Straub, J. (2010). *The God Attachment: Why You Believe, Act, and Feel the Way You do About God.* 오현미 역(2011). 관계의 하나님. 서울: 두란노.

Cloud, H., & Townsend, J. (1999). *Boundaries in Marriage.* Grand Rapids: Zondervan.

Cormack, M. (Ed.). (2001). *Sacrificing the Self: Perspectives on Martyrdom and Religion.* New York: Oxford University Press.

Couture, P. D., & Hunter, R. J. (Eds.). (1995). *Pastoral Care and Social Conflict.* Nashville: Abingdon Press.

Crohn, J. (1997). Asian Intermarriage: Love versus Tredition. In Evelyn, L. (Ed.), *Working with Asian Americans: A Guide for Clinicians.* New York: Guilford.

Crohn, J. (1998). Intercutural Couples. In McGoldrick, M. (Ed.), *Re-visioning Family Therapy: Race, Culture, and Gender in Cultural Practice.* New York: Guilford.

Crowell, N. A., & Burgess, A. W. (Eds.). (1996). *Understanding Violence Against Women.* National Academy Press: Washington, D.C.

David, A. (1979). *To Have and to Hold: The Marriage Covenant and the Discipline of Divorce.* Grand Rapids, Michigan: William B. Eerdmans Publishing Company.

David, J. R. (Winter, 1979). The Theology of Murray Bowen or the Marital Triangle. *Journal of Psychology and Theology, 7,* 259–262.

Deuchler, M., & Mattielli, S. (1977). *Virtues in Conflict: Tradition and the Korean Women Today.* Seoul: Samhaw Publishing.

Dillen, A. (2006). Holy Families? Religion, Sacrifice and Family Violence. *Irish Theological Quarterly, 71,* 260-271.

Dobash, R. E., & Dobash, R. (1979). *Violence Against Wives: A Case Against Patriarchy.* New York: The Free Press.

Driskill, L. J. (1995). *Cross-Cultural Marriages and the Church: Living the Global Neighborhood.* Pasadena, CA: Hope Publishing House.

Dueck, A., & Lee, C. (Eds.). (2005). *Why Psychology Needs Theology: A Radical-Reformation Perspective.* Grand Rapids: William B. Eerdmans Publishing Company.

Dutton, D. G. (1988). *The Domestic Assault of Women: Psychological and Criminal Justice Perspectives.* Boston: Allyn and Bacon.

Edwards, R. R., Henkin, L., & Nathan, A. J. (1986). *Human Rights in Contemporary China.* New York: Columbia University Press.

Ferguson, S. J. (2000). Challenging Traditional Marriage: Never Married Chinese American and Japanese American Women. *Gender & Society, 14*(1), 136-159.

Finkelhor, D., et al. (Ed.). (1983). *The Dark Side of Families: Current Family Violence Research.* Beverly Hills, Calif.: Sage Publication.

Fisher, R., & Brown, S. (1988). *Getting Together: Building Relationships As We Negotiate.* New York: Penguin Books.

Fisher, R., Ury, W., & Patton, B. (1991). *Getting to Yes: Negotiating Agreement Without Giving In* (2nd ed.). New York: Penguin Books.

Forrester, D. B. (2000). *Truthful Action: Explorations in Practical Theology.* Edinburgh: T&T Clark.

Fortune, M. M. (1983). *Sexual Violence; The Unmentionable Sin: An Ethical and Pastoral Perspective.* New York: Pilgrim Press.

Fortune, M. M. (1988). Forgiveness: The Last Step. In Anne L. H. & Judith A. W. (Eds.), *Abuse and religion: When Praying Isn't Enough.*

Lexington, MA: Lexington Books.

Friedman, E. H. (1985). *Generation to Generation: Family Process in Church and Synagogue.* New York: The Guilford Press.

Frieze, I. H., Parsons, J. E., Johnson, P. B., Ruble, D. N., & Zellman, G. L. (1978). *Women and Sex Roles: A Social Psychological Perspective.* New York: W.W. Norton & Company.

Gale, J. S. (September, 1926). A History of the Korean People. *The Korean Mission Field, 22*(9).

Gilligan, C., Lyons, N. P., & Hammer, T. J. (Eds.). (1990). *Making Connections: The Relational Worlds of Adolescent Girls at Emma Willard School.* Cambridge: Harvard University Press.

Girard, R. (1977). *Violence and the Sacred.* Baltimore: John Hopkins University Press.

Girard, R. (1986). *The Scapegoat.* Baltimore: John Hopkins University Press.

Glaz, M., & Moessner, J. S. (Eds.). (1991). *Women in Travail and Transition: A New Pastoral Care.* Minneapolis: Fortress Press.

Glucklich, A. (2001). *Sacred Pain: Hurting the Body for the Sake of the Soul.* New York: Oxford University Press.

Gordon, A. I. (1964). *Interracial Marriage: Interfaith, Interracial, Interethnic.* Boston: Beacon Press.

Graham, L. K., & Fortune, M. M. (1993). Empowering the Congregation to Respond to Sexual Abuse and Domestic Violence. *Pastoral Psychology, 41.*

Greenfield, P. M., & Cocking, R. R. (Eds.). (1994). *Cross-Cultural Roots of Minority Child Development.* Hillsdale, NJ: Lawrence Erlbaum Associates.

Groothuis, R. M. (1997). *Good News for Women: A Biblical Picture of Gender Equality.* Grand Rapids: Baker Books.

Hall, C. M. (1981). *The Bowen Family Theory and Its Use.* New York: Jason Aronson.

Hall, D. J. (1989). *Thinking the Faith: Christian Theology in A North American Context.* Minneapolis: Augsburg Fortress.

Harris, J. (1987). Interracial Counseling: A Pastoral Approach. *Journal of Pastoral Counseling, 22*(2), 105–116.

Haugk, K. C. (1984). *Christian Caregiving: A Way of Life.* Minneapolis: Augsburg Publishing House.

Hess, C. L. (1997). *Caretakers of Our Common House: Women's Development in Communities of Faith.* Nashville, TN: Abingdon Press.

Hestenes, R. (complier). (1988). *Women and Men in Ministry: Collected Readings.* Pasadena, CA: Fuller Theological Seminary.

Ho, M. K. (1987). *Family Therapy with Ethnic Minorities.* Newbury Park, California: Sage Publication, Inc.

Ho, M. K. (1990). *Intermarried Couples in Therapy.* Springfield, Illinois: Charles C. Thomas Publisher.

Hoekema, A. A. (1975). *The Christian Looks at Himself.* Grand Rapids: Eerdmans.

Hoffman, L. (2002). *Family Therapy: An Intimate History.* New York: W.W. Norton & Company.

Horton, A. L., & Williamson, J. A. (Eds.). (1988). *Abuse and Religion.* Lexington, MA: Lexington Books.

Huang, W. J. (2005). An Asian Perspective on Relationship and Marriage Education. *Family Process, 44*(2), 161–173.

Huisman, K. A. (1996). Wife Battering in Asian American Communities Identifying the Service Needs of an Overlooked Segment of the U.S. Population. *Violence Against Women, 2*(3), 260–283.

Hunter, R. J., & Ramsay, N. J. (Eds.). (1990). *Dictionary of Pastoral Care and Counseling.* Nashville: Abingdon Press.

Hwang, K. K. (1999). Filial Piety and Loyalty: Two Types of Social Identification in Confucianism. *Asian Journal of Social Psychology,*

2, 163-183.

Ingoldsby, B. B., & Smith, S. (Eds.). (1995). *Families in Multicultural Perspective.* New York: The Guilford Press.

Jewett, P. K. (1975). *Man as Male and Female: A Study in Sexual Relationships from A Theological Point of View.* Grand Rapids: William B. Eerdmans Publishing Company.

Johnson, W. R., & Warren, D. M. (Eds.). (1994). *Inside the Mixed Marriage: Accounts of Changing Attitudes, Patterns, and Perceptions of Cross-Cultural and Interracial Marriage.* Lanham, Maryland: University Press of America.

Jones, L. G. (1995). *Embodying Forgiveness: A Theological Analysis.* Grand Rapids: William B. Eerdmans Publishing Company.

Kang, K. C. (1995). *Home Was the Land of Morning Calm: A Saga of A Korean-American Family.* Cambridge, Massachusetts: Da Capo Press.

Kang, N. S. (1964). Creating Dangerous Memory: Challenges for Asian and Korean Feminist Theology. *The Ecumenical Review, 47*(1), 21-31.

Kang, N. S. (April, 2004). Confucian Familism and Its Social/Religious Embodiment in Christianity: Reconsidering the Family Discourse from a Feminist Perspective. *Asia Journal of Theology, 18,* 168-189.

Keener, C. S. (1992). *Paul, Women & Wives: Marriage and Women's Ministry in the Letter of Paul.* Peabody, Massachusetts: Hendrickson Publisher.

Kendall, L., & Peterson, M. (Eds.). (1983). *Korean Women: View from the Inner Room.* New Haven, CT: East Rock Press.

Kenneson, P. D. (1999). *Life on the Vine: Cultivating the Fruit of the Spirit in Christian Community.* Downers Grove: InterVarsity Press.

Kim, D. (1999). The Healing of Han in Korean Pentecostalism. *Journal of Pentecostal Theology, 15,* 123-139.

Kim, G. (Spring, 1999). Oppression and Han: Korean Women's Historical

Context. *Journal of Asian and Asian American Theology*, 55-70.

Kim, M. (Winter, 1993). Transformation on Family Ideology in Upper-Middle-Class Families in Urban South Korea. *Ethnology*, 32(1), 69-85.

Ko, D., Haboush, J. K., & Piggott, J. R. (Eds.). (2003). *Women and Confucian Cultures in Premodern China, Korea, and Japan*. Berkeley and Los Angeles: University of California Press.

Kostenberger, A. J. (2004). *God, Marriage, and Family: Rebuilding the Biblical Foundation*. Wheaton, IL: Crossway.

Kraybill, D. B. (1990). *The Upside-Down Kingdom*. Scottdale, Pennsylvania: Herald Press.

Kroeger, C. C., & Beck, J. R. (Eds.). (1998). *Healing the Hurting: Giving Hope & Help to Abused Women*. Grand Rapids, Michigan: Baker Books.

Kung, H., & Moltmann, J. (Eds.). (1990). *The Ethics of World Religions and Human Rights*. London: SCM Press.

Lange, P. A. M., Rusbult, C. E., Drigotas, S. M., Arriaga, X. B., Witcher, B. S., & Cox, C. L. (1997). Willingness to Sacrifice in Close Relationships. *Journal of Personality and Social Psychology*, 72(61), 1373-1395.

Law, E. H. F. (2000). *Inclusion: Making Room for Grace*. St. Louis, Missouri: Chalice Press.

Lee, E. (1997). *Working with Asian American: A Guide for Clinicians*. New York: The Guilford Press.

Lerner, H. G. (1985). *The Dance of Anger: A Woman's Guide to Changing the Patterns of Intimate Relationships*. New York: Harper & Row.

Lerner, H. G. (1988). *Women in Therapy*. Northvale, New Jersey: Jason Aronson Inc.

Lewinsohn, M. A., & Werner, P. D. (1997). Factors in Chinese Marital Process: Relationship to Martial Adjustment. *Family Process, 36*, 43-61.

Litonjua, M. D. (July, 1999). Global Capitalism: The New Context of

Christian Social Ethics. *Theology Today,* 210–228.

Luepnitz, D. A. (1988). *The Family Interpreted: Feminist Theory in Clinical Practice.* New York: Basic Books, Inc.

Macquarrie, J. (1977). *Principles of Christian Theology.* New York: Charles Scribner's Sons.

Magli, I. (2003). *Women and Self-Sacrifice in the Christian Church: A Cultural History from the First to the Nineteenth Century.* Jefferson, North Carolina: McFarland & Company, Inc. Publishers.

Martin, G. L. (1987). *Counseling for Family Violence and Abuse.* Waco, Texas: Word Publishing.

Martin, G. L. (1995). 가정폭력과 학대. 김연 역. 서울: 두란노.

Mason, M. (1985). *The Mystery of Marriage.* Sisters, Oregon: Multnomah Publishers, Inc.

McAdoo, H. P. (Ed.). (1993). *Family Ethnicity: Strength in Diversity.* Newbury Park, CA: SAGE Publications.

McCullough, M. E., Sandage, S. J., & Worthington, E. L. (1997). *To Forgive is Human: How to Put Your Past in the Past.* Downers Grove: InterVarsity Press.

McFadden, T. M. (Ed.). (1975). *Liberation, Revolution, and Freedom: Theological Perspective.* New York: Seabury Press.

McGoldrick, M. (Ed.). (1998). *Re-Visioning Family Therapy: Race, Culture, and Gender in Clinical Practice.* New York: The Guilford Press.

Mickelson, A. (Ed.). (1986). *Women, Authority & The Bible.* Downers Grove: InterVarsity Press.

Miller, A. (1990). *For Your Own Good: Hidden Cruelty in Child-Rearing and the Roots of Violence.* New York: The Noonday Press.

Miller, M. A. (1994). *Family Violence: The Compassionate Church Responds.* Scottdale, Pennsylvania: Herald Press.

Min, P. G. (1981). The Korean-American Family. In Charles H. Mindel et al. (Eds.), *Ethnic Families in America: Palthrus and Variatious.* New

York: Elsevier.

Mindel, C. H., & Habenstein, R. W. (Eds.). (1981). *Ethnic Families in America: Patterns and Variations* (2nd ed.). New York: Elsevier.

Missildine, W. H. (1963). *Your Inner Child of the Past.* 이석규, 이종범 역 (2015). 몸에 밴 어린시절. 서울: 가톨릭출판사.

Moessner, J. S. (Ed.). (1996). *Through the Eyes of Women: Insights for Pastoral Care.* Minneapolis, MN: Fortress Press.

Moltmann, J. (1967). *Theology of Hope: One the Ground and the Implications of A Christian Eschatology.* New York: Harper & Row Publishers.

Moltmann, J. (1974). *The Crucified God: The Cross of Christ as the Foundation and Criticism of Christian Theology.* New York: Harper & Row Publishers.

Monfalcone, W. R. (1980). *Coping with Abuse in the Family.* Philadelphia: The Westminster Press.

Mortenson, S. T. (Winter, 2002). Sex, Communication Values, and Cultural Values: Individualism–Collectivism as a Mediator of Sex Differences in Communication Values in Two Cultures. *Communication Report, 12*(1), 57–70.

Mouton, J. S., & Blake, R. R. (1971). *The Marriage Grid.* New York: McGraw–Hill Book Company.

Narramore, B. (1978). *You're Someone Special.* Grand Rapids: Zondervan.

Nason–Clark, N. (1997). *The Battered Wife: How Christian Confront Family Violence.* Louisville: Westminster John Know Press.

Neuger, C. C. (2001). *Counseling Women: A Narrative Pastoral Approach.* Minneapolis: Fortress Press.

Neuger, C. C., & Poling, J. N. (Eds.). (1997). *The Care of Men.* Nashville: Abingdon Press.

Nichols, M. P. (1999). *Inside Family Therapy: A Case Study in Family Healing.* Boston: Allyn and Bacon.

Nichols, M. P., & Schwarts, R. C. (1998). *Family Therapy: Concepts and Methods*. Boston: Allyn and Bacon.

Noddings, N. (1984). *Caring: A Feminine Approach to Ethics & Moral Education*. Los Angeles: University of California Press.

Oh, B. S. (1998). Cultural Values and Human Rights: The Korean Perspective.

Oh, J. S. (2005). *A Korean Theology of Human Nature: With Special Attention to the Works of Robert Cummings Neville and Tu Wei-ming*. University Press of America: Lanham, Maryland.

Olsen, V. N. (1993). *The New Relatedness for Man and Woman in Christ: A Mirror of the Divine*. Loma Linda, California: Loma Linda University.

Outka, G. (1972). *Agape: An Ethical Analysis*. New Haven: Yale University Press.

Palmer, G. H. (1903). *The Nature of Goodness*. Boston and New York: Houghton, Mifflin and Company.

Park, A. S. (1993). *The Wounded Heart of God: The Asian Concept of Han and the Christian Doctrine of Sin*. Nashville: Abingdon Press.

Park, I. H., & Cho, L. J. (1995). Confucianism and the Korean Family. *Journal of Comparative Family Studies, 26*, 117-134.

Park, L. S. (2005). *Consuming Citizenship: Children of Asian Immigrant Entrepreneurs*. Stanford: Stanford University Press.

Park, Y. J., et al. (2002). Household Projections for the Republic of Korea, National Statistical Office, 20th Population Censes Conference, June 19-21, Ulaanbaatar, Mongolia, http://www.ancsdaap.org/cencon2002/papers/korea/korea.pdf.

Patton, J. (1985). *Is Human Forgiveness Possible?: A Pastoral Care Perspective*. Nashville: Abingdom Press.

Patton, J., & Childs, B. H. (1988). *Christian Marriage & Family: Caring for Our Generations*. Nashville: Abingdon Press.

Piper, J. (August, 1977). Is Self-Love Biblical? *Christianity Today, 6.*

Prinzing, F., & Prinzing, A. (1991). *Mixed Messages: Responding to Interracial Marriage.* Chicago: Moody.

Rassieur, C. L. (1988). *Pastor, Our Marriage is in Trouble: A Guide to Short-Term Counseling.* Philadelphia: The Westminster Press.

Remele, K. (January/February, 1997). Self-denial or Self-actualization?: Therapeutic Culture and Christian Ethics. *Theology,* 18-25.

Richardson, A. (Ed.). (1950). *A Theological Word Book of the Bible.* New York: Macmillan Co.

Richardson, A. (1950) (Ed.). *A Theological Word Book of the Bible.* London: Macmillan Co.

Richardson, R. W. (1996). *Creating a Healthier Church: Family Systems Theory, Leadership, and Congregational Life.* Minneapolis: Fortress Press.

Romano, D. (2001). *Intercultural Marriage: Promises & Pitfall* (2nd ed.). Yarmouth, Maine: Intercultural Press.

Root, M. P. P. (2001). *Love's Revolution: Interracial Marriage.* Philadelphia: Temple University Press.

Rosenlee, L. L. (2006). *Confucianism and Women: A Philosophical Interpretation.* New York: State University of New York Press.

Rozman, G. (Ed.). (1991). *The East Asian Region: Confucian Heritage And Its Modern Adaptation.* Princeton University Press: Princeton, New Jersey.

Sarnoff, I., & Sarnoff, S. (1989). *Love-Centered Marriage in a Self-Centered World.* New York: Hemisphere Publishing Corporation.

Satir, V. (1972). *People Making.* Palo Alto, California: Science and Behavior Books, Inc.

Saving, V. (1992). The Human Situation: A Feminine View. In C. P. Christ & J. Plaskow (Eds.), Womanspirit Rising: A Feminist Reader in Religion.

Scanxoni, J. (1979). *Love and Negotiate: Creative Conflict in Marriage.*

Waco, Texas: Word.

Schewe, P. A. (Ed.). (2002). *Preventing Violence in Relationships: Interventions across the Life Span.* Washington, DC: American Psychological Association.

Shults, F. L., & Sandage, S. J. (2003). *The Faces of Forgiveness: Searching for Wholeness and Salvation.* Grand Rapids, Michigan: Baker Academic.

Shupe, A. D., Stacey, W. A., & Hazlewood, L. R. (1987). *Violent Men, Violent Couples: The Dynamics of Domestic Violence.* Lexington, Massachusetts: Lexington Books.

Smedes, L. B. (2004). 용서의 기술. 배응준 역. 서울: 규장.

Smoke, J. (1976). *Growing through Divorce.* Eugene, Oregon: Harvest House Publishers.

Soelle, D. (1975). *Suffering.* Philadelphia: Fortress.

Soelle, D. (1982). *Beyond Mere Obedience.* New York: The Pilgrim Press.

Song, Y. B. (2002). Crisis of Cultural Identity in East Asia: On the Meaning of Confucian Ethic in the Age of Globalization. *Asian Philosophy, 12*(2), 109-125.

SteinhoffSmith, R. H. (1999). *The Mutuality of Care.* St. Louis, MO: Chalice Press.

Steinmetz, S. K. (1977). *The Cycle of Violence: Assertive, Aggressive, and Abusive Family Interaction.* New York: Praeger.

Steinmetz, S. K. (1977-1978). The Battered Husband Syndrome. *Victimology, 2*(3-4), 499-509.

Stone, H. W. (1996). *Theological Context for Pastoral Caregiving: Word in Deed.* New York: The Haworth Pastoral Press.

Stott, J. R. W. (May, 1978). Must I Really Love Myself? *Christianity Today, 34.*

Stoop, D. (2005). 몰라서 못하고 알면서도 안하는 용서이야기: 용서에 대한 오해와 진실, 그 속에 담긴 성경적인 지혜. 정성준 역. 경기: 예수전도단.

Straus, M. A. (1977). Wife beating: How Common and Why? *Victimology, 2*, 443-458.

Straus, M. A., Gelles, R. J., & Steinmetz, S. K. (1981). *Behind Closed Doors: Violence in the American Family*. Garden City, NY: Anchor Books.

Tae, B. H. (1958). *Folk Custom and Family Life*. Seoul: Yonsei University.

Taylor, R. L. (Ed.). (1994). *Minority Families in the United States: A Multicultural Perspective*. Upper Saddle River, New Jersey: Prentice Hall.

Travis, C. (1989). *Anger: The Misunderstood Emotion*. New York: A Touchstone Book.

Trobisch, W. (1976). *Love Yourself*. Downers Grove: InterVarsity Press.

Tu, W. (1985). *Confucian Thought: Selfhood As Creative Transformation*. State University of New York Press: Albany, N.Y.

Turpin, J., & Kurtz, L. R. (Eds.). (1997). *The Web of Violence: From Interpersonal to Global*. Chicago: University of Illinois Press.

Van Beek, A. M. (1996). *Cross-Cultural Counseling*. Minneapolis: Fortress Press.

Viano, E. C. (Ed.) (1992). *Intimate Violence: Interdisciplinary Perspectives*. Washington: Hemisphere Publishing Corporation.

Vitz, P. C. (1977). *Psychology as Religion: The Cult of Self-Worship*. Grand Rapids: William B. Eerdmans Publishing Company.

Waanders, D. D. (June, 1987). Ethical Reflections on the Differentiation of Self in Marriage. *Journal of Pastoral Care, 41*, 100-110.

Walker, L. E. (1984). *The Battered Women Syndrome*. New York: Springer Publishing Company.

Wehrly, B., Kenney, K. R., & Kenney, M. E. (1999). *Counseling Multiracial Families*. Thousand Oaks, California: Sage Publications.

West, T. C. (1999). *Wounds of the Spirit: Black Women, Violence, and Resistance Ethics*. New York: New York University Press.

Wilmot, W. W., & Hocker, J. L. (2001). *Interpersonal Conflict*. New York:

McGraw-Hill.

Wink, W. (1992). *Engaging the Powers: Discernment and Resistance in A World of Domination.* Minneapolis: Fortress Press.

Wink, W. (1998). *The Powers That Be: Theology for A New Millennium.* New York: A Galilee Book.

Winter, G. (1958). *Love and Conflict: New Patterns in Family Life.* Garden City, New York: Dolphin Books.

Wood, A. D., & McHugh, M. C. (1994). Women Battering: The Response of the Clergy. *Pastoral Psychology, 42*(3), 185-196.

Yang, J., & Shin, K. (November, 2008). Vulnerability, Resilience and Well-being of Intermarriage: An Ethnographic Approach to Korean Women. *Journal of International Women's Studies, 10*(2), 46-63.

Yeh, K. H., & Bedford, O. (April, 2004). Filial Belief and Parent-Child Conflict. *International Journal of Psychology, 39*(2), 132-144.

Yoder, J. H. (1994). *The Politics of Jesus: vicit Agnus noster.* Grand Rapids, Michigan: Eerdmans.

법제처(2013). http://oneclick.law.go.kr

여성가족부(2016). http://www.mogef.go.kr

중앙아동보호전문기관(2016). http://korea1391.org/new_index

| 찾아보기 |

인 명

내 용

손철우(Chulwoo Son)

저자는 목회자이면서 동시에 대학에서 상담학을 가르치고 있다. 저자는 단순히 목회자가 상담학을 가르치는 것이 아니라 사람들을 이해하고 돌보는 데 있어서 기독교적인 인간관과 세계관, 그리고 하나님이 주시는 지혜와 통찰이 심리치료와 상담이라는 치료적인 맥락 속에서 분명히 드러나는 통합적인 상담을 가르치고 싶은 사람이다.

저자는 학부에서 심리학을 전공한 후에 미국으로 건너가서 보스턴 근교에 위치한 고든콘웰 신학대학원(Gordon-Conwell Theological Seminary)에서 M.Div. 과정을 마쳤다. 그 후 본격적으로 목회상담학/목회심리학을 공부하기 위해 에모리 대학교(Emory University)에서 Th.M. 과정을 시작했다. Th.M. 과정을 마치고 전문적인 임상훈련을 위해서 1년 동안 에모리 대학병원에서 CPE(목회임상교육) 레지던트 과정과 AAPC(미국목회상담협회) 전문가 자격과정을 거쳤다. CPE 과정을 거치면서 죽음 앞에서 저자가 할 수 있는 일이 얼마나 적은지, 그리고 사랑하는 가족들을 잃은 사람들을 위로하고 돕기 위해서 체계적이고 깊은 신학적 · 심리학적 · 상담학적 임상교육의 통합이 얼마나 필요한지를 깊이 깨닫게 되었다. 그 후 캘리포니아 패서디나에 위치한 풀러 신학대학원(Fuller Theological Seminary)에 진학해서 David Augsburger 교수 지도하에 Ph.D. 과정(목회상담학)을 마쳤다. Ph.D. 과정을 마치고 4년 반 동안 워싱턴 중앙장로교회에서 가정상담 전문목사로 섬기면서 실제적인 목회현장에서 깨어진 부부들과 가족들을 섬겼다. 2014년 한국으로 돌아왔고 현재 백석대학교 상담대학원에서 학생들을 가르치고 있다. 또한 백석상담센터 소장, 미국목회상담협회 공인목회상담사(AAPC, Certified Pastoral Counselor), 한국목회상담협회 전문가, 한국가족문화상담협회 감독, 한국기독교상담협회 대외협력 운영위원을 맡고 있다.

저자의 논문으로는 「Pastoral Ministry and Counseling for Korean American Marriage」 「Domestic Violence in Christian Family: The Church's Silence」 「How Does Christian Teaching Effect Women's Self-Sacrifice and Self-Denial?」 「개혁주의생명신학과 용서」 「다시 찾아야 하는 목회상담의 역사적 뿌리와 신학적 해석의 틀」 등 다수가 있다.

자기희생이란 무엇인가

– 한국인의 문화에서 보이는 자기희생의 실체와 새로운 통합적 대안 –

The Motives of Self-Sacrifice in
Korean Culture, Family, and Marriage

2016년 10월 25일 1판 1쇄 발행
2018년 2월 20일 1판 2쇄 발행

지은이 • 손철우
펴낸이 • 김진환
펴낸곳 • (주) **학지사**

　　　　　04031 서울특별시 마포구 양화로 15길 20 마인드월드빌딩
대표전화 • 02)330-5114　　　팩스 • 02)324-2345
등록번호 • 제313-2006-000265호

홈페이지 • http://www.hakjisa.co.kr
페이스북 • https://www.facebook.com/hakjisa

ISBN 978-89-997-1090-2 93180

정가 15,000원

이 도서의 국립중앙도서관 출판시도서목록(CIP)은 서지정보유통지
원시스템 홈페이지(http://seoji.nl.go.kr)와 국가자료공동목록시스템
(http://www.nl.go.kr/kolisnet)에서 이용하실 수 있습니다.
(CIP 제어번호: CIP2016023266)

교육문화출판미디어그룹 **학지사**

심리검사연구소 **인싸이트** www.inpsyt.co.kr
원격교육연수원 **카운피아** www.counpia.com
학술논문서비스 **뉴논문** www.newnonmun.com
간호보건의학출판 **정담미디어** www.jdmpub.com